Günter Mertins und Wilfried Endlicher (Hrsg.):

Umwelt und Gesellschaft in Lateinamerika

MARBURGER GEOGRAPHISCHE SCHRIFTEN

Herausgeber: E. Buchhofer, W. Endlicher, G. Mertins,
H. Nuhn, A. Pletsch
Schriftleiter: W. Döpp

Heft 129

Günter Mertins und Wilfried Endlicher (Hrsg.)

Umwelt und Gesellschaft in Lateinamerika

Wissenschaftliche Jahrestagung
der Arbeitsgemeinschaft
Deutsche Lateinamerikaforschung
(ADLAF) 1994

Marburg/Lahn 1995

Im Selbstverlag der Marburger Geographischen Gesellschaft e. V.

Inv.-Nr. A 19890

Geographisches Institut
der Universität Kiel
ausgesonderte Dublette

Geographisches Institut
der Universität Kiel

gedruckt bei Wenzel, Marburg

Vorwort

Wir legen hiermit - leider durch technische Schwierigkeiten etwas verzögert - den Band über die wissenschaftliche Jahrestagung 1994 der Arbeitsgemeinschaft Deutsche Lateinamerikaforschung (ADLAF) vor, die vom 11. bis zum 14. Oktober 1994 in der "Zündholzfabrik", einer Bildungsstätte der Friedrich-Naumann-Stiftung, in Lauenburg/Elbe stattfand.

Der Tagung ging eine lange, durch z.T. intensive Gespräche und Verhandlungen gekennzeichnete Vorbereitungsphase voraus, die letztlich aber einen sehr erfreulichen Abschluß fand und gewissermaßen fast "nahtlos" in die Durchführung überleitete.

Wir danken der Friedrich-Naumann-Stiftung, insbesondere Frau Dr. Birgit Kröhle, herzlich für die Kooperation und den Einsatz um das Zustandekommen dieses Kongresses, der unter einem wichtigen Thema der Entwicklungszusammenarbeit stand. Die großzügige finanzielle Unterstützung durch die FNS ermöglichte die Einladung mehrerer lateinamerikanischer Fachkollegen.

Die "Zündholzfabrik" stellte durch ihr von allen Teilnehmern als sehr angenehm-wohltuend aufgefaßtes Ambiente einen hervorragenden Tagungsort dar. Für die nicht immer leichte Organisation vor Ort, die wesentlich zum Gelingen der Lauenburger Tagung beitrug, möchten wir Frau Brigitte Muhl ganz besonders danken sowie Herrn Michael Hauberg, dem Leiter der "Zündholzfabrik".

Marburg, im Oktober 1995

W. Endlicher   G. Mertins

Inhaltsverzeichnis

Günter Mertins
Umwelt und Gesellschaft in Lateinamerika -
Zu den Leitlinien der Tagung   1

Themenblock I:
Natur- und Umweltschutz in Gesetzgebung, Planung und Politik . . .   5

Cláudio Lembo
Proteção do meio ambiente, política internacional e o Brasil   7

Luis C. Contreras
Protección y legislación medio ambiental en Chile a partir
de 1989 15

Robert Dilger, Ruy Correia Feuerschuette, Peno Ari Juchem
Legislação ambiental e sua problemática de aplicação no Brasil -
o exemplo da avaliação de impactos ambientais de projetos de
usinas hidrelétricas 33

Detlev Ullrich
Umweltprobleme städtisch-industrieller Ballungsgebiete in Brasilien und ihre Bedeutung als Handlungsfeld von Umwelt- und
Entwicklungspolitik 54

Wilfried Kaiser
Naturschutz in Brasilien im Spannungsfeld konfligierender Interessen. Das Beispiel des Araguaia-Nationalparks/Ilha do Bananal (Tocantins). 71

Heinz Schlüter
Umsetzungsprobleme bestehenden Umweltrechts in Brasilien 87

Themenblock II:
Landnutzung - Landschaftsdegradierung - angepaßte Nutzungssysteme 107

Alfredo S. C. Bolsi
La sucesión de sistemas de uso del suelo en los andes del noroeste
Argentino: el ejemplo del Valle de Tafí 109

Pia Hoppe
Landschaftsökologische Untersuchungen mit Hilfe von
Satellitenbilddaten am Beispiel der Region Río Gallegos,
Argentinien 123

Themenblock III:
Stadtökologie - Lufthygiene, Wasserver- und -entsorgung 147

Luis Alberto Jaramillo
El problema del alcantarillado y del tratamiento de las aguas
residuales en Bogota-Colombia 149

Ernesto Jáuregui
Clima urbano y contaminacion atmosférica en la Ciudad de
Méjico. Análisis actual y aspectos futuros 156

Würschmidt, Carlos
Gestión de residuos sólidos en la Argentina, situación en la
Ciudad de San Miguel de Tucumán 168

Themenblock IV:
Soziokulturelle und ethische Aspekte der Umweltproblematik 185

Dieter Boris
Umweltpolitik und Umweltbewegungen in Mexiko (Thesen) 187

Marga Graf
Umweltbewußtsein in der Literatur Brasiliens: Ignácio de
Loyola Brandão - Mahner und Prophet 199

Birte Rodenberg
 Mehr als Überlebenspragmatismus -
 Zur Handlungsrationalität von Frauen in der Ökologiebewegung. Das Beispiel einer mexikanischen Frauengruppe in
 einem ökologischen Landnutzungsprojekt.................... 217

Beate M.W. Ratter
 Umweltwahrnehmung und Entwicklungsinteressen - Rahmen-
 bedingungen des Ressourcenmanagements am Beispiel der
 Turks & Caicos Islands...................................... 228

Christoph Stadel
 Perzeptionen des Umweltstresses durch Campesinos in der
 Sierra von Ecuador 244

Cesar Augusto Pompêo, Daniel José da Silva
 Educação Ambiental na Bacia do Cubatão, Brasil............... 263

Umwelt und Gesellschaft in Lateinamerika.
- Zu den Leitlinien der Tagung -

Günter Mertins

Bereits 1986 hat sich die Arbeitsgemeinschaft Deutsche Lateinamerikaforschung (ADLAF) auf ihrer wissenschaftlichen Jahrestagung in Tübingen mit "Ökologischen Problemen in Lateinamerika" auseinandergesetzt (KOHLHEPP/ SCHRADER 1987b). Seinerzeit standen Bestandsaufnahme und Analyse ökologischer Probleme im Mittelpunkt. Unmittelbar vorausgegangen war ein Fachsymposium, veranstaltet vom Geographischen Institut der Universität Tübingen und der ADLAF, über den im wahrsten Sinne des Wortes tropenökologischen "Dauerbrenner" mit weitreichenden Konsequenzen nicht nur für Lateinamerika, sondern für die gesamte Welt: Über Amazonien und die Problematik bzw. Folgen der Zerstörung der Amazonas-Feuchtwälder, aber auch über Möglichkeiten der planmäßig sinnvollen Nutzung derselben (KOHLHEPP/SCHRADER 1987a). Der Themenkomplex "Amazonien" ist für diese Tagung in Lauenburg bewußt ausgeklammert worden, da dazu in den vergangenen Jahren eine Vielzahl wissenschaftlich hochrangiger Veranstaltungen stattfand, worüber auch entsprechende Publikationen vorliegen.

Fast gleichzeitig stufte Hugo MANSILLA (1986) in einer zusammenfassenden Interpretation die bisherige Bedeutung/Relevanz ökologischer Fragestellungen bei Entscheidungen bzw. Handlungen auf allen politischen Ebenen in Lateinamerika und die öffentliche Rezeption der Umweltprobleme in Lateinamerika als sehr gering ein. Eine rasche wirtschaftliche Entwicklung wurde (wird noch immer?) in den meisten Ländern Lateinamerikas als eine unerläßliche Bedingung für die entsprechende Sozialentwicklung, für die angestrebte Modernisierung schlechthin angesehen. Trotz einiger Ausnahmen neigte die öffentliche Meinung in Lateinamerika dazu, beim Wachstumsprozeß Störungen des ökologischen Gleichgewichts eher zu bagatellisieren, ja sie vielmehr als eine quantité négligeable anzusehen, sie zu den "Kosten des Fortschritts" zu zählen, wie es im Untertitel eines Buches von Manfred WÖHLCKE (1989) heißt. Ich zitiere aus dem genannten Aufsatz von MANSILLA: "La preocupación latinoamericana por cuestiones ecológicas es relativamente nueva y practicamente no existe una conciencia crítica colectiva sobre los riesgos que entraña a largo plazo la destrucción de la biósfera por el hombre", und er fährt dann fort "...ante la urgencia de los programas de desarrollo acelerado, que conforman hoy en día una parte substancial .... de casi todos los programas políticos, las cuestiones ecológicas permanecen en el area de lo subordinado y secundario" (1986: 277).

Die Diskussionen über Umwelt (medio ambiente) bzw. ökologische Probleme (problemas ecológicos) sind jedoch seitdem in Lateinamerika breiter, facettenreicher, aber gleichzeitig auch tiefer geworden, nicht zuletzt vor dem Hintergrund der unmittelbaren, direkteren Konfrontation mit erheblichen Umweltbeeinträchtigungen und großen, z.T. bereits irreparablen Umweltschäden. Dazu hat in vielen Ländern die auf der UNO-Umweltkonferenz 1992 in Rio de Janeiro entwickelte "Agenda 21" beigetragen (vgl. u.a. SCHLÜTER 1993).

Das betrifft zum einen - unter Bezug auf den anhaltenden Verstädterungs-/Metropolisierungsprozeß - die unübersehbare, unüberhörbare und ständig geruchspräsente "Umweltbombe" in allen Großstädten, die von Fachleuten als die stärkste Bedrohung für das Funktionieren des Systems "Stadt" angesehen wird (vgl. u.a. MERTINS 1991, WEHRHAHN 1993). Das betrifft zum anderen aber auch - ohne auf Beispiele einzugehen - weite Teile des ländlichen Raumes in allen Höhen- und Klimazonen Lateinamerikas, die, generell ausgedrückt, durch nicht angepaßte Nutzung oder Übernutzung bereits weitgehend degradiert sind und nur schwer und langfristig einer neuen Nutzung zugeführt werden können.

Die noch vor 10 bis 20 Jahren auch in Europa weitverbreitete naiv-opportunistische Meinung, Lateinamerika verfüge über eine großzügige Ausstattung mit natürlichen Ressourcen und die ökologischen Risiken seien - angesichts der noch großen Flächenverfügbarkeit - recht gering, hat sich vor dem Hintergrund der erkennbaren Problemdimension gewandelt, hat längst zu einer neuen, bereits angesprochenen Dimension und Qualität der Diskussionen geführt, d.h. es ist ein Prozeß des Umdenkens in Gang gekommen, den man kurz so umreißen kann: Die bislang verfolgten Wachstumsstrategien haben auf vielen Bereichen und in vielen Regionen zu verheerenden ökologischen Konsequenzen geführt, denen mit einem reparierenden, nachsorgenden Umweltschutz nicht mehr begegnet werden kann, sondern die einen vorbeugenden, effektiven Umweltschutz unbedingt erforderlich machen.

Themenkomplexe wie Umweltpolitik, Umweltrecht, Umweltschutz, Umweltplanung, Umweltbewußtsein, Umweltwahrnehmung/-perzeption durch die verschiedenen Gruppen, Umwelterziehung, die literarische "Verarbeitung" der Umweltproblematik etc. sind deshalb in fast allen Ländern Lateinamerikas eindeutig in den Vordergrund getreten, d.h.: wie "geht" die Gesellschaft mit der Umwelt um; wie rezipiert sie Umwelt und -schäden, wie agiert sie in der Umwelt und wie reagiert sie auf Umweltbeeinträchtigungen sowohl in ihrem eigenen Wohnumfeld (aktiv-direkt handelnd) als auch in entfernteren Regionen (über Initiativen, Proteste etc.)?

Ein Schwerpunkt der diesjährigen ADLAF-Tagung - und das ist das Neue gegenüber dem 1986er Symposium - liegt sicherlich darauf, einen vertiefenden Einblick in die genannten Themenkomplexe zu geben. Dazu möchte ich, vor dem Hintergrund des vorher kurz Skizzierten, einleitend und gewissermaßen als Leitlinien für diese ADLAF-Tagung einige Thesen aufstellen.

These 1

Bezüglich der Umweltzerstörung und der Ressourcenausbeutung sind die wichtigsten Prozesse, ihre Zusammenhänge/Wechselwirkungen und ihre Auswirkungen auf die abiotischen, biotischen, sozialen und ökonomischen Bereiche bekannt. Grundlegende neue Erkenntnisse/Ergebnisse sind derzeit nicht zu erwarten.

These 2

Kenntnisse über ressourcenschonende Strategien und Instrumente (z.B. der Bodennutzung) oder über umweltverträgliche Maßnahmen (z.B. für die Emissionseinschränkung) sind ebenfalls weitestgehend vorhanden bzw. können unter ceteris paribus-Bedingungen übertragen werden. Die bisherigen - politischen - Bemühungen stehen jedoch vielfach in keinem Verhältnis zur Dimension der Umweltzerstörungen.

These 3

Während die Methoden und Instrumente der Fachplanungen, z.B. im Bereich der technischen Infrastruktur, weit entwickelt sind, gilt dieses (noch) nicht für eine integrierte Landnutzungs-/Umweltplanung mit der Aufstellung von Raumordnungsplänen auf den verschiedenen Ebenen, und zwar sowohl im ländlichen als auch im städtischen, gerade im großstädtisch/metropolitanen Bereich.

These 4

Mittlerweile besteht in den meisten Ländern Lateinamerikas ein sehr fortschrittliches, z.T. sehr spezielles Umweltrecht, das oft kaum noch einer Ausdifferenzierung bedarf. Erhebliche Defizite sind aber bei der Implimentation der legislativen Vorlagen, sei es bei den Verboten oder bei den Geboten (z.B. bei der Umsetzung von Planungsvorhaben) zu verzeichnen, d.h. bei der Exekutive auf den verschiedensten politischen-administrativen Ebenen.

These 5

Der Grad der Umwelt"behandlung", der "Umgang" mit der Umwelt hängt jedoch nicht nur von technischen Kenntnissen, finanziellen Möglichkeiten oder legislativen und exekutiven Rahmenbedingungen ab, sondern ist weitgehend eine Mentalitätsfrage. Diese wird vor allem beeinflußt von Parametern wie Umwelterziehung, Umweltberichterstattung (auch von der die Umweltproblematik thematisierenden Literatur), von Umweltbewegungen/-initiativen, die insgesamt auf die Umweltwahrnehmung und damit auf das Umweltbewußtsein einwirken, und zwar nicht nur im individuellen/privaten, sondern auch im öffentlichen/politischen Bereich; sicherlich ein langer, durch viele Imponderabilien gekennzeichneter Prozeß.

Eine Minderung/Begrenzung (ich spreche nicht von Lösung!) der immensen Umweltprobleme wird von der Prioritätensetzung auf der politischen Ebene abhängen; das gilt vor allem für die industriellen und technisch-infrastrukturellen Bereiche. Es ist jedoch sehr schwierig - und hier liegt eine der größten Barrieren für die Realisierung des Umweltschutzes bzw. von ökologischen Programmen -, bei einem Bevölkerungsanteil von 35-50%, z.T. sogar von 60% und mehr, der unterhalb der Armutsgrenze lebt, Verständnis für ökologisches Handeln zu wecken oder ihn gar zu einem solchen Handeln zu bewegen, steht doch bei diesen Bevölkerungsschichten zunächst eindeutig die Subsistenzsicherung im Vordergrund. Von daher kann als abschließende, als "fragende" These formuliert werden (analog einer Hauptthese auf der vor kurzem beendeten Weltbevölkerungskonferenz in Kairo: "Armut ist die Hauptursache für hohes Bevölkerungswachstum"): Ist ökologisches oder umweltbewußtes Handeln nicht ganz wesentlich vom erreichten Lebensstandard abhängig, d.h. bleibt Umweltschutz in weiten Bereichen, vor allem im ländlichen Raum, nicht ein zunächst irreales Ziel?

Wir sind zwar in Lauenburg - wie zu erwarten war - zu keinen Lösungsvorschlägen gekommen, aber wir konnten mit unseren lateinamerikanischen Kollegen die angesprochenen Problematiken diskutieren und dabei neue, vertiefte Kenntnisse über "Umwelt und Gesellschaft in Lateinamerika" gewinnen.

Literatur

Kohlhepp, G. / Schrader, A. (Hrsg., 1987a): Homem e natureza na Amazônia. Tübingen (Tübinger Geographische Studien, Heft 95).
- (Hrsg., 1987b): Ökologische Probleme in Lateinamerika. Tübingen (Tübinger Geographische Studien, Heft 96).

Mansilla, H. C.F. (1986): Umweltproblematik und Forschungsideologie in Lateinamerika. Eine Interpretationsskizze über ein langfristig fatales Mißverhältnis. In: Ibero-Amerikanisches Archiv N.F. 12, S. 261-279.

Mertins, G. (1991): Grundprobleme der Metropolen der Dritten Welt - der Fall Lateinamerika. In: Die Stadt als Kultur- und Lebensraum: Vorträge im Wintersemester 1990/91 im Studium generale der Ruprecht-Karls-Universität Heidelberg, S. 161-178.

Schlüter, H. (1993): Lateinamerika: Umweltkrise - Umweltrecht - Umwelterziehung - Umweltorganisationen: Zusammenhänge. Münster (Arbeitshefte des Lateinamerika-Zentrums Nr. 14).

Wehrhahn, R. (1993): Ökologische Probleme in lateinamerikanischen Großstädten. In: Petermanns Geographische Mitteilungen 137, S. 79-94.

Wöhlcke, M. (1989): Der Fall Lateinamerika. Die Kosten des Fortschritts. München (Beck'sche Reihe 394).

Themenblock I

Natur- und Umweltschutz in Gesetzgebung, Planung und Politik

Proteção do meio ambiente, política internacional e o Brasil

Cláudio Lembo

Zusammenfassung

Die Arbeit untersucht die Ausbeutung von Boden und Urwald während der portugiesischen Kolonialzeit in Brasilien und weist auf den Raubbau hin.

Nach historischen und soziologischen Untersuchungen wird der gegenwärtige Stand der brasilianischen Gesetzgebung zum Umweltschutz diskutiert, auch die Fortschritte im Rahmen der Legislative, insbesondere auf dem Gebiet der Verfassung auf Bundes- und Bundesstaaten-Ebene finden Berücksichtigung. Auf die Bemühungen der Staatsanwaltschaft des Bundesstaates São Paulo, die Umwelt über zivilrechtliche Klagen zu erhalten, wird besonders eingegangen und die Zahl der vor Gericht laufenden Verfahren genannt. Konflikte zwischen den verschiedenen Umweltschutzorganen werden dargelegt und die getroffenen Lösungen erläutert, vor allem hinsichtlich des Atlantischen Urwaldes, der sich praktisch entlang der gesamten südbrasilianischen Küsten erstreckt(e).

Wichtige Umweltprobleme der Stadt São Paulo werden angeschnitten, wobei vor allem die Tätigkeit der zahlreichen NGOs bei der Bekämpfung derselben im Mittelpunkt stehen. Die Tätigkeit der Friedrich-Naumann-Stiftung bei den umweltpädagogischen Maßnahmen wird angesprochen, besonders der Kampf um die Erhaltung des Atlantischen Urwalds wird hervorgehoben.

1. Precedentes

A inserção do Brasil no cenário europeu operou-se pela implantação de feitorias pelos portugueses, a partir do ano de 1500. A agressividade da mata tropical e subtropical, desde logo, gerou compreensível posicionamento antagônico à natureza por parte destes europeus de origem ibérica.

O antagonismo da natureza, no entanto, não impediu o uso extensivo da terra para o plantio de cana-de-açúcar, tornando-se, o Brasil, por volta de 1580, o maior produtor de açúcar, atingindo, vinte anos depois, a uma produção de 20.000 toneladas que, para as condições da época, se mostra altamente elevada. Esta produção, porém, exigia continua destruição do meio ambiente. Os analistas do setecentos e do oitocentos descrevem a fria indiferença pelo devastar das florestas: Após o procedimento da derrubada das matas, com machados e enxadas, utilizava-se o fogo para a queima dos restos vegetais que permaneciam no solo. Em algumas regiões, os tocos das grandes árvores podiam permanecer no solo ... O fogo era também utilizado para queima do canavial quando da colheita, de modo a livrá-lo do excesso de volume de folhas e facilitar o corte ... o esgotamento do solo era rápido e, como não se praticasse a adubação, tornava-se necessário o desmatamento de novo porção de terras. O agente direto de destruição da mata não era apenas o português: Os indigenas, estimulados pela procura de negociantes preparavam enormes depósitos de madeira ... como não sabiam poupar riquezas, abatiam essas árvores ao acaso. Muitas vezes mesmo, a fim de evitar o trabalho de as cortar, punham fogo em sua parte inferior e o incêndio se propagava pelo resto da floresta.

Este panorama, descrito com frieza, concebeu valores culturais, que se transmitiram pelas gerações, norteando um desamor à natureza retratado pela constante agressividade contra as florestas e contra o solo, em razão da prática de processos danosos de mineração, a partir do século XVII. Informa-se que, por volta de 1929, 50% da chamada Mata Atlântica, que se estende pela costa brasileira, desde seu extremo sul até o norte, fôra dizimada, o que caracteriza o grau de devastação a que foi submetida a floreta costeira.

2. Contemporaneidade

Estes valores culturais, concebidos em longos cinco séculos, permanecem até os nossos dias, conforme dados fornecidos pelo satélite NOAA do Instituto Nacional de Pesquisas Espaciais, conforme mapeamento elaborado pela Embrapa e análise da Ecoforça, rotineiramente. As imagens deste satélite indicam a presença de queimadas por toda a parte, apesar da diminuição do uso desta prática de desmatamento indiscriminado.

Apesar dos esforços das autoridades, de organizações-não-governamentais, ONGs, e dos vários segmentos do empresariado, ainda hoje, práticas equivocadas de plantio, extração mineral e de produção industrial, envolvendo até mesmo, obras públicas, agridem o meio ambiente, tornando-o, aqui e ali, incompatível à vida. Soma-se aos hábitos contrários à natureza o contínuo contrabando de mogno, na Amazonia, como recente caso constatado junto a aldeia Crocaimoro, na reserva dos índios caiapós nas cercanias de Redenção, no Sul do Pará.

3. Reversão das expectativas

Ocorre que, particularmente a partir de 1972, passou a acontecer forte mudança comportamental na sociedade brasileira. A formação de personalidades especializadas em assuntos ambientais e a assinatura, pelo Brasil, de tratados internacionais "para preservar e melhorar o meio ambiente", permitiram a concepção de uma nova visão do tema e a criação de um sistema legal competente que, bem utilizado, criou obstáculos às agressivas práticas até então existentes e gerou lenta mudança de condutas.

É certo que o Brasil sempre se apresentou como signatário de tratados atinentes aos Direitos da Pessoa, em seus aspectos individuais, sociais e metasubjetivos, como se apresentam os direitos de terceira geração, optando, pois, pelo princípio da indivisibilidade dos direitos humanos.

O pioneiro protocolo de Genebra sobre proibição de emprego na guerra de gases asfixiantes, tóxicos ou similares e de meios bacteriológicos de guerra, datado de 1925, conheceu a adesão do Brasil. Constata-se, pois, que, de maneira paradoxal, o governo e a sociedade brasileira ocuparam-se, desde sempre, da temática atinente a pessoa e a preservação de seu meio, como no caso dos gazes e equivalentes, mas, concomitantemente, no interior de seu território convivia com a degradação do meio ambiente, violando-se assim direitos fundamentais de pessoa.

Mas, como acima referido, a partir do final dos anos 70, alterou-se progressivamente o quadro existente, buscando-se conscientizar as pessoas, mediante programas específicos, da importância do meio ambiente e elaborando o parlamento federal e dos demais entes componentes da República, legislação capaz de permitir às autoridades prevenção de danos ou penalização financeira ou privativa da liberdade de quem pratique violência contra o ambiente.

Afirma Pellegrini Mammna (1994), que o ambientalismo, no Brasil, teve as primeiras manifestações em oposição ao Acordo Nuclear Brasil-Alemanha, que previa a construção de centrais nucleares em Angra dos Resi, no Estado do Rio de Janeiro.

No último mês de setembro de 1994, em Congresso Internacional realizado em São Paulo, sob o patrocínio da Secretaria Estadual do Meio Ambiente, especialistas apresentaram anteprojeto do Código Ambiental brasileiro, que, sem inibir a autoregulamentação de cada entidade federada - União, estados e municípios - procura fixar regras comuns mínimas no terreno do Direito ambiental. Este anteprojeto será encaminhado ao Congresso Nacional, para análise, até o final deste ano de 1994, sendo oportuno esclarecer que, presentemente, existe uma volumosa legislação esparsa. Esta foi concebida a partir de uma Política Nacional de Meio Ambiente, que se desenvolve em três patamares, ou seja: federal, estadual e municipal, desde 1981. No anteprojeto elaborado busca-se, inclusive formas de penalizar as empresas poluidoras de maneira mais direta, sem se afastar a responsabilidade de seus dirigentes. No presente, há grande dificuldade em se sancionar, penal, civil e administrativamente, as pessoas jurídicas, isto porque o tema é, ainda, dominado pela clássica Teoria da Responsabilidade Civil Subjetiva, apesar dos avanços, desde 1981, da aplicação legal da doutrina atinente à responsabilidade objetiva.

Na elaboração do mencionado anteprojeto de Código Ambiental brasileiro, os redatores trocam experiências com especialistas de República Federal da Alemanha e da França, conforme informaram aos participantes do Congresso já citado. A prestigiosa Ordem dos Advogados do Brasil, por seu turno, defende a "inclusão, como disciplina autônoma, nos currículos dos cursos de graduação, especialmente os de Direito, do Direito Ambiental" (1994), conforme decidido, por especialistas na área, em reunião realizada em junho deste ano de 1994, na cidade de Salvador, na Bahia.

4. Legislação vigente

É amplo o espectro de legislação, brasileira sobre meio ambiente. Em vários dispositivos, a Constituição Federal trata do tema, sendo seguida pela maioria dos documentos constitucionais dos vinte e sete estados federados e pelas leis orgânicas dos municipios.

O Estado do Amazonas, onde se localiza em grande parte a Floresta Amazônica, a sua Lei Fundamental, em capítulo a respeito do Meio Ambiete ocupa-se expressamente na proteção da grande floresta, em seus artigos 229 e seguintes, rezando expressamente: "A Floresta Amazônica constitui patrimônio a ser zelado pelo Poder Público. O Estado fará inventário e o mapeamento da cobertura florestal e adotará medidas especiais para sua proteção". Ao observador colocado à distância, o dispositivo constitucional pode parecer mera figura de retórica. No entanto, caracteriza grande avenço.

Na região Amazônica, secularmente, o homem conviveu com a economia extrativa primitiva e, em consequência, qualquer menção legislativa, objetivando a proteção da mata, criava animosidade entre a sociedade e os políticos. Ainda no decorrer do regime autoritário, incentivos fiscais foram oferecidos às empresas nacionais e multinacionais para estabelecer pastagens na Amazonia, o que levou o aumento da temperatura de região em dois graus em média, segundo estudos do Projeto de Cooperação Científica Anglo Brasileiro de Observações do Clima da Amazônia, Abracos.

Se em regiões ainda rústicas e a serem preservadas, como é o caso da Amazonia, o tema meio ambiente já se coloca, em áreas altamente povoadas do Brasil, como a cidade de São Paulo, onde há 107 habitantes por hectare, ele também se encontra presente e relevantemente colocado.

A Lei Orgânica do Município de São Paulo, ao longo de dez artigos e respectivos parágrafos e incisos, proclama que o município "promoverá a preservação conservação defesa, recuperação e melhoria do meio ambiente", em colaboração com o Estado e a União. A farta legislação existente sobre o meio ambiente e sua proteção levou a um Ministro do Supremo Tribunal Federal a afirmar, entre cético e esperançoso: "Normas constitucionais e legais é que não faltam".

Efetivamente, a legislação brasileira sofre surto inflacionário de normas legais a respeito do assunto, sem falar no processo legislativo em curso nos parlamentos brasileiros. Somente no Senado Federal existem 146 projetos a serem examinados, tratando do tema ora examinado. Esta legislação permite posicionamentos muito definidos do Ministério Público e do Poder Judiciário que, em ações civis públicas propostas, muitas vezes, a partir de representações da sociedade civil, impedem a devastação de áreas florestais ou agressão indiscriminadas ao meio ambiente. Ainda recentemente, grande indústria brasileira produtora de alumínio obteve autorização dos órgãos administrativos dos Estados do Paraná e São Paulo para construir uma usina hidroelétrica nos contrafortes da Serra do Mar, na região sul do país.

Esta decisão, no entanto, não foi aceita pelo Poder Judiciário e a juíza Ana Scartezzini do Tribunal Regional Federal de São Paulo impediu o início das obras, baseando-se em iniciativa de ambientalistas que tomaram por base o RIMA - Relatório de Impacto no Meio Ambiental - elaborado pela Cetesb de São Paulo e a incompetência de órgãos estaduais para analisar o assunto, pois a obra afeta o Rio Ribeira do Iguape que é federal e integra ecossistema preservado e de importância para a reprodução de espécies marinhas, que nele tem seu habitat. Significativo quadro foi elaborado pelo Ministério Público do Estado de São Paulo, indicando ações propostas em defesa do meio ambiente. Neste quadro sinóptico se indicam as ações civis públicas propostas, neste Estado, e o respectivo objeto, como a seguir exposto:

Ações civis públicas propostas no Estado de São Paulo

motivo	número de ações	motivo	número de ações
desmatamento	37	lixo	02
queimada	11	mau uso do solo	01
poluição de rios/esgotos	09	vazamento de óleo	01
poluição de rios/efluentes	04	animais	01
mineração	04	tombamento	01
construção irregular	04	estação ecológica	01
poluição do ar	04	outras	02
poluição sonora	03		

5. Globalização da proteção ambiental

Gerou-se, no presente, em meu país nítida consciência da necessidade de globalização dos direitos a proteção ambiental e da existência, neste cenário de obrigações erga omnes, o que conduz a concepção de um Direito Ambiental Internacional, que apresenta firmes divulgadores em meu país.

Cabe recordar, que no decorrer do regime autoritário, quando o desenvolvimento econômico acelerado, deu origem à imagem do "milagre brasileiro", algumas autoridades mostravam-se avessas a tratar do tema - apesar de assinarem tratados internacionais e elaboraram legislação interna - pois acreditavam que a rápida industrialização poderia afastar a miséria endêmica existente na sociedade.

Esta má política deu origem a situações de agressividade incomum, como acontece no Polo Industrial de Cubatão, cidade a beira mar, que conhece índices alarmantes de poluição, exigindo, por vezes, a evacuação da população e causando aniquilamento da parte restante da Mata Atlântica, nas proximidades da Cidade de São Paulo. As indústrias situadas em Cubatão provocam chuvas ácidas na Serra do Mar, causando danos a água e a vegetação.

O Instituto de Pesquisa Tecnológica (IPT) da Universidade de São Paulo, neste último mês de setembro, trabalhando no local, constatou que 100% da água da chuva é ácida, em virtude da região ser atingida pela ação dos ventos que conduziram compostos de enxofre emitidos pelas indústrias, refinaria de petróleo, veiculos e pela decomposição natural anaeróbica em atividade na citada área industrial de Cubatão. Ainda no mês de setembro deste ano de 1994, a Cetesb, Companhia de Tecnologia de Saneamento Ambiental do Estado de São Paulo, decretou estado de pré-alerta no Pólo Industrial de Cubatão. Esta situação de risco levou às comunidades locais a posicionamentos reivindicatórios, surgindo uma consciência de defesa do meio ambiente e da necessidade de sua recomposição que, por vezes, produziram efetivas ações governamentais.

A comunidade internacional também se moveu. Por vezes de maneira emotiva, sem levar em consideração a sobrevivência das populações nativas. Na maioria das ocasiões, todavia, mediante posicionamentos firmes, sensatos e baseados em dados científicos. Esta colaboração internacional permitiu avenços significativos na mentalidade dos vários segmentos da sociedade brasileira, particularmente entre os industriais.

Ainda há pouco, delegação de empresários alemães, visitando o Estado de Santa Catarina, com o objetivo de importar móveis de madeira e a utilização de embalagens, demonstraram a necessidade de, nos contratos a serem elaborados, sejam previstas as restrições impostas pela legislação ambiental alemã, constituindo-se, na oportunidade, comissão permanente para tratar questões comuns.

Em São Paulo, incineradores de lixo, adquiridos pela Prefeitura mereceram repulsa do Greenpeace, que ofereceu aos meios de comunicação estudos elaborados pela EPA - Environmental Protection Agency indicando as ligações entre as dioxinas produzidas pelos inceneradores e o câncer no seio. A Municipalidade, em defesa da instalação das usinas, afirmou serem estas idênticas as em funcionamento em Paris e Londres. Registra-se que, em São Paulo, são produzidas 14.200 toneladas de lixo por dia, segundo dados de 1993.

Clean up the World, movimento iniciado na Austrália, convocou os moradores das cidades de Fortaleza, Recife, Belo Horizonte, Rio de Janeiro e São Paulo para limpar parques e praias. Na cidade de São Paulo existem trinta e tres parques, que somam a árca de 29,3 quilometros quadrados. Os organizadores do Clean up the World pretendem proceder a limpeza, também, das serras do Mar, Cantareira, Japi e Mantiqueira em seus espaços localizados no Grande São Paulo e cercanias. The Nature Conservancy, TNC, em colaboração com empresas brasileiras e multinacionais desenvolve programa denominado Brasil Verde, visando a preservação da região de Guaraqueçaba, no litoral paranaense, integrante da Mata Atlântica e o Pantanal pela sua biodiversidade.

A mesma cidade de São Paulo, com uma população de 9.626.898, em 1991, mantém convênios com as cidades de Osaka, Abidjan, Miami, Shanghai e Toronto, sendo que a parceria com esta última, segundo autoridades municipais, tem se mostrado promissora. A Fundação Friedrich Naumann, no Brasil, está desenvolvendo, em parceria com entidades não-governamentais, projeto extremamente significativo denominado Democracia e meio ambiente.

Em razão de preceitos legais que exigem sua total preservação as áreas que integram a chamada Mata Atlântica apresentam, hoje, complexo problema social. A legislação é extremamente rigorosa e os nativos já não podem se ocupar em suas atividades seculares. Estas se baseavam na extração de produtos vegetais, particularmente o palmito, que, para ser colhido, exige o corte da palmeira de que é originário. Esta proibição legal leva os nativos da região a profunda miserabilidade, pois falta-lhes qualquer outra atividade econômica.

A Fundação Friedrich Naumann e seus parceiros, entre eles o CEPS, em trabalho de campo, na região da Juréia, no litoral do Estado de São Paula, estão levantando os problemas originários da preservação ambiental junto às comunidades e, a partir de análise da realidade social e dos impedimentos legislativos, o CEPS irá elaborar anteprojetos de lei visando atenuar determinadas situações, sem prejuízo da integridade do meio ambiente. Em breve, este projeto, que visa examinar as micro questões advindas da preservação da natureza, se ampliará mediante o estudo acadêmico do tema, por meio de cadeira optativa, a ser instalada na Universidade Mackenzie, instituição particular de ensino existente na cidade de São Paulo. Em março do ano de 1995, em louvável esforço, ainda dentro do campo da parceria internacional, no âmbito da preservação do meio ambiente, a mesma Fundação Friedrich Naumann realizará uma exposição participativa, dirigida à proteção ambiental denominada "Emil, ursinho verde", que deverá visitar treze grandes cidades do Brasil.

Nota-se que, no Brasil, há um processo em busca de uma consciência ecológica que, tradicionalmente, era inexistente. Este processo é em parte, produto de uma promissora parceria com todos os povos que, em meu pais, em 1992, tiveram oportunidade de elaborar a Declaração do Rio sobre Meioambiente e Desenvolvimento, onde ficou reconhecida "a natureza interdependente e integral da Terra, nosso lar". Se há parcela de otimismo na evolução do pensamento ecológico no Brasil, existem também motivos para profunda angústia e esta que exige a presença de contínua conivência entre a comunidade brasileira e a mundial.

Exemplo gritante da necessidade de parceria entre povos é o que ocorre no Pantanal de Mato Grosso próximo a cidade de Corumbá, onde o desmatamento indiscriminado de matas ciliares e das cordilheiras tem desertificado a região, apesar dos esforços em contrário da Polícia Florestal brasileira.

6. Bibliografia

Cançado, A.A. (1993): Direitos Humanos e o Meio ambiente - Paralelo dos sistemas de proteção internacional. Porto Alegre.
Jornal do Conselho Federal da Ordem dos Advogados do Brasil (1994): número 37.
Pellegrini Mammana, G. (1994): O financiamento do setor el, trico e as políticas de meio ambiente e de conservação de energia no Brasil - UNICAMP, Universidade de Campinas.

Protección y legislación medio ambiental en Chile a partir de 1989

Luis C. Contreras

Zusammenfassung

Bis vor kurzem besaß Chile keine umfassende Umweltpolitik, was insbesondere im Hinblick auf das starke Wirtschaftswachstum des vergangenen Jahrzehnts zu schweren Umweltproblemen führte, d.h. der Belastung von Luft, Wasser und Boden, der Degradation der natürlichen Ressourcen und zu Schäden an der Bausubstanz. In Anbetracht dieser Situation bildete die im März 1990 demokratisch gewählte Regierung eine Ministerkommission mit dem Ziel, das Thema aufzugreifen und effektiv und an die Realität des Landes angepaßt, umzusetzen. Diese Kommission brachte im März 1994 das Gesetz 19300 über die Grundsätze der Umweltpolitik in das Parlament ein. Das vorgeschlagene Gesetz geht von folgenden Punkten aus:

1. Dem Bestehen verschiedener Umweltprobleme im Zusammenhang mit den hauptsächlichen Wirtschaftsaktivitäten des Landes.
2. Der Existenz einer umfangreichen Gesetzgebung und technisch kompetenter Behörden, die jedoch in verschiedenen Sektoren zerstreut sind und unzusammenhängend, doppelt und nicht koordiniert arbeiten, was zu einer Zweideutigkeit ihrer Funktionen und Verantwortlichkeiten Anlaß gibt.
3. Dem sektorübergreifenden Aspekt der Umweltproblematik, der bedingt, daß sie nicht auf einen Aktivitätssektor beschränkt werden kann.
4. Der Erfolglosigkeit des Umweltschutzes in Ländern, welche dieses Thema mit Hilfe von neuen Institutionen angegangen sind und die Umweltkompetenzen aus verschiedenen Institutionen in einem einzigen Organismus zusammengefaßt haben.

Das Gesetz hat folgende Ziele:

1. Die gesetzgeberische Grundlage zum Leben in einer belastungsfreien Umwelt zu schaffen.
2. Den gesetzlichen Rahmen für eine integrative und umfassende Form der grundlegenden Umweltthemen festzulegen und die Grundlage der spezifischen gesetzgebenden Körperschaften zu schaffen, die in Zukunft für diese Gesetze zuständig sind.
3. Eine nationale Umweltkommission mit ihren entsprechenden Regionalkommissionen als eine Institution und Verwaltungsinstanz mit koordinierendem Charakter für die Umweltgesetzgebung der verschiedenen Staatsorgane einzurichten.

4. Eine Reihe in der Umweltplanung des Landes einsetzbarer Instrumente und Normen zu schaffen, wie z.B. die Umweltverträglichkeitsprüfung, die Normen der Umweltqualität, die Pläne des Ressourcenmanagements, die Sanierungspläne u.a. Es existieren zwei grundlegende Prinzipien, die die Umweltplanung des Landes bestimmen:
   a) Der Umweltschutz muß in abgestufter Form eingeführt werden, da zum einen die Rückführung der Umweltbelastung und zum anderen die Form, in der die Entwicklung und der Fortschritt mit der Bewahrung der nationalen Umwelt in Einklang gebracht werden müssen, die Notwendigkeit struktureller Veränderungen nach sich ziehen. Dies überschreitet kurzfristige Maßnahmen.
   b) Der Umweltschutz muß außerdem realistisch sein, da die Ziele erreichbar sein müssen. Die Größe der existierenden Umweltprobleme, die Form und Möglichkeit, in der sie angegangen werden sollen, sowie die Maßnahmen und die Mittel, die hierfür benötigt werden, müssen berücksichtigt werden.

Es existieren sechs untergeordnete Prinzipien, die dem Gesetz seine Kohärenz geben. Diese sind:

1. Das Vorbeugungsprinzip, das darauf abzielt, Umweltprobleme zu vermeiden, bevor sie entstehen und nicht versucht, sie im nachhinein zu unterbinden. Dieser Grundsatz ist eingebunden in das System der Umweltverträglichkeitsprüfung, welches festlegt, daß jedes Projekt, das Auswirkungen auf die Umwelt hat, sich der genannten Prüfung vor seiner Ausführung zu unterwerfen hat; in die Pläne zur Vermeidung von Umweltbelastungen, die es der Exekutive erlauben, einen Präventionsplan für diejenigen Gebiete zu verlangen und zu schaffen, in denen möglicherweise die erlaubten Belastungshöchstgrenzen überschritten werden; und in die Grundnormen über die Verantwortlichkeit, die darauf abzielen, die individuellen Verhaltensnormen bezüglich der Umwelt zu verändern. Es muß ein wirksames System bestehen, die Verantwortlichkeit für entstandene Schäden festzustellen und den Verursacher zu zwingen, den Geschädigten zu entschädigen und die geschädigte Umweltkomponente wieder herzustellen, wenn dies möglich ist.
2. Das Verursacherprinzip. Dieses Prinzip legt fest, daß derjenige, welcher Umweltschäden verursacht, in den Kosten der Güter oder Dienstleistungen, welche er herstellt, die notwendigen Finanzmittel und Maßnahmen berücksichtigen muß, welche notwendig sind, um solche Belastungen zu vermeiden bzw. für die Schäden aufzukommen.
3. Das Prinzip der Verhältnismäßigkeit, auf das oben hingewiesen wurde.
4. Das Prinzip der Verantwortlichkeit, mit dessen Hilfe der Verantwortliche für den Umweltschaden seine Opfer entschädigen muß und die geschädigte Komponente wieder herzustellen hat (vgl. 2.).

5. Das Prinzip, daß die Maßnahmen, welche die ausführende Behörde unternimmt, um Umweltprobleme anzugehen, sozialverträglich sein müssen und diejenigen Instrumente zu bevorzugen sind, welche eine bessere Ausnutzung der Ressourcen erlauben.
6. Schließlich, jedoch nicht weniger wichtig, das Prinzip der Bürgerbeteiligung sowohl bei der Umweltverträglichkeitsprüfung wie auch in der Zusammensetzung des Umweltrates der Nationalen Umweltkommission, in der Dezentralisation der Entscheidungen über Projekte, die Umweltschäden verursachen könnten, und im Themenbereich der Umwelterziehung.

Abschließend werden zwei Beispiele der Möglichkeiten und Restriktionen vorgestellt, die bezüglich spezieller Umweltprobleme bestehen: die Umweltsanierung der Hauptstadtregion und die Pläne zur Dekontamination im staatlichen Bergbau.

1. Antecedentes del desarrollo del marco jurídico para la gestión ambiental en Chile

Chile presenta una población de 14 millones de personas, de las cuales el 85% es población urbana. Existe una expectativa de vida de 72 años y una tasa de alfabetismo del 93% (INSTITUTO NACIONAL DE ESTADISTICAS 1994). Estos indicadores sociales y otros se corresponden con indicadores económicos de un país con ingresos medios. Así, en 1994 el Producto Interno Bruto (PIB) estimado es de U$ 3.600 per capita y la tasa estimada de crecimiento del PIB real promedio entre 1985 y 1993 es de a sido del 8% (BANCO CENTRAL 1994).

El fuerte crecimiento económico y el alto grado de estabilidad económica de Chile en la última década se han atribuído a la aplicación consistente de políticas de libre mercado. Sin embargo, en la medida que el crecimiento ha progresado con altas tasas, se han hecho presente los problemas de salud de la población y los costos de productividad asociados al deterioro ambiental (CONAMA 1992 a). Estos problemas ambientales de Chile corresponden, en proporciones similares, a la contaminación de las aguas y del aire, tanto de origen urbano como industrial y, en este último caso, particularmente de la minería; al deterioro de recursos naturales ligado a sus usos no sostenidos, incluyendo bosque nativo, pesquerías y suelos y; al deterioro del medio ambiente construido (ESPINOZA, GROSS, & HAJEK 1994; ESPINOZA, PISANI, CONTRERAS & CAMUS 1994). Esta situación de deterioro ambiental no es reciente. Por el contrario, es producto de la acumulación de efectos de acciones ejercidas durante decenas de años o incluso siglos. En la actualidad, estos problemas se han hecho más patentes debido especialmente al rápido crecimiento económico de Chile en la última década, crecimiento basado principalmente en la extracción y usos de recursos naturales (CONAMA 1992 a).

Es importante notar que la preocupación por los asuntos ambientales por parte del Gobierno de Chile no sólo deriva del efecto que el deterioro ambiental tiene sobre la salud de la población, especialmente de los más pobres, sino que también tiene importante relevancia económica. Esto se debe a que son precisamente las más importantes actividades económicas del país las que aparecen relacionadas a la explotación no sostenida de recursos naturales renovables, tales como actividades forestales, pesqueras y agrícolas, y a la contaminación industrial, especialmente por la minería (CONAMA 1992 a).

Por diversas razones, pero fundamentalmente porque las consideraciones ambientales eran consideradas como un impedimento al desarrollo económico, la política del Gobierno de Chile durante la década pasada estuvo principalmente dirigida a aumentar dicho crecimiento, sin contar con una política de gestión ambiental dirigida a lograr la compatibilidad de este crecimiento con la calidad del medio ambiente y el desarrollo sustentable (CONAMA 1992 a). Esto no quiere decir que nada se haya hecho, pero sí que no hubo una política ambiental global que guiara el accionar del Gobierno en la materia, siendo la mayor parte de las acciones de carácter reactivo a problemas puntuales.

En 1989, en Chile hubo elección democrática de un nuevo gobierno, que asumió en Marzo 1990. Este nuevo gobierno entendía que la temática ambiental no podía ser postergada y que debía ser abordada con seriedad en forma integral. Este entendimiento no se debía tan sólo a que el deterioro ambiental afecta la salud de la población, y la sostenibilidad del desarrollo económico basado en la explotación de recursos naturales, sino además se tenía presente que algunos países de destino de los productos de exportación de Chile podían, legítima o ilegítimamente, establecer barreras de protección de sus mercados arguyendo razones ambientales. Es por razón que el sector empresarial privado ha demostrado gran interés en la implementación de una gestión ambiental eficaz.

No obstante la voluntad de abordar la temática ambiental de manera integral, se vislumbraban distintas alternativas de cómo hacerlo. Por ello, en Junio de 1990, se creó por decreto del Ministerio de Bienes Nacionales, la Comisión Nacional del Medio Ambiente (CONAMA) (Decreto Supremo No. 240 de 1990) y su Secretaría Técnica y Administrativa, con la tarea de realizar un análisis de la situación ambiental y proponer una forma de abordar el tema que fuese efectiva y adecuada a la realidad del país.

El análisis realizado por dicha Secretaría Técnica y Administrativa de CONAMA evidenció:

Primero: la existencia de varios problemas ambientales, que incluyen principalmente y en proporciones similares al medio ambiente urbano, a la explotación de recursos naturales y a la contaminación de ambientes receptores (agua, aire, suelo). Todos éstos tienen relación con las principales actividades económicas del país: actividades mineras, forestales, pesqueras, e industriales en general

(Fig. 1; ESPINOZA, GROSS, & HAJEK 1994; ESPINOZA, PISANI, CONTRERAS & CAMUS 1994).

Figura 1: Typos y frequencia de problemas ambientales en Chile a nivel nacional

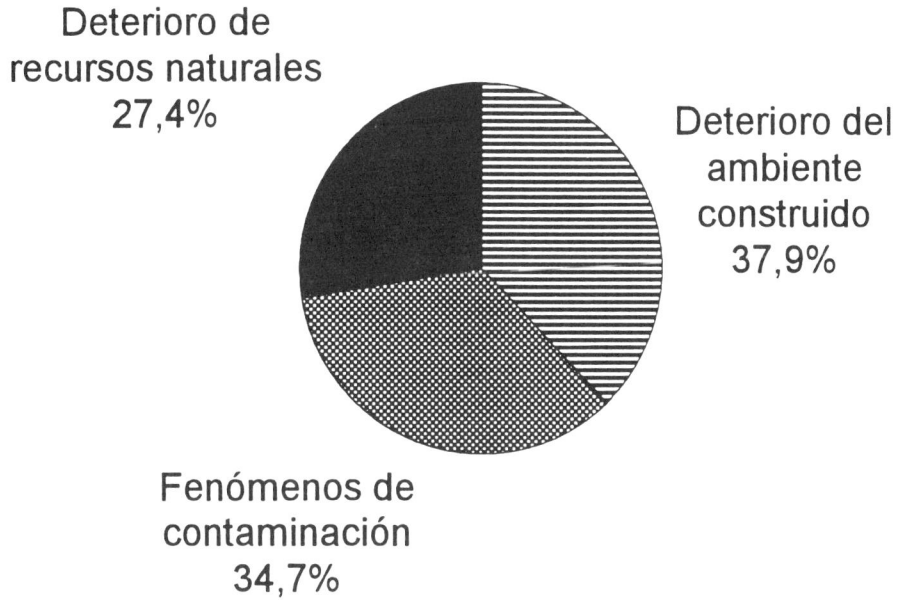

Total de problemas del pais: 1288

Fuente: Espinoza, GROSS & HAJEK 1994

Segundo: la abundante existencia de legislación (CONAMA 1992 b) y de servicios con competencia técnica de relevancia ambiental, pero dispersa en distintos sectores, incoherente, duplicada y descoordinada, con ambigüedad de funciones y de responsabilidades. Todo ésto conducía al desconocimiento de alcances de las disposiciones legales, a la incertidumbre sobre su vigencia y, a un importante grado de incumplimiento (ASENJO 1993; CONAMA 1994 a; PRAUSS 1994).

Tercero: la carencia de una política ambiental global, de principios y objetivos generales, que permitiesen un desarrollo coherente y armónico de la gestión ambiental (ASENJO 1993; CONAMA 1994 a; PRAUSS 1994).

Cuarto: la constatación de que el tema ambiental es transectorial y no privativo de un sector de actividad. Este hecho se constata al no existir ministerio o actividad económica que no tenga alguna disposición normativa, competencia o relación con aspectos ambientales (CONAMA 1992 b; ASENJO 1993; PRAUSS 1994).

Quinto: el análisis de la experiencia internacional, que mostró además el fracaso de la gestión ambiental de países que han abordado el tema creando instituciones, que restan las competencias ambientales de distintas instituciones, centrándolas todas ellas en un sólo organismo, como podría serlo un ministerio del medio ambiente. Esta alternativa tiene los inconvenientes de que los distintos sectores se desentienden de sus responsabilidades ambientales y de que el organismo central difícilmente puede resolver problemas intersectoriales, como a menudo lo son los conflictos ambientales, además de los altos costos financieros involucrados en una restructuración administrativa que involucraría el traslado de servicios completos dentro de la administración estatal (ASENJO 1993).

2. La Ley de bases generales del medio ambiente

La proposición de la anterior CONAMA se plasmó, tras numerosas instancias de discusión entre los distintos sectores involucrados, en la promulgación de la Ley 19.300 de Bases Generales del Medio Ambiente en Marzo de 1994. Esta ley establece una institucionalidad e instancia administrativa, al igual que herramientas o instrumentos utilizables en la gestión ambiental del país (CONAMA 1994 a).

Es pertinente recalcar que dicha ley es realmente el reflejo de lo que la sociedad chilena, como un todo, está dispuesta a realizar en cuanto a materias ambientales, pues es el resultado de extensos e intensos procesos de discusión y establecimiento de consensos entre distintos sectores involucrados, lo que si bien puede no hacerla perfecta o completamente deseable para un sector en particular, la hace más probable de implementar al contar con un amplio consenso que la respalda.

Más que hacer un relato descriptivo de la LBGMA, a continuación se presentan los fundamentos, objetivos y principios que subyacen a la ley, los que permiten entender su alcance y pretensiones (CONAMA 1994 a).

2.1 Fundamentos de la LBGMA

La Ley de Bases Generales del Medio Ambiente se funda en la necesidad de contribuír a la definición de una política sobre medio ambiente, de contar con una adecuada legislación ambiental, y en la necesidad de crear una institucionalidad ambiental encargada de la gestión ambiental.

Definición de una política ambiental.- La política ambiental persigue precisar los principios rectores y los objetivos básicos que el país se propone alcanzar en materia ambiental, conciliándolos con las políticas económicas, sociales y de desarrollo. Son sus características, en primer lugar, la gradualidad. Los problemas ambientales que sufre el país son el resultado de décadas de aplicación de políticas en las cuales lo ambiental no constituía un aspecto relevante. Por ello, revertir el curso del deterioro ambiental y buscar la forma en que el desarrollo y el progreso se concilien con la conservación del patrimonio ambiental, requiere de una modificación estructural que transciende a medidas de corto plazo. En efecto, la institucionalización del tema ambiental en el sector público, la revisión y dictación de normas sectoriales, los procesos educativos tendientes al cambio de actitudes respecto del medio ambiente, no pueden sino aplicarse gradualmente.

La ley es una expresión de dicha gradualidad, porque en esta etapa inicial se requiere, antes que nada, de un gran marco de referencia que siente los criterios básicos y fundamentales que sustentarán las acciones futuras.

Una segunda característica de la política ambiental debe ser el realismo. Sus objetivos deben ser alcanzables, considerando la magnitud de los problemas ambientales existentes, la forma y oportunidad en que se pretenda abordarlos y los recursos y medios con que se cuente para ello. En América Latina existe abundante experiencia de códigos o legislaciones ambientales casi perfectos desde el punto de vista doctrinario y teórico, pero que no admiten aplicación por no existir relación entre el aparato institucional encargado de la norma y el contenido de la misma.

Legislación ambiental adecuada.- La Ley de Bases Generales del Medio Ambiente responde a la necesidad de contar con un cuerpo normativo básico que recoja en forma integrada y global los principales temas ambientales y los principios que deberán ser sustento y fundamento de cuerpos legales específicos que se dicten en el futuro.

Institucionalidad ambiental.- Ha sido palpable la necesidad de contar con una estructura administrativa que coordine y ejecute las políticas ambientales del país y vele por la aplicación y acatamiento de la normativa jurídica ambiental. En efecto, los temas ambientales requieren de un tratamiento intersectorial para ser enfrentados eficazmente, necesidad que se ve obstaculizada por la multiplicidad de normas ambientales e instituciones públicas con competencias sobre la materia, concebidas y desarrolladas en forma compartimentalizada.

La institucionalidad ambiental debe desarrollarse sobre dos bases: Primero, reconociendo las competencias ambientales de los distintos ministerios y servicios e involucrándolos en los temas ambientales que, por sus respectivas esferas de competencia, les corresponde conocer. Segundo, generando una capacidad de coordinación al interior del Poder Ejecutivo.

Restar competencias para radicar el tema ambiental en una sola institución, resulta poco realista, ya que implica reestructurar íntegramente el aparato público a un costo injustificado porque existe una capacidad institucional instalada, la que, debidamente coordinada, puede accionar con plena eficacia (Asenjo 1993).

2.2 Objetivos de la LBGMA

El primer objetivo de la ley es dar contenido y desarrollo jurídico a la garantía constitucional que asegura a todas las personas el derecho a vivir en un medio ambiente libre de contaminación.

Es deber del Estado velar por el cumplimiento de dicha garantía, como ente fiscalizador y regulador de las actividades productivas privadas y, cuando corresponda, limitando sus propios impactos negativos al medio ambiente.

Como todos los sectores del país deben desarrollar sus actividades dentro de un esquema de respeto por el ambiente, y explotar los recursos naturales asegurando su sustentabilidad en el futuro, la ley entra a regular una serie de intereses en conflicto procurando que ninguna actividad, por legítima que sea, pueda desenvolverse a costa del medio ambiente.

El segundo objetivo de la ley es crear una institucionalidad que permita solucionar los problemas ambientales existentes y evitar la creación de otros nuevos, para lo cual se crea la Comisión Nacional de Medio Ambiente, como servicio público regionalmente descentralizado a través de las Comisiones Regionales del Medio Ambiente (Corema), con el deber de coordinar a los organismos y servicios con competencia ambiental y evitar la duplicación de esfuerzos.

La Conama está conformada por un Consejo Directivo integrado por el Ministro Secretario General de la Presidencia, quien lo preside, y por los Ministros de Economía, Fomento y Reconstrucción; Obras Públicas; Agricultura; Bienes Nacionales; Salud; Minería; Vivienda y Urbanismo; Transportes y Telecomunicaciones y; Planificación y Cooperación. La presidencia de Conama, al ser llevada por el Ministro Secretario General de la Presidencia, resalta el papel coordinador de la Comisión y le otorga una cercanía al Presidente de la República, que da testimonio de la relevancia asignada al tema.

La administración de la Conama, a nivel nacional, corresponde a la Dirección Ejecutiva, cuyo Director es nombrado por el Presidente de la República y tiene por misión, entre otras, cumplir y hacer cumplir los acuerdos e instrucciones del Consejo Directivo.

La Ley contempla la existencia de un Consejo Consultivo que pueda responder consultas que le formule el Consejo Directivo. Este Consejo estará formado por dos representantes de organizaciones científicas, no gubernamentales, empresariado, laborales, de centros académicos independientes y, por un representante del Presidente del Presidente de la República.

La Conama se desconcentra territorialmente a través de las Comisiones Regionales para el Medio Ambiente, integradas por el Intendente de la Región, quien la preside, por los gobernadores, por los secretarios regionales ministeriales de los ministerios representados en la Conama, por cuatro consejeros regionales y, por el Director Regional de la Conama.

El tercer objetivo de la ley es crear los instrumentos para una eficiente gestión del problema ambiental. Para este efecto, la ley contempla diversos instrumentos o herramientas, tales como el sistema de evaluación de impacto ambiental, las normas de calidad ambiental, los planes de manejo de recursos y los planes de descontaminación.

El cuarto objetivo de la ley es disponer de un cuerpo legal general, que sirva de referencia para toda la legislación ambiental sectorial. Así, la LBGMA permitirá desarrollar, mediante la promulgación de nuevas leyes sectoriales o revisión de las ya existentes, un cuerpo legislativo ambiental consistente, coherente y complementario. En este aspecto, es pertinente destacar el conjunto de definiciones ambientales que contempla la LBGMA, que enmarcarán la discusión de los futuros proyectos de ley.

2.3 Principios de la LBGMA

Detrás de los cuatro objetivos ya señalados, existen una serie de principios que permiten dar coherencia a la ley. Ellos son:

Principio Preventivo. Consiste en evitar que se produzcan los problemas ambientales y no intentar superarlos una vez producidos. Este principio se incorpora a la ley en los siguientes temas:

En la educación ambiental se enfatiza la necesidad de educar a toda la población, pero principalmente a los niños y la juventud en relación a la problemática ambiental. La forma más efectiva de prevenir el surgimiento de problemas ambientales consiste en el cambio de conductas en la población, tarea de largo plazo que sólo se logra mediante la incorporación de contenidos y prácticas ambientales en el proceso educativo.

En el sistema de evaluación de impacto ambiental se establece que todo proyecto que genere impactos ambientales deberá someterse a dicho sistema, a través de dos mecanismos. Las declaraciones de impacto ambiental para los proyectos cuyo impacto sea de menor relevancia, y los estudios de impacto ambiental para los proyectos generadores de impactos significativos. Estos últimos deberán considerar, con anterioridad a la ejecución del proyecto, todas las medidas tendientes a evitar o minimizar sus impactos ambientales negativos.

En los planes preventivos de contaminación, que permiten a la autoridad crear o exigir un plan de prevención en aquellas zonas que se encuentren próximas a sobrepasar los límites máximos determinados por la respectiva norma de calidad ambiental, a fin de evitar de antemano este evento.

Finalmente, en las normas sobre responsabilidad que buscan modificar las conductas individuales respecto del medio ambiente, estableciendo un sistema para hacer efectiva la responsabilidad por los daños causados y obligar a su autor a indemnizar al afectado y restaurar el componente ambiental dañado, si procediere.

Principio "el que contamina paga". Este principio establece que quien contamina debe incorporar al costo de los bienes o servicios que produce, las inversiones y medidas necesarias para evitar tal contaminación. Corresponderá al Estado fiscalizar adecuadamente el cumplimiento de esta normativa y de los sistemas de regulación que se creen. En los planes de descontaminación, los costos serán asignados a los propios causantes de la contaminación. Por ningún motivo este principio debe interpretarse como que el derecho a contaminar puede ser comprado por aquellos que tengan recursos económicos.

Principio de gradualismo. Como se señaló anteriormente, no es factible dar inicio con seriedad a una gestión ambiental moderna y eficaz, sin disponer previamente de un marco legal general que sirva de referencia para la dictación posterior de leyes sobre temas ambientales específicos. Por otra parte, este principio se incorpora también en el procedimiento de evaluación de impacto ambiental, materia en la cual no cabe exigir en forma inmediata el cumplimiento de los estándares ambientales más exigentes al evaluar el impacto ambiental de un determinado proyecto. En forma complementaria, la LBGMA establece que la dictación de normas de calidad ambiental y de emisión serán dictadas considerando las realidades ecológicas, económicas y técnicas del país y las zonas en las cuales se apliquen, como también su posible revisión y actualización cada cinco años en función de cambios en los factores considerados en su determinación.

Principio de la responsabilidad. El responsable por daño ambiental no sólo debe reparar a su víctima sino restaurar el componente deteriorado. Esta obligación supera el ámbito de la mera responsabilidad civil tradicional, dando origen a un nuevo ámbito de responsabilidad denominada "responsabilidad por daño ambiental".

Principio de eficiencia. Las medidas que adopte la autoridad para enfrentar los problemas ambientales deberán conllevar el menor costo social posible y se privilegiarán aquellos instrumentos que permitan una mejor asignación de los recursos.

Principio de participación ciudadana. Este principio se encuentra presente en las distintas áreas temáticas sobre las que versa la ley. En primer término, procurando que las organizaciones locales puedan informarse, y en definitiva, hasta impugnar los nuevos proyectos en proceso de autorización por causar un impacto ambiental significativo y negativo sobre el medio ambiente. Por otra parte, se otorga a terceros, distintos de los patrimonialmente afectados, la posibilidad de accionar judicialmente para proteger el medio ambiente, e incluso obtener la restauración del daño ambiental. Este principio se manifiesta asimismo en la participación de estamentos representativos de la sociedad civil, en la composición del Consejo Consultivo de la Comisión Nacional del Medio Ambiente, en la descentralización de la toma de decisiones respecto de proyectos que puedan causar impacto ambiental y en el tema de la educación, instrumento de gran relevancia para la toma de conciencia respecto del tema ambiental.

La aprobación de la LBGMA ha sido sólo el primer paso de un muy largo camino por recorrer. En una primera etapa el nuevo Gobierno asumido en marzo de 1994 ha hecho suyo lo obrado por el gobierno democrático anterior y ha centrado sus esfuerzos en algunos temas prioritarios que emanan de la misma ley. Ellos son principalmente desarrollar la institucionalidad ambiental, implementar el sistema de evaluación de impacto ambiental, la dictación de normas de calidad ambiental, y el desarrollo de planes de descontaminación.

3. Ejemplos de posibilidades y restricciones para abordar problemas ambientales en Chile

Aunque la LBGMA sea lo ambientalmente más relevante a largo plazo ocurrido en Chile hasta el momento, no ha sido lo único realizado (CONAMA 1994 b). También ha habido diversos problemas ambientales que han requerido urgente atención.

A continuación se presentan dos casos que ejemplifican las posibilidades y restricciones que han existido para abordar la solución de problemas ambientales en Chile. Estos casos son: Las acciones realizadas por la Comisión Especial de Descontaminación de la Región Metropolitana (CEDRM) y los planes de descontaminación del sector minero.

3.1 Descontaminación de la Región Metropolitana

La contaminación del aire en Santiago es el problema ambiental más obvio del país. La ciudad de Santiago junto a Sao Paulo y Ciudad de México aparece en los últimos años como una de las más contaminadas en Latinoamérica, a pesar de que su población y extensión sólo alcanza una fracción de dichas ciudades. Los serios problemas de contaminación del aire de Santiago son agravados principalmente por la inversión térmica en un valle encerrado, con poco viento y lluvia, lo que limita la dispersión de las emisiones del tráfico, la industria, quema de hojas y rastrojos de cultivos en las areas periféricas, y de polvo en suspensión WORLD BANK 1994, SANDOVAL ET AL. 1993).

El principal factor de la contaminación del aire de Santiago es el total de material particulado en suspensión (TSP) que supera sistemáticamente, a nivel de toda la ciudad, la norma oficial de Chile para material bajo 45 micrómetros y los niveles aceptados para material respirable menor de 10 micrómetros (PM-10). El TSP deriva en gran parte del polvo de calles sin pavimento. Los buses con motores diesel y las fuentes industriales contribuyen significativamente a las emisiones de PM-10.

Otros contaminantes importantes son el monóxido de carbono (CO), el ozono a nivel del suelo (O_3), óxidos de nitrógeno (NOx) y óxidos de azufre (SOx). El SO_2 es originado principalmente por procesos industriales y, el NO_x y el CO principalmente por vehículos. El CO generalmente supera los estandares de calidad del aire durante el invierno y el O_3 durante el verano. Aunque las concentraciones de NO_x y el SO_2 no superan rutinariamente los estándares de calidad en las actuales estaciones de monitoreo, es probable que sí lo hagan en las cercanías de las fuentes de contaminación.

Durante las últimas décadas, se ha trabajado principalmente en estudios de caracterización de la calidad del aire, permitiendo contar con un diagnóstico cada ves más preciso de la situación actual (PRENDEZ & ULRIKSEN 1993). Estos estudios han mostrado que la contaminación atmosférica de Santiago ha ido alcanzando niveles cada vez más críticos en función del explosivo crecimiento de la ciudad y el aumento del nivel de desarrollo de su población y de las actividades económicas.

Dado el alcance de estos niveles críticos, en abril de 1990, conjuntamente con la creación de la Comisión Nacional del Medio Ambiente, se creó la Comisión Especial de Descontaminación de la Región Metropolitana con el propósito de abordar los altos y crecientes niveles de contaminación de Santiago.

Las acciones de la CEDRM han estado enfocadas primeramente a la reducción de PM-10 y CO. Varias iniciativas han sido impulsadas incluyendo el establecimiento de estandares de emisión para fuentes fijas y móviles, el uso obligatorio de convertidores catalíticos de tres vías para vehículos livianos; la introducción de gasolina sin plomo; la licitación de recorridos de transporte urbano congestionados por líneas de buses privados basados en precios de pasajes y tipo de buses, los que habían proliferado después de la desregulación en los años 70; la revisión obligatoria de emisiones de gases de tubos de escapes de vehículos; la restricción obligatoria del 20% del parque automotríz durante la mayor parte del año. Más aún, en 1991 se retiraron de circulación 2.600 buses con fecha anterior a 1972, constituyendo el 20% del parque de buses. También se están tomando medidas para expandir y mejorar el sistema del transporte público, incluída la expansión del sistema subterráneo y la pavimentación de calles.

La CEDRM también ha establecido medidas de pre-emergencia y de emergencia cuando las medidas de contaminación atmosférica exceden los niveles críticos. Dichas medidas incluyen el cierre de escuelas, restricciones de operación a las industrias más contaminantes y, restricciones al transporte vehicular (Tabla 1).

Otras medidas están siendo implementadas para reducir la contaminación atmosférica de origen industrial, pero éstas se encuentran en una fase aún preliminar, debido fundamentalmente a la falta de información como también a conflictos entre responsabilidades institucionales (WORLD BANK 1994). Entre las acciones iniciadas en este sentido,

Tabla 1: Días de pre-emergencia y emergencia en Santiago

Año	Días de pre-emergencia	Días de emergencia
1990	11	2
1991	9	2
1992	14	2
1993	8	0
1994	3	0

Fuente: COREMA-RM

están la promulgación del Decreto No. 04/1992 que provee un marco de política conducente al establecimiento de un sistema de emisiones transables. De acuerdo a este decreto, desde 1994 en adelante toda nueva fuente de emisión requiere ser compensada por una fuente existente. Sin embargo, ninguna transacción se ha realizado hasta enero 1995, debido a que falta solucionar algunos aspectos tanto legales como técnicos. Ciertamente, aún falta una serie de requisitos para que un sistema de emisiones transables pueda ser implementado de manera satisfactoria (WORLD BANK 1994).

Actualmente, hay una serie de iniciativas que se están implementando. Entre ellas se ha desarrollado un grupo de trabajo con un Programa de Control de Emisiones Fuentes Fijas (PROCEFF), que inicialmente estuvo en la CEDRM y ahora se encuentra en el Servicio de Salud del Medio Ambiente de la Región Metropolitana. Paralelamente se está implementando el control de las fuentes móviles, que incluye la instalación de un laboratorio de certificación de emisiones de motores de vehículos livianos y pesados, la pavimentación y limpiado de las calles, la reforestación de áreas alrededor de la ciudad, etc.

El control de los problemas de contaminación atmosférica de Santiago han sido responsabilidad de distintas instituciones en los últimos 20 años. Inicialmente estuvo a cargo del Ministerio de Salud. Posteriormente, con el proceso de regionalización del país en los años 70, se creó el Servicio de Salud del Medio Ambiente de la Región Metropolitana que tomó el tema a su cargo. Desde 1990, la CEDRM ha sido la institución encargada del desarrollo de planes de descontaminación y de la coordinación de los esfuerzos de los distintos servicios del Estado con competencias en el tema. Recientemente (Enero 1995), por disposición establecida en la LBGMA, la CEDRM se ha constituído en la Comisión Regional del Medio Ambiente de la Región Metropolitana y ha continuado con esta función entre otras.

Esta variabilidad en las responsabilidades institucionales se corresponde con una legislación relacionada a la contaminación del aire que no forma un cuerpo único y orgánico, debido a que ésta ha sido creada en forma parcial y sectorial a lo largo de los años y ha estado apoyada por una estructura institucional del Estado, que no ha sido adecuada para el tratamiento integral de los problemas del medio ambiente (PRENDEZ & ULRIKSEN 1993). La CONAMA cuenta con un proyecto de fortalecimiento institucional del sector público financiado por el Gobierno de Chile y el Banco Mundial (CONAMA/BIRF 1992), que incluye entre sus componentes el estudio y revisión de la legislación e institucionalidad relacionada a la contaminación del aire.

A pesar de las medidas tomadas durante los últimos cuatro años, éstas parecen haber sido insuficientes para mostrar una mejoría significativa en la calidad del aire en términos globales. No obstante, sí se ha observado una disminución significativa de PM-10 y una tendencia a la disminución de PM-2,5 y CO, a pesar del aumento de la población y de la actividad industrial (WORLD BANK 1994). Se espera que las medidas que se están implementando actualmente, conduzcan a mejorías en la calidad del aire con el tiempo.

3.2 Planes de descontaminación del sector minero

El sector minero juega un importante rol en la economía de Chile, correspondiendo al 56% de la inversiones extranjeras, al 47,3% de las exportaciones y al 8,2% del Producto Doméstico Bruto. La principal actividad minera es la extracción del cobre, siendo Chile el más grande productor de cobre del mundo. Durante décadas, la producción minera ha tenido prominencia sobre las consideraciones ambientales. Consecuentemente, el sector minero ha llegado a ser la fuente de contaminación industrial más significativa de Chile. En el caso de SO_2, las fundiciones de cobre emiten un total de 874.400 toneladas por año, equivalente más del 92% de todas las fuentes fijas emisoras de SO_2 en Chile (SOLARI 1992, WORLD BANK 1994, ARTEAGA & DURAN 1994, PAGANI ET AL. 1994). Se han medido altas concentraciones de arsénico en el agua potable, suelos y aire en las cercanías de las actividades mineras en el norte de Chile. Sin embargo, dado que existe una alta concentración natural de arsénico en esta área, no se puede atribuír todas las concentraciones detectadas al sector minero (GONZALEZ 1994). La mayor parte de la actividad minera de Chile se localiza en el norte del país (PAGANI ET AL. 1994), que corresponde a los ambientes más xéricos y despoblados del mismo (BENITEZ 1994 a & b). Por lo tanto, el uso del agua por la minería contribuye a agravar la escasez del agua y ha impactado fuertemente los ecosistemas oceánicos litorales en ciertos lugares (CABRERA 1994).

Los esfuerzos de la minería del Estado dirigidos a la descontaminación han comenzado sólo en los años recientes. Así, en 1989 se creó la Unidad Ambiental en el Ministerio de Minería. En 1992 se decretaron estándares de calidad del aire para SO_2 y material particulado mediante Decreto Supremo No. 185/1992 (PAGANI ET AL. 1994). Este decreto requiere la formulación de planes de descontaminación de áreas saturadas, en las cuales se excedan los estándares ambientales (SOLARI 1992), en circunstancias que las áreas de las cinco mayores fundiciones estatales están saturadas para SO_2 (WORLD BANK 1994). Hasta el momento, se han aprobado planes de descontaminación para tres de estas fundiciones (Chuquicamata, Paipote y Ventanas) y otro está siendo preparado (El Teniente). En el caso de la fundición de Potrerillos, dado que no hay otra población humana más que los campamentos de los trabajadores, se ha optado por trasladar los campamentos fuera del área de la fundición, en vez de desarrollar planes de descontaminación.

El costo de estas inversiones de descontaminación es alto y refleja el grado de preocupación por asuntos ambientales. El costo total de los planes de descontaminación de la minería estatal para el período 1992-2000 se estiman en U$1000 millones. El costo promedio anual de los planes de descontaminación de la minería estatal equivale al 4.4% del valor de la producción de cobre del año 1992, o el 21% de la contribución de la minería del cobre al presupuesto del Gobierno, o al 1.5% del total de los gastos gubernamentales en 1992 (WORLD BANK 1994). Planes de descontaminación también están siendo desarrollados para actividades mineras privadas, como para reducir el material particulado de las faenas mineras de salitre en María Elena.

En forma complementaria a los planes de descontaminación, que son herramientas de carácter correctivo de problemas ya existentes, se está instalando en el país un sistema de evaluación de impacto ambiental para proyectos de inversión (ESPINOZA 1993, ESPINOZA, PISANI & CONTRERAS 1994). En el primer año y medio de aplicación del sistema provisorio y voluntario para la evaluación de impacto ambiental (CONAMA 1993) se han sometido al sistema 27 proyectos mineros, con una inversión total correspondiente a U$ 5.073 millones.

Como resultado de la aplicación de la gestión ambiental implementada por el Gobierno de Chile se espera que los nuevos y futuros proyectos aprobados tengan más bajas emisiones contaminantes que las faenas mineras antiguas.

Estos son sólo dos ejemplos, entre otros como el tratamiento de aguas servidas o la disposición de residuos sólidos (CONAMA 1994b), que muestran la preocupación de solucionar problemas puntuales del medio ambiente. Estas aproximaciones a problemas específicos, junto al diseño e implementación de una gestión ambiental global, coherente y coordinada a nivel nacional demuestran el compromiso de Chile por mejorar el medio ambiente. No obstante, cabe señalar que la magnitud de los problemas ambientales de Chile requieren una aún mayor preocupación y compromiso de parte de la totalidad de la sociedad de Chile.

En resumen; en los últimos cinco años Chile ha dado los primeros pasos desde una gestión ambiental altamente sectorial y descoordinada hacia un esquema de fortalecimiento de interrelaciones y coordinación ambiental. En concomitancia se han implementado una serie de iniciativas con el propósito de solucionar problemas críticos puntuales, de los cuales aquí se han expuesto dos ejemplos. El camino por recorrer es aún largo y esperamos tener éxito.

4. Literatura

Arteaga C., J.M. & Durán F., H. (1994): Contaminación atmosférica en Chile: Antecedentes y políticas para su control. En: Espinoza, G., Pisani, P., Contreras, L.C. & Camus, P. (Eds.) Perfil ambiental de Chile. Comisión Nacional del Medio Ambiente. Santiago, pp.157-170.

Asenjo Z., R. (1993): La institucionalidad ambiental en el proyecto de Ley de Bases del Medio Ambiente. En: Discusiones y aportes al proyecto de Ley de Bases del Medio Ambiente. Documento de Trabajo no. 191. Centro de Estudios Públicos. Santiago, pp.3-25.

Banco Central (1994): Boletín Mensual, Diciembre 1994.

Benítez V, A. (1994a): Características climáticas y geológicas de Chile. En: Espinoza, G., Pisani, P., Contreras, L.C. & Camus, P. (eds.): Perfil ambiental de Chile. Comisión Nacional del Medio Ambiente. Santiago, pp.19-37.

(1994b): Características de la población. En: Espinoza, G., Pisani, P., Contreras, L.C. & Camus, P. (eds.): Perfil ambiental de Chile. Comisión Nacional del Medio Ambiente. Santiago,. pp. 87-96.

Cabrera F., N. (1994): Estado de las aguas continentales y marítimas de Chile. en Espinoza, G., Pisani, P., Contreras, L.C. & Camus, P. (eds.): Perfil ambiental de Chile. Comisión Nacional del Medio Ambiente. Santiago, pp.173-195.

CONAMA (1992a): Informe nacional a la Conferencia de las Naciones Unidas sobre medio ambiente y desarrollo. Comisión Nacional del Medio Ambiente. Santiago.
- (1992b): Repertorio de la legislación de relevancia ambiental vigente en Chile. Comisión Nacional del Medio Ambiente. Santiago.
- (1993): Instructivo Presidencial. Pauta para la evaluación del impacto ambiental de proyectos de inversión. Comisión Nacional del Medio Ambiente. Santiago.
- (1994a): Ley de Bases del Medio Ambiente. Comisión Nacional del Medio Ambiente. Santiago.
- (1994b): CONAMA 1990-1994. Comisión Nacional del Medio Ambiente. Santiago.

CONAMA/Banco Mundial (1992): Proyecto de desarrollo de instituciones del medio ambiente.

Espinoza, G.A. (1993): El reglamento de impacto ambiental: Camino adelantado por CONAMA, lineamientos de propuesta. En: Discusiones y aportes al proyecto de Ley de Bases del Medio Ambiente. Documento de Trabajo no. 191. Centro de Estudios Públicos. Santiago, pp.53-71.

Espinoza, G., Gross, P. & Hajek, E. (1994): Percepción de los problemas ambientales en las regiones de Chile. Comisión Nacional del Medio Ambiente. Santiago.
- **Pisani, P. & Contreras, L.C.** (1994): Manual de evaluación de impacto ambiental. Comisión Nacional del Medio Ambiente. Conceptos y antecedentes básicos. Santiago.
- **Pisani, P., Contreras, L.C. & Camus, P.** (1994): Perfil ambiental de Chile. Comisión Nacional del Medio Ambiente. Santiago,.

González, M.S. (1994): Estado de la contaminación de suelos en Chile. En: Espinoza, G., Pisani, P., Contreras, L.C. & Camus, P. (Eds.): Perfil ambiental de Chile. Comisión Nacional del Medio Ambiente. Santiago, pp.199-234.

Instituto Nacional de Estadísticas. (1994): Compendio estadístico 1994. Instituto Nacional de Estadísticas. Santiago.

Pagani S., J., Huepe M, .C., Ibacache B. A., M. & Solari S., J. (1994): Efectos ambientales derivados de la actividad minera en Chile. En: Espinoza, G., Pisani, P., Contreras, L.C. & Camus, P. (eds.): Perfil ambiental de Chile. Comisión Nacional del Medio Ambiente. Santiago, pp.395-415.

Prauss G., S. (1994): Derecho y medio ambiente en Chile. En: Espinoza, G., Pisani, P., Contreras, L.C. & Camus, P. (eds.): Perfil ambiental de Chile. Comisión Nacional del Medio Ambiente. Santiago, pp. 513-532.

Prendez B., M. & Ulriksen U., P. (1993): Aspectos generales. En: Sandoval L.H, Prendez B.M & Ulriksen U.P. (eds.): Contaminación atmosférica de Santiago. Estado actual y soluciones. Santiago, pp.25-36.

Sandoval L., H, Prendez B., M & Ulriksen U., P. (1993): Contaminación atmosférica de Santiago. Estado actual y soluciones. Santiago.

Solari, J. (1992): El caso de las grandes fuentes emisoras de Chile: Análisis del D.S. No. 185. En: El uso de permisos de emisión transables en el control de la contaminación atmosférica. Serie Documentos de Trabajo No. 187. Centro de Estudios Públicos, Santiago, pp. 29-43.

World Bank (1994): Chile. Managing environmental problems: Economic analysis of selected issues. Report No. 13061-CH. Washington.

Naturschutz in Brasilien im Spannungsfeld konfligierender Interessen. Das Beispiel des Araguaia-Nationalparks/Ilha do Bananal (Tocantins)

Wilfried Kaiser

Resumo

Conflitos de interesse na preservação ambiental no Brasil. O caso do Parque Nacional do Araguaia / Ilha do Bananal (Tocantins)

O debate promovido pela comunidade científica e pela mídia sobre a degradação dos ecossistemas e a preservação da natureza no Brasil está centrado, quase exclusivamente, nas florestas tropicais da Amazônia e na Mata Atlântica. A análise por sensoriamento remoto tem demonstrado, todavia, que a destruição e a degradação tem ocorrido nos últimos dez anos principalmente nos ecossistemas de savana, os "campos cerrados", que cobrem (ou cobriram) quase 1/4 do território brasileiro.

Este artigo se propõe enfocar a crescente ameaça dos cerrados e, por outro lado, objetiva através do estudo de caso do Parque Nacional do Araguaia demonstrar, numa micro-escala de forma concreta, que o estabelecimento de parques e reservas com a finalidade da proteção exclusiva, comumente provoca múltiplos conflitos de interesse à respeito da utilização dos recursos naturais e dos diversos modos de vida da população local.

1. Einführung und Problemstellung

Der Prozeß der Umweltschädigung hat in Lateinamerika, wie insgesamt in der Dritten Welt, während der letzten Jahre erschreckende Ausmaße erreicht und in einigen Teilregionen, wie z.B. im Ballungsgebiet von Mexico-City, in der Industrieregion Cubatão (Südostbrasilien) oder auf Haiti bereits die Dimension einer "chronischen Katastrophe" (WÖHLCKE 1987: 44) angenommen. Die Zerstörung natürlicher Ökosysteme geht einher mit einer drastischen Dezimierung der biologischen Artenvielfalt und gefährdet langfristig Lebensqualität und wirtschaftliche Entwicklung.

Bei der Diskussion um Naturschutz und Umweltdegradierung in Brasilien stehen gegenwärtig fast ausschließlich die Tropischen Regenwälder Amazoniens und der Küstenzone im Mittelpunkt[1]. Wie Satellitenaufnahmen jedoch belegen (vgl. Abb. 1), vollzog sich in den letzten Jahren die Hauptrodungstätigkeit im Bereich der zentralbrasilianischen Savannen, den sog. Campos Cerrados.

Abbildung 1: Vegetationsbrände vom 6. August 1990

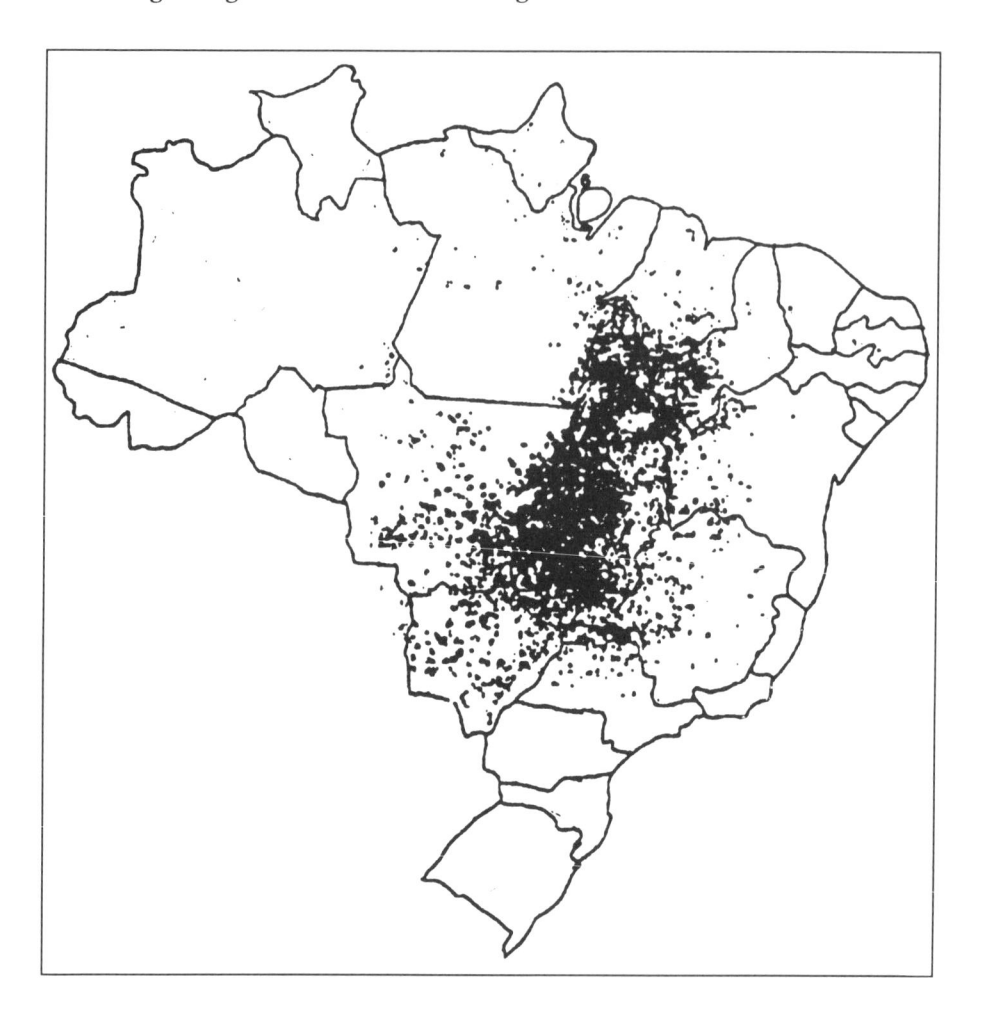

Quelle: CIMA 1991:94

2. Die brasilianischen Campos Cerrados - ein gefährdetes Ökosystem

Die Region der Campos Cerrados umfaßt mit rund 200 Mio. ha etwa 24% der Fläche Brasiliens - ein Gebiet, so groß wie Frankreich, Großbritannien, Spanien, Portugal, Italien, Holland und Belgien zusammengenommen. Die Cerrados stehen demnach an zweiter Stelle hinter der Hyläa Amazoniens, welche einen etwa 40%igen Flächenanteil besitzt. Das Hauptverbreitungsgebiet der Campos Cerrados ist das zentralbrasilianische Hochplateau (Planalto Central) mit den Bundesstaaten Goiás, Tocantins, Mato Grosso und Mato Grosso do Sul sowie dem Bundesdistrikt von Brasília. Cerrado-Anteile besitzen ferner Süd-Maranhão, West-Bahia, West-Piauí und Nord-Minas Gerais, São Paulo und Rondônia; inselhafte Vorkommen finden sich in Roraima, Amazonas, Pará und Amapá.

Das Klima im Bereich des Planalto Central ist tropisch-wechselfeucht (Aw- bzw. Cwa-Klima n. Köppen & Geiger) mit Niederschlägen von 750-2.000 mm im Jahresmittel und einer 2-5monatigen Trockenzeit von Mai bis September. Als zonale Vegetation wären eigentlich laubabwerfende Wälder zu erwarten, welche in Zentralbrasilien jedoch nur inselhaft an Standorten mit besonderen edaphischen und hygrischen Bedingungen anzutreffen sind (z.B. im "Mato Grosso de Goiás"). Statt dessen wird die Landschaft von der azonalen Savannenvegetation der Campos Cerrados bestimmt, mit einer Grasschicht und mehr oder weniger dicht stehenden, meist kleineren Bäumen oder Sträuchern, die oft einen auffällig gedrehten Stamm besitzen. Der gesamte Komplex läßt sich in verschiedene Erscheinungsformen gliedern, die durch das Verhältnis Holzarten/Gräser charakterisiert sind. Mit zunehmender Auflichtung werden unterschieden: Cerradão (Savannenwald), Cerrado, Campo Cerrado, Campo Sujo und Campo Limpo (reine Grasflur). Daneben treten auch extrazonale Vegetationsformen auf, wie Galeriewälder (Matas Ciliares).[2]

Die Campos Cerrados sind ausgesprochen artenreich: In ihren Ausbreitungszentren werden etwa 300 Arten/ha gezählt (EITEN 1982: 36). Bisher sind rund 800 Baum- und Straucharten bekannt, von denen 429 endemisch sind, d.h. sie entwickelten sich im Gebiet des zentralbrasilianischen Hochplateaus, der Rest setzt sich aus Einflüssen der atlantischen und amazonischen Wälder zusammen. Die Zahl der Gräser wird auf über doppelt so hoch geschätzt. Mit somit mindestens 2500 Spezies an höheren Pflanzen nehmen die Cerrados bezüglich ihrer Artenvielfalt eine Spitzenposition unter den Savannen der Welt ein. Im Vergleich zu ihrer großen Ausdehnung ist ihre Säugetierfauna eher arm; rund 160 Spezies wurden in der Region der Cerrados registriert, die überwiegende Mehrzahl hat ihren Lebensraum allerdings im Galeriewald bzw. im dichteren Cerradão (COUTINHO 1982: 271 u. 1990: 24, KLINK, MOREIRA & SOLBRIG 1993: 262f.).

Die auf dem Planalto Central dominierenden Latosol-Böden besitzen zwar gute physikalische Eigenschaften für eine intensive Landwirtschaft (gute Drainage), ihre chemischen Eigenschaften sind jedoch relativ ungünstig: niedriger pH-Wert, geringe Kationen-Austauschkapazität, hoher Aluminium-Gehalt, geringer Gehalt an pflanzenverfügbaren Nährstoffen als Folge intensiver Verwitterung und Auswaschung sowie die Tendenz zur Bildung von Lateritkrusten. Aus diesem Grunde wurden die Cerrado-Gebiete Zentralbrasiliens traditionell als relativ unproduktiv eingeschätzt und dementsprechend nur für eine sehr extensive Rinderweidewirtschaft genutzt. Als agrarwissenschaftliche Studien über das

Naturraumpotential der Cerrado-Region jedoch zeigten, daß mittels hoher Kalkgaben (1,8-6 t/ha) der für viele Kulturpflanzen toxische Al-Gehalt drastisch verringert werden kann, setzte die flächenhafte "Inwertsetzung" der Region für eine großbetriebliche, exportorientierte Landwirtschaft ein. Die wirtschaftliche Inkorporation der ehemals nur schwach besiedelten Cerrado-Region wurde ab Mitte der 70er Jahre staatlicherseits durch besondere Entwicklungsprogramme, wie insbesondere das POLOCENTRO-Programm, gefördert (vgl. RÖNICK 1982).

30 Jahre intensiver Erschließungstätigkeit Zentralbrasiliens (vgl. COY & LÜKKER 1993) haben die Region zwar einerseits zur "Kornkammer" des Landes gemacht[3], dabei aber andererseits zu einer großräumigen Degradierung des komplexen Ökosystems der Cerrados geführt, was bislang allerdings weder in Brasilien noch auf internationaler Ebene die notwendige Beachtung gefunden hat. Insbesondere die flächenhafte Expansion des hochmechanisierten Ackerbaus und der "cash crop"-Produktion in Monokultur (v.a. Soja und Mais) und die Anlage von Kunstweiden haben dazu geführt, daß 1985 etwa 37% der natürlichen Vegetation vernichtet und weitere 56% bereits mehr oder weniger stark anthropogen beinflußt waren; nur noch ein Areal von ca. 7% der Cerrado-Region weist eine intakte Primärvegetation auf (DIAS 1990: 586f.). Die in die Region zugewanderten Farmer pflegen die Cerrados ausschließlich als Produktionsressource wahrzunehmen und roden die natürliche Vegetation in aller Regel vollständig, um eine "optimale" Ausnutzung ihrer Betriebsfläche zu erreichen. Die ökologischen Folgen dieser nicht nachhaltigen Inwertsetzung der regionalen natürlichen Ressourcen sind vielfältig: Gefährdung des noch kaum erforschten Genpotentials der Cerrados, klimatische Auswirkungen, Abspülungs- und Erosionsprozesse sowie Schadstoffeintrag in Grundwasser und Gewässer durch Pestizide und Dünger.

3. Naturschutz und Nationalparks in Brasilien

Nach der Einrichtung des Yellowstone-Nationalparks in den USA im Jahre 1872 wurden zwar auch in Brasilien vereinzelt Vorschläge zur Gründung von Schutzgebieten diskutiert, aber erst 1937 wurde der erste bundesstaatliche Nationalpark gegründet. Heute zählt man in Brasilien insgesamt 34 Nationalparks mit einer Fläche von 9.718 km^2, das entspricht lediglich 1,14% des Territoriums. Bei Hinzurechnung weiterer Schutzkategorien[4] erhöht sich der prozentuale Anteil auf 3,7%, womit Brasilien weit hinter vielen lateinamerikanischen Nachbarn (z.B. Venezuela 8%, Costa Rica 11%) und anderen Entwicklungsländern (z.B. Madagaskar 11%, Indonesien 16%, Thailand 16%, Tansania 25%) zurückbleibt.

Nationalparks haben gemäß internationaler Definition des IUCN die Aufgabe des Schutzes von herausragenden biologischen oder landschaftlichen Besonderheiten für wissenschaftliche Zwecke, Umweltbildung und Tourismus. Eine anderweitige Nutzung ist stark eingeschränkt und Siedlungen sind in der Regel verboten. Die Administration liegt in den Händen der höchsten staatlichen Naturschutzinstitution (ELLENBERG 1993: 295).

3,5% der Fläche Amazoniens (bzw. 4,1% im erweiterten Sinne, vgl. Endnote 4) stehen - statistisch betrachtet - unter Naturschutz, womit die Regenwälder Amazoniens gegenüber anderen brasilianischen Vegetationstypen eine privilegierte Position einnehmen. Demgegenüber sind nur 0,2% (bzw. 0,7%) der Cerrado-Region als Schutzgebiete ausgewiesen. Nur die Caatingas schneiden im relativen Vergleich noch schlechter ab; hier stehen lediglich 0,1% ihrer Fläche unter Schutz (CIMA 1991: 108).

Die Landbesitzverhältnisse innerhalb der meisten brasilianischen Nationalparks bilden eines der Hauptthemmisse für die Durchsetzung eines effektiven Naturschutzes: So war Anfang 1988 nur in 5 (von damals 28) Nationalparks das zuständige "Instituto Brasileiro de Desenvolvimento Florestal" (IBDF) vollständiger Eigentümer der Parkfläche; prozentual gesehen machte der Anteil des sich im IBDF-Besitz befindlichen Parklandes nur 3,9 aller Parkflächen aus (DRUMMOND 1988: 150).

Um alle Flächen bereits bestehender Schutzgebiete in Brasilien in staatlichen Besitz zu überführen, wären nach groben Schätzungen 1,8 Milliarden US-Dollar erforderlich (CIMA 1991: 61) - spätestens hier wird deutlich, daß der ursprüngliche Gedanke strikter wirtschaftlicher "Nicht-Nutzung" der Parkgebiete nicht realisierbar ist. Dies betrifft nicht nur Brasilien, sondern die meisten Entwicklungsländer. Auch durch "debt-for-nature swaps" werden kaum für die Länder des Südens die nötigen Summen zur Finanzierung eines Naturschutzes aufgebracht werden können, der weiterhin an der Idee eines strikten Nutzungsausschlusses festhält. Statt dessen müssen, wie inzwischen auch von IUCN/UNEP & WWF (1989) in ihrer "World Conservation Strategy for the 1990s" propagiert, neue Parkmanagement-Konzepte gefunden werden, welche gewisse anthropogene Einflüsse in bestimmten Parkarealen tolerieren, vor allem aber danach streben, die lokalen Bevölkerungsgruppen im Umkreis der Parks zu Verbündeten des Naturschutzes zu machen. Wie schwer solche Forderungen und Strategien in der Praxis aufgrund von mannigfaltigen Raumnutzungskonkurrenzen und Interessenkonflikten zu verwirklichen sind, illustriert das Beispiel des Araguaia-Nationalparks.

4. Fallbeispiel Araguaia-Nationalpark/Ilha do Bananal (Tocantins): Naturschutz, lokale Bevölkerung und Regionalplanung im Interessenkonflikt

Die Ilha do Bananal (vgl. Abb.2) stellt mit ca. 20.000 km² (z. Vgl.: Belgien 30.500 km²) die größte Flußinsel der Welt dar. Die Insel zwischen den Armen

Abbildung 2: Übersichtskarte Konfliktregion Mittlerer Araguaia

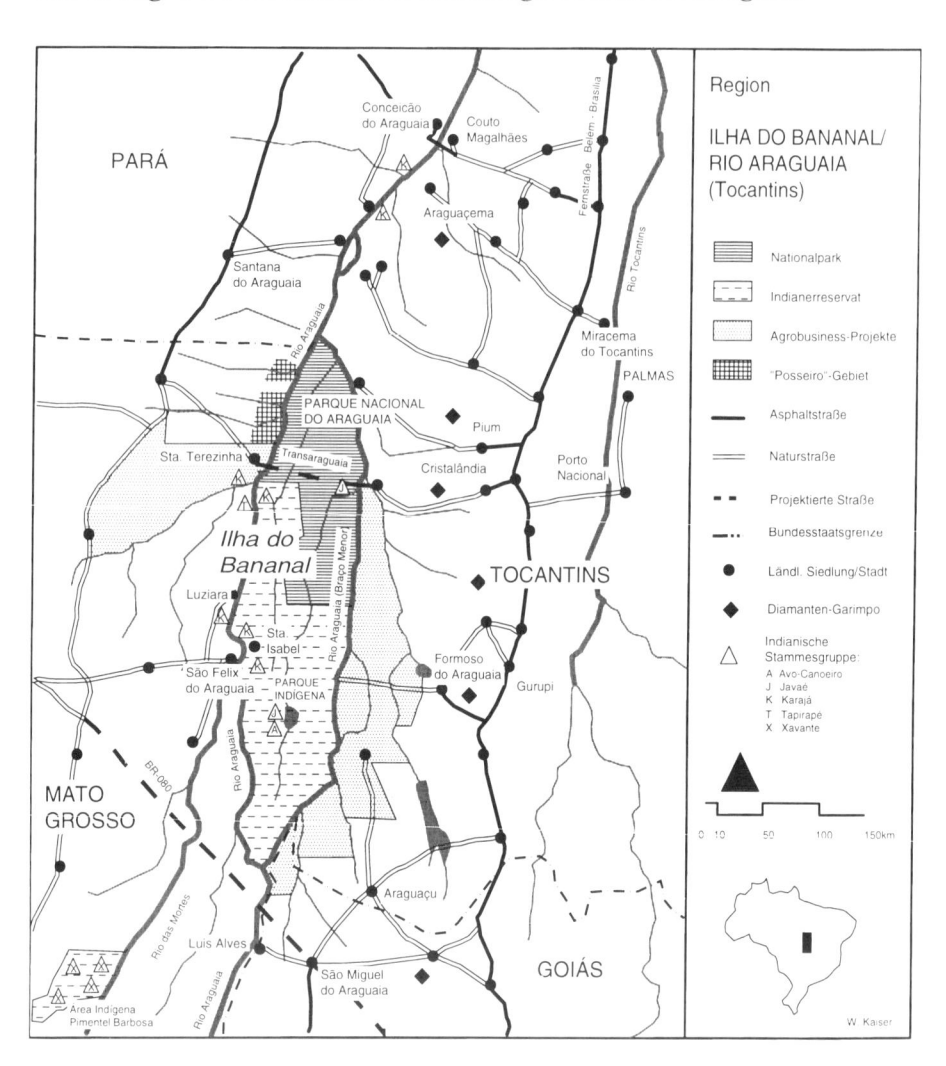

Quelle: Eigene Darstellung

des Rio Araguaia liegt im Bundesstaat Tocantins im Grenzbereich zu Mato Grosso, Goiás und Pará. Die Ilha do Bananal wird aus quartären Flußsedimenten aufgebaut und befindet sich phytogeographisch gesehen im Übergangsbereich von amazonischem Regenwald und Savannenfluren. Vorherrschend sind Überschwemmungscampos, Campos Cerrados und Galeriewälder, im Norden regelrechte Várzea-Gebiete. Die Flora und Fauna in der schmalen Kontaktzone der beiden unterschiedlichen Biome Regenwald/Savanne zeichnen sich durch eine große Artenvielfalt aus, welche bisher allerdings noch kaum eingehender erforscht wurde (vgl. RATTER 1987).

Bereits seit dem letzten Jahrhundert besteht in Brasilien die Intention, die Bananal-Insel zu schützen. Nach dem Vorbild des 1872 in den USA gegründeten "Yellowstone National Parks" schlug in Brasilien 1876 André Rebouças vor, die Ilha do Bananal als Nationalpark auszuweisen. Dieser Vorschlag wurde allerdings erst Ende der 50er Jahre dieses Jahrhunderts durch Präsident Kubitschek wiederaufgegriffen. Der *"Parque Nacional do Araguaia"* wurde im Jahre 1959 ins Leben gerufen; er umfaßte zunächst die gesamte Insel und schloß dabei die Siedlungsgebiete verschiedener Indianerstämme (Javaé, Avo-Canoeiro und Karajá) mit ein. Aufgrund vermeintlich unlösbarer Konflikte zwischen Naturschutz und gleichzeitiger Bewahrung indianischer Traditionen (shifting cultivation, Jagd, Fischfang) wurde der Nationalpark 1971 auf ca. 1/4 seiner Größe reduziert und administrativ dem IBDF unterstellt; auf dem Restteil der Insel wurde der *"Parque Indígena do Araguaia"* gegründet, der von der Indianerschutzbehörde FUNAI verwaltet wird (PADUA & COIMBRA FILHO 1989). Die Grenze zwischen beiden Schutzgebieten ist bislang nur unzureichend demarkiert. Das gesamte Areal des Nationalparks befindet sich noch in privatem Besitz, was die Durchsetzung strenger Naturschutzauflagen praktisch unmöglich macht. Die Nationalparkverwaltung ist mit lediglich 9 Angestellten (ein Direktor und 8 Parkwächter) personell vollkommen unzureichend ausgestattet (RYLANDS 1991: 124).

Während der vergangenen 30 Jahre vollzogen sich in der Region des Mittleren Araguaia durch den Fernstraßenbau und das Vordringen der modernisierten Landwirtschaft tiefgreifende soziale und wirtschaftliche Wandlungen. Durch den Bau der Belém-Brasília-Fernstraße in den 60er und der BR-158 von Barra do Garças (MT) nach Marabá (PA) in den 70er Jahren sowie infolge massiver staatlicher Investitionsanreize für die modernisierte großbetriebliche Landwirtschaft wurde der Peripherraum des Mittleren Araguaia zu einer Pionierfrontregion mit starker Zuwanderung unterschiedlicher Sozialgruppen. Der Einbruch regionsfremder kapitalkräftiger Investoren und Firmengruppen aus S- bzw. SE-Brasilien sowie landsuchender "Posseiros" (Squatter) aus dem Nordosten in die traditionale Ökonomie der Region, welche durch extensive Weidewirtschaft bzw. Subsistenzökonomie geprägt war, hat zu vielfältigen Konflikten mit negativen Konsequenzen für die Umwelt geführt.[5]

Die Ilha do Bananal wird heute von 1.700 Indianern und ca. 12.000 Neo-Brasilianern bewohnt. In der Region des Mittleren Araguaia stoßen in geradezu exemplarischer Weise drei typische Welten Brasiliens, die sich kraß unterscheiden, aufeinander: die "indianische Welt" (hier v.a. der Karajá-, Javaé- und Tapirapé-Indianer), die "traditionelle Welt des Interiors" mit schon lange in der Region ansässigen Ribeirinhos, Caboclos, Garimpeiros, Coronéis etc. sowie die "moderne Welt" von Agrobusiness und Tourismus. Das Konfliktpotential, das aus der Raumnutzungskonkurrenz der unterschiedlichen sozialen Akteure resultiert, ist äußerst komplex. Dabei haben sich konfligierende Interessen im zeitlich-räumlichen Kontext verändert und mit dem Fortschreiten der Pionierfront auch teilweise in andere Regionen verlagert.

Als dominant sind gegenwärtig in der Region vier Konflikt- und Problemlagen zu nennen, die im folgenden behandelt werden.

4.1 Konflikte zwischen indianischer und neobrasilianischer Bevölkerung

Hauptopfer der Erschließung und teilweisen Integration der Araguaia-Region in die kapitalistische Ökonomie sind die traditionell in diesem Gebiet lebenden Indianerstämme der Karajá, Tapirapé und Javaé. Bezifferte KRAUSE (1911) die Karajá-Bevölkerung 1908 noch auf ca. 10.000, so war 1976 die Zahl der Karajá-Indianer auf 1.200 geschrumpft (FUNAI 1976). Der Stamm der Tapirapé-Indianer, der um die Jahrhundertwende ca. 1.000 bis 1.500 Mitglieder umfaßte, war zeitweise sogar von der völligen Vernichtung bedroht (1939: 187, 1957: 55; WAGLEY 1977); erst in den vergangenen Jahrzehnten gelang es den Tapirapé, die mit dem "Zivilisationseinbruch" einhergehende Dezimierung durch Krankheiten und den Verlust kultureller Identität zu überwinden, was sich u.a. in einer positiven Bevölkerungsentwicklung dokumentiert (1985: 202 Tapirapé, CIMI 1985: 202).

Der Hauptnahrungserwerb der Karajá-Indianer liegt im Fischfang, daneben sind auch Schildkröten und Schildkröteneier für die Ernährung der Karajá bedeutungsvoll. Bei den zahlenmäßig kleineren Stammesgruppen der Javaé und Tapirapé dominiert der Feldbau. Auf überschwemmungsfreien Böden werden Lichtungen geschlagen und zahlreiche Feldfrüchte angebaut: Maniok, Mais, Süßkartoffeln, Kürbis, Bohnen, Bananen, Wassermelonen, Baumwolle, Tabak, Urucu und neuerdings auch Zuckerrohr und Reis. Ferner wird der Speisezettel ergänzt durch das Sammeln wilder Früchte, wie Myrthen, Piqui, Mangaba und verschiedenen Palmnüssen. Die Jagd, meist in größerer Gesellschaft und mit Hunden durchgeführt, ist von sekundärer Bedeutung und ertreckt sich vor allem auf Pekaris, Sumpfhirsche, Affen und Leguane. Das Jagen von Vögeln dient in erster Linie der Gewinnung von Federn für die Anfertigung des prachtvollen Federschmuckes. Der Verkauf von Federschmuck-Arbeiten und Tonpuppen an Händler und Touristen bildet heute die wichtigste Erwerbsquelle für die auf der Insel lebenden Indianer. Dabei hat insbesondere die Nachfrage nach den hölzernen Federschmuck-Masken der Tapirapé ("cara grande"-Masken) bei Sammlern im In- und Ausland seit den 50er Jahren enorm zugenommen. Die Zunahme der Maskenproduktion hat dazu geführt, daß manche der als "Rohstoff-Lieferanten" fungierenden Papageienarten am Araguaia heute vom Aussterben bedroht sind.

Die indianische Bevölkerung der Insel ist heute in verschiedene Interessengruppen gespalten. Eine Gruppe mit überwiegend jüngerer Bevölkerung plädiert - vermutlich das Beispiel des reich gewordenen Nachbarstamms der Kayapós am Rio Xingu vor Augen, für eine stärker profitorientierte Ressourcennutzung in ihrem Reservatsgebiet. Ein Teil der Indianer wird in ihrem Überlebenskampf heute ferner als Handlanger bei illegaler Jagd und kommerziellem Fischfang mißbraucht. Aufgrund der bestehenden Indianerschutz-Gesetze können die Indianer bei einem Verstoß gegen Naturschutz-Gesetze nicht haftbar gemacht werden, was auch in anderen brasilianischen Nationalparks zu schweren Umweltdelikten durch indigene Gruppen geführt hat, so z.B. im Nationalpark Monte Pascoal/Bahia (REDFORD 1989, ROCHA 1992).

4.2 Landkonflikte zwischen großbetrieblichen Viehzuchtbetrieben und Squattern (posseiros), Verdrängungsmigration auf die Ilha do Bananal

Die Landkonflikte zwischen großbetrieblicher Rinderweidewirtschaft und landsuchenden Migranten, die sich als Squatter ("Posseiros") in schwieriger Rechtsposition in der Region niederließen, sind ein Musterbeispiel des Konflikts zwischen "kapitalistischer" und "überlebensorientierter" Pionierfront. Die Landkonflikte gewannen Ende der 70er Jahre nach der "Auffüllung" der Pionierfront ("fechamento da fronteira") an Schärfe und nahmen zeitweise guerrilla-kriegsähnliche Ausmaße an (ESTERCI 1987). Ein Teil der Posseiros konnte sich Besitzrechte erkämpfen, andere wurden in landwirtschaftliche Ungunstgebiete oder in den städtischen Raum abgedrängt. Bei diesem Prozeß spielt die Ilha do Bananal als Zufluchtsraum von Landlosen eine wichtige Rolle. Über die Bevölkerung der Ilha do Bananal, die überwiegend shifting cultivation betreibt, liegen unterschiedliche Schätzungen vor, die zwischen 15.000 (LISANSKY 1990:35) und 7.300 Personen (zuzüglich 2.730 Indianer) (Folha de São Paulo 5.7.1991) schwanken. Allein im Indianerreservat halten sich ca. 883 Posseiro-Familien (4.611 Personen) illegal auf. Im Jahre 1994 wurde von der Regierung von Tocantins gemeinsam mit der um den Erhalt des Bananals kämpfenden lokalen Umweltschutzgruppe GAIA ein Plan zur Umsiedlung der Posseiro-Familien auf der Insel in andere Gebiete erarbeitet, der allerdings von vielen Landbesetzern massiv abgelehnt wird. Zu einer Eskalation der Konflikte kam es im Januar 1995, als durch die Zwangsumsiedlungspläne aufgebrachte Posseiros versuchten, den Indianervertreter Idjarruir Karajá zu lynchen.

4.3 Umweltzerstörung und Nationalpark-Gefährung durch die Landwirtschaft

Sowohl die traditionelle Rinderweidewirtschaft als auch die modernisierte Landwirtschaft gefährden das Ökosystem der Ilha do Bananal.

Insbesondere die Fazendeiros von Cristalândia, Pium und Sta. Terezinha nutzen (i.d.R. illegal) die Überschwemmungscampos der Insel als saisonale Weideareale für ca. 250.000 Rinder (davon 20.000 im Bereich des Nationalparks; BORGES 1987: 362). Diese Form der tropischen Transhumance (vgl. WILHELMY 1980) stellt einen empfindlichen Eingriff in den indianischen Lebensraum des Parque Indígena do Araguaia dar und bildet auch infolge der Übertragung von Krankheiten, wie u.a. der Maul- und Klauenseuche, eine ernste Gefahr für den Wildtierbestand des Nationalparks.

Bei der modernisierten Landwirtschaft kommt es durch starke Flächenexpansion zu einer großflächigen Zerstörung der Regenwald- bzw. Savannenvegetation. Nicht angepaßte Anbauformen, die Rodung von Hangbereichen und Galeriewäldern führen zu starker Erosion, höheren Fließgeschwindigkeiten und einer Zunahme der Sedimentfracht der Gewässer. Die aquatische Flora und Fauna ist zusätzlich durch unkontrollierten Einsatz von Pestiziden und Kunstdünger bedroht. Die schweren Überschwemmungen im Jahre 1980 im Araguaia-Tal können als Indiz für die gestörten ökologischen Verhältnisse in der Region angesehen werden.

Die Matogrossenser und Paraenser Viehzüchter und Agrobusiness-Firmen setzen sich ferner seit vielen Jahren vehement für den Bau der *"Transaraguaia"* ein, einer Straßenverbindung, die Sta. Terezinha direkt an die Belém-Brasília-Fernstraße anbindet, allerdings quer durch den Nationalpark verlaufen würde (vgl. Abb. 2). Der Bau der Transaraguaia wurde 1982 angekündigt; das Projekt konnte nach vielen Protesten 1987 vorläufig gestoppt werden, hat aber nach wie vor viele Befürworter in der Region (LISANSKY 1990).

4.4 Konflikte zwischen Naturschutz, Tourismus und indianischer Identität

Die Flußstrände des Rio Araguaia stellen während des Monats Juli einen der Hauptanziehungspunkte für Erholungssuchende aus dem Mittelwesten (insbes. der Regionalmetropole Goiânia) dar. Der Rio Araguaia und seine Nebenflüsse sind als fischreichstes Revier Brasiliens bekannt. Im Zusammenhang mit den negativen Effekten des Tourismus sind die Verschmutzung der Flußufer durch Picknick-Abfälle, die Störung der Brutreservate der Schildkröten sowie insbesondere die zunehmende Überfischung durch Angler und Sportfischer zu nennen. Bestimmte Fischarten, wie der Pirarucú, der mit ca. 200 kg größte Süßwasser-Schuppenfisch der Welt, sind dadurch in verschiedenen Flußabschnitten ernsthaft in ihrem Bestand gefährdet (vgl. CAIADO 1983).

Noch bildet die Ilha do Bananal aufgrund ihrer peripheren Lage zu den übrigen Tourismusgebieten des Landes sowie aufgrund der restriktiven Erteilung von Besuchsgenehmigungen von Seiten von IBAMA und FUNAI einen "touristischen Leerraum". Allerdings sind in allerjüngster Zeit aufgrund des Booms des

Booms des Ökotourismus im Pantanal und in Amazonien auch von seiten der Tourismusindustrie Pläne für Hotelprojekte in der Region aufgetaucht. So kündigte im Januar 1995 der Gouverneur von Tocantins an, gemeinsam mit nationalen oder auch ausländischen Investoren einen Tourismus-Komplex auf der Ilha do Bananal errichten zu wollen und unter anderem die Karajá-Indianer als Führer einzusetzen. Diese sollen angeblich dem Projekt bereits zugestimmt haben.[6]

Ein Luxushotel war auf der Ilha do Bananal bereits Ende der 50er Jahre errichtet worden; das Projekt stammte von Präsident Kubitschek, dem Gründer der neuen Hauptstadt Brasília. Es war hauptsächlich für "Dschungel-interessierte" Staatsgäste sowie für Regierungsmitglieder und hochrangige Beamte zur "Wochenend-Flucht" aus der in der Pionierphase äußerst monotonen Retorten-Hauptstadt Brasília konzipiert worden. Zusammen mit dem Luxushotel wurde auf der Bananal-Insel auch ein Militärposten der Luftwaffe gebaut. Wohl des "exotischen Reizes" wegen hatte man Hotel und Landepiste in unmittelbarer Nähe zum größten Karajá-Dorf in Santa Isabel errichtet. Die Anwesenheit von Weißen auf der Insel zeigte verheerende Wirkungen auf das Leben der Karajá. Da die Jagd das hauptsächliche Freizeitvergnügen von Militärs und Touristen bildete, war in kurzer Zeit der Wildbestand in der Umgebung drastisch dezimiert; erstmals traten für die Indianer Nahrungsprobleme auf. Ferner kam es zu sexuellen Übergriffen gegen Indianerinnen, die man mit Alkohol gefügig zu machen versuchte. Die Karajá hatten bis zu diesem Zeitpunkt keinerlei Kontakt mit Alkohol besessen. Alkoholismus, Bettelei, Prostitution, die Ausbreitung von Geschlechtskrankheiten (insbesondere Syphilis) und ein massiver Verlust der kulturellen Identität waren die traurigen Folgen für die Karajá. Auch nach der Stillegung von Militärposten und Hotel in den 80er Jahren bestehen viele der o.g. Probleme fort. Manche Händler entlohnen die Indianer für die Anfertigung von kunsthandwerklichen Produkten mit billigem Zuckerrohrschnaps; die Prostitution von Indianerinnen verlagerte sich später teilweise nach São Felix do Araguaia.

5. Fazit

Die Einsicht in die Notwendigkeit des Naturschutzes ist in Brasilien erfreulicherweise in den letzten Jahren erheblich gewachsen. Der zunehmende Landnutzungsdruck zeigt allerdings, daß die Bewahrung der "Ressource Natur" immer schwieriger, aber auch notwendiger wird. Dabei ist ein Abrücken von traditionellen Schutzkonzepten, die ein völliges Nutzungsverbot propagieren, vonnöten. Diese Einsicht hat sich in jüngster Zeit sowohl bei den großen internationalen Naturschutz-Organisationen (IUCN, UNEP & WWF 1989) als auch im Bereich der Entwicklungszusammenarbeit (ELLENBERG 1993) durchgesetzt. Das neue IUCN-Schutzkonzept der "World Conservation Strategy" für die 90er Jahre setzt auf den Slogan "Schutz durch nachhaltige Nutzung"; es folgt der Einsicht, daß Naturschutz die wirtschaftlichen Interessen der lokalen Bevölkerung sinnvoll miteinbeziehen muß. Wie das Beispiel des Araguaia-Nationalparks zeigt, kann eine Schutzpolitik, die die örtliche Bevölkerung eher als Gegner denn als Partner sieht, angesichts der chronisch-defizitären Ausstattung von Nationalpark-Verwaltungen in Entwicklungsländern nicht erfolgreich sein. Auf Dauer können Schutzmaßnahmen nicht greifen, solange die Mindestanforderungen der örtlichen Bevölkerung zur Deckung ihrer Lebensbedürfnisse nicht gewährleistet sind. Maßnahmen, wie die Abkehr des "top down planning" in der Naturschutzpolitik, die Partizipation lokaler Bevölkerungs- und Umweltschutzgruppen bei der Naturschutzplanung, ein pragmatischer ausgerichtetes Nationalpark-Management, das sich z.B. stärker am Biospärenreservats-Konzept der UNESCO orientieren könnte, welches eine Zonierung und abgestufte nachhaltige Ressourcennutzung auch in Teilen von Schutzgebieten propagiert, scheinen auch für Brasilien empfehlenswerte Strategien zu sein zur Entschärfung bestehender konfligierender Interessen im Naturschutz.[7]

Anmerkungen

1) Einblicke in Stand und Umfang der deutschen Amazonien-Forschung der letzten Jahre gewähren insbesondere folgende Tagungsbände: KOHLHEPP & SCHRADER 1987, HOPPE 1990, SCHOLZ 1991, CALCAGNOTTO 1992; in ihrer Fülle kaum noch zu überblicken ist die internationale Literatur zum amazonischen Regenwald und seiner Zerstörung. Demgegenüber nimmt sich die Literatur zur Umweltdegradation von Brasiliens Savannen-Ökosystemen äußerst spärlich aus: vgl. PINTO 1990, KLINK, MOREIRA & SOLBRIG 1993.
2) Die Frage der Ursprünglichkeit der Campos Cerrados, Brasiliens sog. "Savannenproblem" sowie die Suche nach den determinierenden Geofaktoren für die Verbreitung der unterschiedlichen Cerradotypen, beherrschte lange die wissenschaftliche Diskussion, an der sich in den 40er und 50er Jahren auch die deutschen Geographen WAIBEL ([1948], 1984), HUECK (1957) und PAFFEN (1957) beteiligten. Von den Pionieren der Erforschung von Brasiliens Savannen waren die Cerrados als "natürliche" oder durch indianische Bewirtschaftung (periodisches Brennen) "veränderte Klimaxvegetation" angesehen worden; neuere Forschungen hingegen belegen, daß es sich um eine "Reliktvegetation" handelt, wobei Relief und Bodenwasserhaushalt die maßgeblichen Steuerfaktoren darstellen, sowohl hinsichtlich der Verteilung von Wald und Cerrados als auch innerhalb des Cerrado-Komplexes. Die Nährstoffversorgung der Böden, Brände, prähistorische und historische anthropogene Eingriffe spielen demnach eine nur untergeordnete Rolle (siehe hierzu ausführlich WARMING & FERRI 1973, EMMERICH 1988, PINTO 1990).
3) In der Cerrado-Region Zentralbrasiliens wurden 1993 20 Mio. t Getreide geerntet, das entspricht 28% der nationalen Ernte. Mit 45 Mio. Rindern hat die Region ferner einen Anteil von 30% am Rindviehbestand Brasiliens.
4) Neben den 34 "Parques Nacionais" verfügt Brasilien noch über 23 "Reservas Biológicas Federais", 21 "Estações Ecológicas", 38 "Florestas Nacionais", 14 "Áreas de Proteção Ambiental" (APAs) und 4 "Reservas Extrativistas", von denen viele allerdings nur auf dem Papier existieren. Rechnet man die o.g. weiteren Schutzgebiete zu den Nationalparks hinzu, so erhöht

sich die in Brasilien gesetzlich unter Naturschutz stehende Fläche auf 31.295 km² (bzw. 3,7% des brasilianischen Territoriums (CIMA 1991: 58). Auf die Unterschiede zwischen den vielen existierenden Schutzkategorien in Brasilien kann an dieser Stelle nicht eingegangen werden, siehe hierzu IUCN 1992.

5) Zu den regionalen Auswirkungen der Belém-Brasília-Fernstraße siehe VALVERDE & DIAS 1967, ALLERDICE 1972, KATZMAN 1975, ANDRADE 1981; zur Fernstraße BR-158 (Barra do Garças - Marabá) und den Agrarkolonisationsprojekten auf der Matogrossenser Seite des Araguaia-Tales siehe COY 1991; zum Strukturwandel in der Landwirtschaft am Mittleren Araguaia in Goiás/Tocantins siehe RIVIERE D'ARC & APESTEGUY 1978 UND GUIMARAES, INNOCENCIO & BRITO 1984.
6) Vgl. "Indianer Brasiliens unter Anpassungsdruck: Verhängnisvoller Kontakt der Karajá mit Weißen" - Neue Zürcher Zeitung, 18./19.2.1995.
7) Zur Problematik Naturschutz versus lokale Bevölkerung in Entwicklungsländern und zu neuen Schutzkonzepten vgl. McNEELY 1990, RAO & GEISLER 1990, WEST & BRECHIN 1991, BRANDON & WELLS 1992, KEMPF 1993 UND ELLENBERG 1993. Zum Biospärenreservats Konzept der UNESCO siehe DROSTE ZU HÜLSHOFF & SCHAAF 1991.

6. Literatur

Allerdice, W.H. (1972): The expansion of agriculture along the Belém-Brasília road in Northern Goiás, Brazil. New York.

Andrade, M.R. de (1981): L'impact de la route Belém-Brasília sur l'organisation urbaine et régionale de l'espace dans l'Etat de Goiás, 1960-1975. Paris.

Brandon, K.E. & Wells, M. (1992): Planning for people and parks: design dilemmas. World Development, 20. Oxford, S.557-570.

Caiado, C. de R. (1983): Problemas de proteção do meio ambiente no Estado de Goiás. Cad. Germano-Brasileiros, 22. Bonn, S.22-31.

Calcagnotto, G. (Hrsg., 1992): Nachhaltige Entwicklung in Amazonien: Konzept und Wirklichkeit. Lateinamerika: Analysen, Daten, Dokumentation, 19. Hamburg.

CIMA (Comissão Interministerial para a Preparação da Conferência das Nações Unidas sobre Meio Ambiente e Desenvolvimento) (Hrsg., 1991): Subsídios técnicos para elaboração do relatório nacional do Brasil para a CNUMAD (Versão Preliminar). Brasília.

CIMI (Conselho Indigenista Missionário) (1985): Povos indígenas no Brasil e presença missionária. Brasília.

Coutinho, L.M. (1982): Ecological effects of fire in Brazilian cerrado. In: Huntley, B.J. & Walker, B.H. (Hg:): Ecology of tropical savannas. Ecolog. Stud., 42. Berlin u.a.O., S. 273-291.

– (1990): O cerrado e a ecologia do fogo. Ciência hoje, 11. São Paulo, S.22-30.

Coy, M. (1991): The frontier of North Mato Grosso between soybean production, timber extraction and gold mining: incorporation and differentiation of new social spaces by private colonization and spontaneous processes. In: Kleinpenning, J.M.G. (Hrsg.): The incorporative drive: examples from Latin America. (= Nijmegen Studies in Development and Cultural Change, 8). Saarbrükken, Fort Lauderdale, S. 40-58.

Coy, M. & Lücker, R. (1993): Der brasilianische Mittelwesten: wirtschafts- und sozialgeographischer Wandel eines peripheren Agrarraumes. (= Tübinger Geogr. Stud., 108; Tübinger Beitr. z. Geogr. Lateinamerika-Forschung, 9). Tübingen.

Dias, B.F. de S. (1990): Conservação da natureza no cerrado brasileiro. In: Pinto, M.N. (Hrsg.): Cerrado: caractericação, ocupação e perspectivas. Brasília, S. 583-640.

Droste zu Hülshoff, B. v. & Schaaf, T. (1991): "Der Mensch und die Biosphäre" (MAB): ein internationales Forschungsprogramm der UNESCO. Geogr. Rdsch., 43. Braunschweig, S. 202-205.

Drummond, J.A. (1988): National parks in Brazil: a study of 50 years of environmental policy in Brazil. Olympia.

Eiten, G. (1982): Brazilian "savannas". In: Huntley, B.J. & Walker, B.H. (Hrsg.): Ecology of tropical savannas. Ecolog. Stud., 42. Berlin u.a.O., S. 25-47.

Ellenberg, L. (1993): Naturschutz und Technische Zusammenarbeit. Geogr. Rdsch., 45 Braunschweig, S. 294-300.

Emmerich, K.-H. (1988): Relief, Böden und Vegetation in Zentral- und Nordwest-Brasilien unter besonderer Berücksichtigung der känozoischen Landschaftsentwicklung. Frankfurter Geowiss. Arb., D 8. Frankfurt.

Esterci, N. (1987): Conflito no Araguaia: peões e posseiros contra a grande empresa. Petrópolis.

FUNAI (Fundação Nacional do Índio) (1976): Relatório do levantamento sócio-econômico nos postos indígenas da Ilha do Bananal. Brasília.

Guimaraes, L.S.P., Innocencio, N.R. & Brito, S.R. de (1984): Organização agrária e marginalidade rural no Médio Tocantins-Araguaia. Rev. Bras. Geogr., 46. Rio de Janeiro, S. 227-361.

Hoppe, A. (Hrsg., 1990): Amazonien: Versuch einer interdisziplinären Annäherung. Ber. Naturf. Ges. Freiburg, 80. Freiburg.

Hueck, K. (1957): Die Ursprünglichkeit der brasilianischen "Campos Cerrados" und neue Beobachtungen an ihrer Südgrenze. Erdkunde, 11. Bonn, S. 193-203.

IUCN (World Conservation Union), **UNEP** (United Nations Environment Programme) & **WWF** (World Wildlife Fund) (1989): World conservation strategy for the 1990s. Gland/CH.

Katzman, M.T. (1975): Regional development policy in Brazil: the role of growth poles and development highways in Goiás. Economic Development and Cultural Change, 24 Chicago, S. 75-107.

Kempf, E. (Hrsg., 1993): Das Erbe der Ahnen: Modelle zum Schutz natürlicher Lebensräume. Basel, Boston, Berlin.
Klink, C., Moreira, A. & Solbrig, O.T. (1993): Ecological impact of agricultural development in the Brazilian cerrados. In: Young, M.D. & Solbrig, O.T. (Hrsg.): The world's savannas: economic driving forces, ecological constraints and policy options for sustainable land use. Man and Biosphere, 12. Paris, Carnforth, S. 259-282.
Kohlhepp, G. & Schrader, A. (Hrsg., 1987): Homem e natureza na Amazônia: simpósio internacional e interdisciplinar. Tübinger Geogr. Stud., 95 Tübinger Beitr. z. Geogr. Lateinamerika-Forschung, 3. Tübingen.
Krause, F. (1911): In den Wildnissen Brasiliens: Bericht und Ergebnisse der Leipziger Araguaya-Expedition 1908. Leipzig.
Lisansky, J. (1990): Migrants to Amazônia: spontaneous colonization in the Brazilian frontier. Special Studies on Latin America and the Caribbean. Boulder, San Francisco, London.
McNeely, J.A. (1990): Schutz durch Nutzungsausschluß: Gedanken zum Reservatkonzept. In: ARA (Arbeitsgemeinschaft Regenwald und Artenschutz, Hrsg.): "Naturerbe" Regenwald: Strategien und Visionen zur Rettung der tropischen Regenwälder. Ökozid, 6. Gießen, S. 116-127.
Padua, M.T.J. & Coimbra Filho, A.F. (1989): Os Parques Nacionais do Brasil. Rio de Janeiro.
Paffen, K. (1957): Caatinga, Campos und Urwald in Ostbrasilien. Verh. Dt. Geographentag 30. Hamburg, S. 214-226.
Pinto, M.N. (Hrsg., 1990): Cerrado: caracterização, ocupação e perspectivas. Brasília.
Rao, K. & Geisler, C. (1990): The social consequences of protected areas development for resident populations. Society and Natural Resources, 3. New York, S. 19-32.
Ratter, J.A. (1987): Notes on the vegetation of the Parque National do Araguaia (Brazil). Notes from the Royal Botanic Garden Edinburgh, 44. Edinburgh, S. 311-342.
Redford, K.H. (1989): Monte Pascoal: indigenous rights and conservation in conflict. Oryx, 23. London, S. 33-36.
Riviere d'Arc, H. & Apesteguy, C. (1978): Les nouvelles franges pionnières en Amazonie brésilienne: la vallée de l'Araguaia. Études Rurales, 1. Paris, S. 81-100..
Rocha, S.B. (1992): Parque Nacional de Monte Pascoal: población indígena y unidades de conservación. In: Amend, S. & Amend, T. (Hrsg.): Espacios sin habitantes? Parques nacionales de América del Sur. Gland/CH, Caracas, S. 125-135.

Rönick, V. (1982): Polocentro: Brasiliens Entwicklungsprogramm für die Region der Cerrados. Geogr. Rdsch., 34. Braunschweig, S. 360-366.
Rylands, A.B. (1991): The status of conservation areas in the Brazilian Amazon. Washington
Scholz, U. (Hrsg., 1991): Tropischer Regenwald als Ökosystem. Gießener Beitr. z. Entwicklungsforschung, I 19. Gießen.
Valverde, O. & Dias, C.V. (1967): A rodovia Belém-Brasília: estudo de geografia regional. Biblioteca Geogr. Bras., A 22. Rio de Janeiro.
Wagley, C. (1977): Welcome of tears: the Tapirapé Indians of Central Brasil. New York.
Waibel, L. (1948): A vegetação e o uso da terra no Planalto Central. Rev. Bras. Geogr. (Rio de Janeiro) 10: 335-380. Dt. Übers.: Vegetation und Landnutzung auf dem Planalto Central. In: Pfeifer, G. & Kohlhepp, G. (Hrsg., 1984): Leo Waibel als Forscher und Planer in Brasilien. Erdkundl. Wissen, 71. Wiesbaden, S. 9-32.
Warming, E. & Ferri, M.G. (1973): Lagoa Santa e a vegetação de cerrados brasileiros. Belo Horizonte, São Paulo.
West, P.C. & Brechin, S.R. (Hrsg., 1991): Resident peoples and national parks: social dilemmas and strategies in international conservation. Tuscon.
Wilhelmy, H. (1980): Tropische Transhumance: Beobachtungen auf einer Brasilienreise. In: Kohlhepp, G. (Hrsg.): Geographische Forschungen in Südamerika: ausgewählte Beiträge von Herbert Wilhelmy. Kl. Geogr. Schr., 1. Berlin, S. 155-164.
Wöhlcke, M. (1987): Umweltzerstörung in der Dritten Welt. München.

Umsetzungsprobleme bestehenden Umweltrechts in Brasilien

Heinz Schlüter

Resumen

Ya antes de la Conferencia de las Naciones Unidas sobre el Medio Humano, celebrada en Estocolmo en 1972, había en Brasil una legislación cuyos objetivos principales, consistían en la protección de la salud humana, las aguas, suelo, aire, selvas y bosques, fauna y flora, los recursos naturales renovables y no renovables. En la Cumbre de la Tierra, veinte años después, se empezó a buscar la integración armónica de los polos antagonistas "Desarrollo y Medio Ambiente".

Brasil creó, en el período de dos décadas, un derecho ambiental bastante complejo. La ley fundamental es la Lei N 6.938 del 31 de agosto de 1981. Ella contiene las normas esenciales, define los términos del nuevo derecho ambiental, fija los objetivos de la política nacional del ambiente y determina los instrumentos, para alcanzar estos objetivos. A través de esta ley fueron creados: a) el Sistema Nacional del Medio Ambiente (SISNAMA), que busca establecer e institucionalizar la cooperación entre los tres niveles de la organización política del país (unión, estados federativos y municipios) y b) el Consejo Nacional del Medio Ambiente (CONAMA), que funciona como órgano consultivo y se encuentra facultado de tomar resoluciones que tienen vigencia en todo el país.

Desde el año 1973 existía la Secretaría Especial del Medio Ambiente (SEMA), que formaba parte del Ministerio del Interior. Más tarde pasó a depender de la Presidencia de la República, hasta alcanzar en 1993 el nivel más alto en la jerarquía de la administración pública de Brasil, el de Ministerio del Medio Ambiente y de Amazônia Legal.

El órgano ejecutivo en la administración ambiental federal es el Instituto Brasileño del Medio Ambiente y de Recursos Naturales Renovables (IBAMA). En la nueva Constitución de la Federación de 1988, hay diversos artículos de relevancia ambiental. La norma más importante es el Art. 225 CF., que garantiza un ambiente sano a todos los ciudadanos y que además protege la diversidad genética y los sistemas de Amazônia y del Pantanal como patrimonio nacional. También las constituciones de los estados y las constituciones municipales (leyes orgánicas) dictadas después de esta fecha, contienen normas para la protección de la salud humana, la naturaleza, el ambiente, los recursos renovables y no renovables.

Se aprobaron y promulgaron muchísimas nuevas leyes ambientales y se reformaron y actualizaron conforme a las nuevas necesidades y perspectivas los ya anticuados códigos (salud, aguas interiores y marinas, aire y atmósfera, suelo y subsuelo - exploración y extracción de productos minerales -, bosques y selvas, caza y pesca, energía nuclear, transporte, ruido, polvo y gases).

Respecto al Código Penal hay que decir, que él no contiene ni una "Sección", "Parte", "Libro" o "Título" dedicado a la protección del medio ambiente. Los hechos punibles establecidos en este cuerpo legal que pueden aplicarse en la persecución de delitos ambientales por parte de la Policía Civil (y el Ministerio Público) son muy pocos. Las sanciones normalmente son multas y muy pocas veces penas privativas de libertad. En esta situación, el delito ambiental es un buen negocio.

El Poder Ejecutivo y el Poder Judicial necesitan un conocimiento más profundo del Nuevo Derecho, de su significado, finalidades y de sus procedimientos. Así como de los trámites administrativos, de las acciones judiciales y extrajudiciales establecidas por los poderes legislativos, parlamentos y gobiernos. De esta manera, sería posible reducir la inmensa brecha, que todavía existe entre las "leyes buenas" o, por lo menos satisfactorias, y su "mala aplicación".

Durante los veinte años de su actuación, el movimiento ecologista de Brasil ha denunciado peligros y daños locales y micro-regionales. En el proceso de redemocratización, logró extenderse por todo el país, formando una red nacional. El movimiento ecologista brasileño logró en 1992, con motivo de la preparación de Cumbre Alternativa de la Tierra en Rio, ponerse en contacto con organizaciones ecologistas internacionales.

Es imprescindible que los grupos ecologistas se organicen en forma de personas jurídicas. En calidad de "asociaciones" o "fundaciones" podrán fortalecer sus organizaciones, conforme a las reglas previstas en el Código Civil.

1. Eine neue "These" zu einem alten Dualismus: "Zwei Brasilien"

Man hat oft von den "zwei Brasilien" gesprochen und damit in erster Linie die geographische Konfrontation zwischen dem traditionellen, rückständigen und unterentwickelten Nord-Nordosten und dem modernistischen, zukunftsorientierten Süd-Südosten des Landes gemeint. Insbesondere fallen die Differenzen in der sozio-ökonomischen Gewichtung und in der ethnischen Herkunft und Zusammensetzung der Bevölkerung ins Auge. "Herrenhaus und Sklavenhütte" stehen in diesem Klischee gegen metropolitane Wolkenkratzer und High-tech-Industrieanlagen (zur Einführung: BRIESEMEISTER u.a. 1994; SCHELSKY/ZOLLER 1994; WÖHLCKE 1989, 1991).

In Brasilien gibt es nicht nur eine bloß horizontale Separation des Landes; es läßt sich vielmehr auch eine vertikale Division in rechtlich-administrativer Hinsicht feststellen: Nicht nur auf allen traditionellen Rechtsgebieten gibt es - quantitativ und wohl auch qualitativ - hinreichende Rechtsnormen, die jedoch zu wenig untereinander verknüpft sind und deren Durchsetzung durch die Gerichte und Verwaltungen auf den verschiedenen Ebenen bzw. Instanzen defizitär ist. Diese "zwei Brasilien" finden ihren zutreffenden Ausdruck in dem geradezu sprichwörtlichen Dualismus: "boas leis - aplicação ineficaz!" (RAMOS AGUILAR 1994:10).

Wenn die Umsetzungsprobleme bestehenden Rechts schon beim "Alten Recht" ins Auge fallen, so gilt dies um so mehr für das "Neue Recht": das Natur- und Umweltschutzrecht. Dieses war lange Jahre eine Angelegenheit für "Juristen-Spezialisten", welche die Wege im komplexen, wenig strukturierten Labyrinth der Öko-Rechtsnormen kannten.

Zwar kann das Recht allein nicht die "Umwelt-Phänomene" - die Verschmutzungen und Zerstörungen der natürlichen Ressourcen und der Umwelt, die Gesundheitsbelastungen und -schädigungen - lösen (KOHLHEPP 1994; SCHLÜTER 1994). Aber die drei Staatsgewalten (Legislative, Exekutive und Judikative) sind aufgerufen, ja gefordert, auf allen drei verfassungsmäßigen Ebenen (Union, Bundesstaaten und Munizipien) im Wege von Rechtssetzung (Verfassungsergänzungen, Gesetzgebung und -reformen) und administrativ kontrollierend durch die zuständigen Behörden und durch eine bessere Kooperation zwischen den Gerichten verschiedener Instanz und die Staatsanwaltschaft (und Polizei) aktiv zu werden.

Ein effektiver Erfolg kann schon mittelfristig erreicht werden, wenn es gelingt, die Partizipation der in den "neuen sozialen Bewegungen", insbesondere in der Ökologie-Bewegung (VIOLA 1992; BROCKE 1993; RAMOS AGUILAR 1994) und in den Nachbarschafts-, Frauen-, Gewerkschaftsbewegungen, integrierten mündigen Bürger sicherzustellen und ihre Intervention als kreative und bewußte Subjekte zugunsten von Natur und Umwelt in allen Lebensbereichen zu initiieren und zu komplettieren, um das Überleben in "unserer gemeinsamen Zukunft" zu garantieren (zur globalen Situation: BRUNDTLAND 1987; für Brasilien z.B.: BANDEIRA RYFF 1990).

2. Umwelt-Rechtsgrundlagen

2.1 Prä-ökologische Rechtsnormen und eine erste Institution

Wie in den meisten anderen Ländern gab es auch in Brasilien vor der Konferenz der Vereinten Nationen über die Umwelt des Menschen - Stockholm 1972 - schon Rechtsvorschriften mit ökologischer Färbung, d.h. Gesetze, Dekrete etc., deren Hauptziel zwar noch nicht der Natur- und Umweltschutz war (und dem "Geist der Zeit" entsprechend auch noch nicht sein konnte), die sich aber doch als Nebeneffekt positiv auf diese noch nicht als solche definierten Rechtsgüter auswirken konnten. Hier sind - in chronologischer Reihenfolge - besonders zu nennen: Código das Aguas (Decreto N° 24.463, 10.7.1934); Código Penal (Decreto-Lei N° 2.848, 7.12.1940); Código Nacional de Saúde (Decreto N° 49.174-A, 21.1.1961); Código Florestal (Lei 4.771, 15.9.1965); Proteção a Fauna (Lei N° 5.197, 3.1.1967).

Die Haltung des offiziellen Brasiliens zu Beginn der 70er Jahre hinsichtlich der Natur- und Umweltprobleme findet sich in dem Satz konzentriert: "Benvinda a poluição porque atenua os problemas da miseria, gerando empregos e riqueza!" - In den beiden Jahrzehnten zwischen Stockholm '72 und Rio '92 hat sich in Brasilien manches getan: Schon 1973 gab die Zentralregierung zum ersten Mal der Umweltpolitik dadurch einen institutionellen Rahmen, daß sie die Secretaria Especial do Meio Ambiente (SEMA) schuf. Obwohl sich dieses "Staatssekretariat" in den ersten Jahren in einer prekären Situation befand und praktisch über keine Ressourcen verfügte, so wurde es doch der Brennpunkt, um den herum die ganze Umweltrechtsetzung und -verwaltung Brasiliens sich entwickelte (MESSÍAS FRANCO 1991).

2.2 Die Basis: Lei N° 6.938, 31. August 1981; nationale Umweltpolitik

Das Gesetz wurde im D.O. vom 2. September 1981 veröffentlicht, aber erst durch das Decreto N° 83.351 vom 1. Juni 1983 in Kraft gesetzt (GERMAN 1987: 284). - Also erst ein Jahrzehnt nach Stockholm, wo die brasilianische Delegation die Anti-Ökofront angeführt hatte, als die ökologischen (und sozialen) Kosten der von der Militär-Regierung verfolgten (Wirtschafts-)Politik nicht mehr zu übersehen waren (CARDOSO 1986; WÖHLCKE 1989), kam es zu einer Rahmengesetzgebung des Bundes für den Natur- und Umweltschutz (PNUMA/ORPALC 1984).

Die nationale Umweltpolitik hat die Erhaltung, Verbesserung und Wiederherstellung einer für das Leben günstigen Umweltqualität zum Ziel; dabei sollen die sozioökonomische Entwicklung, die nationale Sicherheit und die Menschenwürde nach den folgenden Prinzipien garantiert werden: Erhaltung des ökologischen Gleichgewichts, Schutz der Umwelt als öffentliches Eigentum und deren kollektive Nutzung, rationaler Gebrauch von Boden, Wasser und Luft, Planung der Nutzung der Umweltressourcen, Schutz der Ökosysteme durch Erhaltung der entsprechenden Gebiete, Kontrolle der potentiell oder tatsächlich kontaminierenden Tätigkeiten, Anreize für die Erforschung von Umwelttechnologien, Erhaltung der Umweltqualität, Wiederherstellung geschädigter Gebiete, Schutz der von Verwüstung bedrohten Gebiete, Umwelterziehung auf allen Ebenen des Bildungssystems und Erziehung der Gesellschaft zur aktiven Partizipation am Umweltschutz.

Art. 3 Nr. 1 definiert die Umwelt als Gesamtheit der Bedingungen, Naturgesetze, Einflüsse und Interaktionen physischer, chemischer und biologischer Art, die das Leben in allen seinen Formen erst ermöglichen. Nr. 2 definiert Degradation als nachteilige Veränderung der Charakteristika der Umwelt. Nach Nr. 3 und 4 ist unter Kontamination eine Beeinträchtigung der Umweltqualität als Folge von Aktivitäten zu verstehen, die sich direkt oder indirekt auf die Gesundheit, die Sicherheit und das Wohlbefinden der Bevölkerung auswirken, ungünstige Bedingungen für die gesellschaftlichen und wirtschaftlichen Aktivitäten schaffen, negativ für die Lebensverhältnisse sind und die ästhetische oder sanitäre Umweltsituation berühren.

Art. 4 ist - wie Art. 2 - noch einmal den Zielen der nationalen Umweltpolitik gewidmet; die Akzente sind jedoch etwas verschoben. Als Ziele werden genannt: Herstellung der Kompatibilität ökonomischsozialer Entwicklung mit der Erhaltung der Umweltqualität und des ökologischen Gleichgewichts; Festlegung der wichtigsten Gebiete für das Handeln der Regierung im Umweltbereich unter Berücksichtigung der Interessen von Bund, Einzelstaaten, Bundesdistrikt, Territorien und Munizipien; Festlegung von Kriterien der Umweltqualität und von Normen für die Nutzung der Ressourcen; eigene Umweltforschungen und -technologien; Verbreitung von Umweltdaten und -informationen; Herausbildung eines öffentlichen ökologischen Bewußtseins; Erhaltung und Wiederherstellung der Umweltressourcen im Hinblick auf ihre rationale Nutzung und dauerhafte Verfügbarkeit; Verpflichtung des Umweltschädigers zur Wiederherstellung und/ oder zur Schadensersatzzahlung.

Nach Art. 5 werden Leitlinien der nationalen Umweltpolitik für das Handeln der Exekutive in Normen und Plänen formuliert. Die öffentlichen und privaten unternehmerischen Aktivitäten sind in Übereinstimmung mit diesen Leitlinien auszuüben. Die komplexen Strukturen des Sistema Nacional do Meio Ambiente (SISNAMA) und des Conselho Nacional do Meio Ambiente (CONAMA) sind in den Art. 6-8 entwickelt worden (vgl. 3.1).

Nach Art. 9 zählen zu den Instrumenten der Umweltpolitik: Festlegung von Umweltqualitätsnormen, Evaluierung der Umweltschäden (Umweltverträglichkeitsprüfung); Erteilung von Lizenzen (Art. 10-11) Aufsicht über tatsächlich oder möglicherweise schädliche Aktivitäten, Gewährung von finanziellen Anreizen für die Herstellung und Installierung von Anlagen und Technologien zur Verbesserung der Umweltqualität (Art. 12); Förderung von Umweltforschung und -technologie (Art. 13); Sanktionen (Geldbußen, Tagessätze, (An-)Klagen der Staatsanwaltschaft wegen straf- und zivilrechtlicher Verantwortlichkeit von Umwelttätern) (Art. 14); Suspendierung von Aktivitäten (und Rechtsmittel) (Art. 15); technisches Bundeskataster der mit Umweltfragen und ihrer Lösung befaßten natürlichen und juristischen Personen (Art. 16); nationales Umweltinformationssystem (Art. 17), ökologische Stationen, Schutzgebiete und Gebiete von besonderem ökologischen Interesse (Art. 18) (PNUMA/ORPALC 1984: 139ff.).

Das Gesetz N° 6.938/1981 wurde am 18. Juli 1989 durch das Lei N° 7.804 reformiert. Art. 9 sieht als Instrumente der nationalen Umweltpolitik vor: das Sistema Nacional de Informações sobre o Meio Ambiente (VII); den Cadastro Técnico Federal de Atividades e Instrumentos de Defesa Ambiental (VIII); Strafen bei Nichterfüllung der Maßnahmen, die für die Erhaltung der Umwelt und die Beseitigung der Degradation erforderlich sind (IX); den Cadastro Técnico de Atividades Potencialmente Poluidoras e/ou Utilizadoras de Recursos Ambientais (XII); die Verpflichtung der öffentlichen Gewalt zur Erteilung von Umwelt-Informationen (XI); Jahresberichte von IBAMA (vgl. 3.1.) über Umweltqualität (X).

Art. 10 gestattet SISNAMA und IBAMA die Erteilung von Lizenzen für Konstruktionen, Installationen und für Aktivitäten, die potentiell oder tatsächlich die Umwelt verschmutzen und vergiften. Darüber hinaus hat das IBAMA dem CONAMA Normen und Maßstäbe für die Erteilung von Erlaubnissen etc. vorzuschlagen (Art. 11).

In seiner modifizierten Form führt Art. 14 neue Sanktionen ein: Diese reichen von Geldbußen, die im Wiederholungsfall verschärft werden, bis zum Verlust oder zur Einschränkung von Steuervorteilen (II), Verlust oder Ausschluß von günstigen (öffentlichen) Krediten (III), Suspendierung von wirtschaftlichen Aktivitäten (IV). Durch diese Sanktionen wird die Verpflichtung zur Wiedergutmachung bzw. zur Beseitigung der Umweltschäden nicht ausgeschlossen.

Wenn der Fauna, der Flora oder der Umwelt irreversible Schäden zugefügt werden oder wenn eine schwere Körperverletzung eintritt, werden nach Art. 15 die Strafen verdoppelt. Ebenfalls bestraft werden die Vertreter der Behörden, die es unterlassen, die Maßnahmen zu ergreifen, die darauf abzielen, Delikte gegen die Umwelt zu verhindern (zu den Reformen von 1989 vgl. RAMOS AGUILAR 1994: 65ff.).

2.3 Natur und Umwelt in der Bundesverfassung von 1988

2.3.1 Überlegungen zur "Verortung" des Umwelt-Grundrechtes

Das Umwelt-Grundrecht ist ein Grundrecht der sog. "dritten Generation", d.h. es geht hier um allgemeine sozio-ökonomische und kulturelle Grundrechte. Grundrechte der "ersten Generation" waren die Freiheitsrechte. Sie richteten sich gegen ungerechtfertigte Eingriffe des Staates und seiner Behörden in die Rechtssphäre des Individuums (Abwehrrechte). Bei den Grundrechten der "zweiten Generation" ging es in erster Linie um mehr soziale Gerechtigkeit (Leistungsrechte). Die Grundrechte der "dritten Generation" sind "Gemeinschafts-Grundrechte". Es geht jetzt im Kern um den Schutz von Gütern von historischem, kulturellem und insbesondere auch ökologischem Wert; diese Güter müssen für die Allgemeinheit heute und in Zukunft erhalten werden. Die uneingeschränkte individuelle Nutzung - als unmittelbare Konsequenz des privatistisch-absolut gesetzten Eigentumsrechtsbegriffs - wird zurückgedrängt oder richtiger: müßte zurückgedrängt werden können (vgl. z.B. GUERRA FILHO 1993: 165).

2.3.2 Sozialordnung (Titel VII, Kapitel VI: Umwelt; Art. 225 Bundesverfassung)

Jeder hat das Recht auf eine ökologisch intakte Umwelt. Sie ist Voraussetzung für die Wohlfahrt der Bevölkerung und für ein gesundes Leben. Sie für die gegenwärtigen und zukünftigen Generationen zu schützen und zu erhalten, ist Verpflichtung der öffentlichen Gewalt und der Gesellschaft. - Zur Durchsetzung dieses Rechts ist die öffentliche Gewalt zur Erhaltung und Belebung der wesentlichen ökologischen Kreisläufe verpflichtet; sie hat den ökologischen Umgang mit Arten und Ökosystemen sicherzustellen, die Diversität und Integrität der genetischen Ressourcen des Landes zu erhalten, die Genforschung und deren Technologie zu kontrollieren, besonders zu schützende Räume und deren Komponenten in allen Landesteilen zu dem Zweck auszuweisen und Eingriffe in sie unter Gesetzesvorbehalt zu stellen. Untersagt ist jede Nutzung, die den Schutzzweck gefährdet. Eine öffentliche Umweltverträglichkeitsprüfung ist bei Bauwerken und potentiell erhebliche Umweltbelastungen verursachenden Tätigkeiten durchzuführen. Produktion, Vermarktung und Gebrauch von das Leben, die Lebensqualität und die Umwelt gefährdenden Techniken, Methoden und Substanzen sind zu überwachen. Die Umwelterziehung auf allen Unterrichtsstufen sowie die Herausbildung des Umweltbewußtseins in der Öffentlichkeit sind zu fördern. Flora und Fauna sind zu schützen. Gesetzesförmig untersagt sind Praktiken, die ihre ökologische Funktion gefährden oder die Ausrottung von Arten bewirken oder Tiere Qualen aussetzen. Der Abbau von Erzvorkommen verpflichtet zur Sanierung der beschädigten Umwelt in der gesetzlich vorgeschriebenen und von der zuständigen Behörde verlangten technisch sachgemäßen Ausführung. Umweltschädigendes Verhalten von natürlichen oder juristischen Personen wird straf- und ordnungsrechtlich geahndet, unabhängig von der Verpflichtung zur Beseitigung der verursachten Schäden. Die Amazonas- und Atlantikwälder, das Küstengebirge, der Pantanal des Mato Grosso und die Küstenzone sind Staatseigentum. Ihre Nutzung erfolgt, ebenso wie die Inanspruchnahme der anderen natürlichen Ressourcen, in der gesetzlich vorgeschriebenen Art und Weise unter der Voraussetzung, daß der Umweltschutz gewährleistet ist. Der Standort von Kernkraftwerken muß durch Bundesgesetz ausgewiesen werden, andernfalls dürfen sie nicht gebaut werden.

2.3.3 Weitere Verfassungsartikel für den Schutz von Natur und Umwelt

Außer dem Art. 225 CF enthält die Bundesverfassung u.a. folgende Vorschriften, die auch den Umweltschutz betreffen:
1) Art. 5 LXXIII CF - ação popular (Verfassungsbeschwerde);
2) Art. 23 VI CF - Gesetzgebungskompetenz des Bundes, der Einzelstaaten, des Bundesdistrikts von Brasilia und der Munizipien auf dem Gebiet des Umweltschutzes und der Bekämpfung der Umweltverschmutzung und -vergiftung in allen ihren Formen;
3) Art. 23 VII CF - Erhaltung der Wälder, der Fauna und der Flora;
4) Art. 24 VII CF - konkurrierende Gesetzgebungskompetenzen des Bundes, der "Bundesländer" und des Bundesdistrikts hinsichtlich der Jagd, des Fischfangs, der Fauna, der Erhaltung der Natur, des Bodenschutzes, der Kontrolle der Verschmutzung;
5) Art. 24 VIII CF - Haftung für Umweltschäden, für Schädigungen des Verbrauchers, für Beschädigung von Sachen von künstlerischem, ästhetischem, historischem, touristischem und landschaftlichem Wert;
6) Art. 129 III CF - Zuständigkeiten und Aufgaben des Ministério Público ("Staatsanwaltschaft"): zuständig für inquérito civil und die ação civil publica, um öffentliche und soziale und ökologische Interessen und sonstige interesses difusos e coletivos zu schützen;
7) Art. 170 VI CF - Umwelt und Wirtschaftsordnung: Zielvorgabe;
8) Art. 174 CF - staatliche Maßnahmen zur Lenkung und Kontrolle der Wirtschaft;
9) Art. 174 Paragraph 3 CF - Förderung der Genossenschaften der Goldsucher durch den Staat: sozio-ökonomische und gleichzeitig ökologische Ziele;
10) Art. 200 CF - einheitliches Gesundheits-Schutzsystem und eine Zusammenführung von Umwelt-, Gesundheits- und Arbeits-Schutz;
11) Art. 216 V CF - Schutz des kulturellen Erbes, der Stätten von historischem, landschaftlichem, künstlerischem, archäologischem, paläontologischem, ökologischem und wissenschaftlichem Wert.

2.4 Strafrecht und Umweltschutz

Auf dem Papier verfügt Brasilien über ein ausgefeiltes Strafrechts-, Verfahrens- und Vollstreckungssystem. Einzelregelungen enthalten das Strafgesetzbuch (Código Penal), die Strafprozeßordnung (Código de Processo Penal), das Gesetz über strafrechtliche Übertretungen (Lei das Contravenções Penais) und zahlreiche Einzelvorschriften. Die Untersuchung angezeigter Straftaten (inquérito) obliegt der Polícia Civil. Die Durchführung polizeilicher Ermittlungen wird vom leitenden Polizeibeamten, dem Delegado, angeordnet. Auf der Basis des

Abschlußberichtes der Polizei entscheidet der zuständige Staatsanwalt über die Erhebung der Anklage (vgl. HENCKEL 1994: 210f.).

Am 7. Dezember 1940 - in einer Zeit also, in der es noch kein Umweltbewußtsein bei den Bürgern geben konnte - wurde das heute noch in seinen Grundstrukturen geltende Strafgesetzbuch durch das Decreto Lei N° 2.848 eingeführt. In den nunmehr gut fünfzig Jahren erfuhr das Strafgesetzbuch zwar eine Reihe von Veränderungen; sein "Geist" blieb jedoch erhalten. Dies hat zur Folge, daß Straftaten gegen die Umwelt mit den von diesem Gesetzbuch zur Verfügung gestellten Instrumenten kaum erfaßt werden können, da bis heute kaum ökologische Straftatbestände definiert worden sind. Daher muß die Staatsanwaltschaft (Ministério Publico), die die Umweltvergehen zu verfolgen und zur Anklage zu bringen hat, sich auf Vorschriften stützen, die zum Schutz der öffentlichen Gesundheit erlassen worden sind, wobei deren Tatbestände weder der Komplexität noch der Schwere der Umweltstraftaten entsprechen, da - jedenfalls in der Mehrheit der Fälle - der entstehende Schaden sich in einem größeren Umfeld auswirkt, oft genug erst mit einer zeitlichen Verzögerung eintritt und dadurch der Kausalzusammenhang nicht so eindeutig nachweisbar ist. Darüber hinaus unterscheidet das klassische Strafrecht klar den Täter vom Opfer; bei Umweltstraftaten hingegen können Täter und Opfer identisch sein. Der Nachweis von Kausalität bzw. Finalität ist äußerst schwierig.

Das Strafgesetzbuch enthält einige Normen, die - wenn auch nur mittelbar - zum Schutz der Umwelt eingesetzt werden können: Art. 163 Sachbeschädigung (öffentliches oder privates Eigentum: z.B. Flora und Fauna und andere Umweltgüter); Art. 250 Brandstiftung in (Ur)Wäldern; Art. 252 Gebrauch toxischer Gase; Art. 259 Verbreitung von Waldkrankheiten bzw. -seuchen; Art. 270 und 271 Vergiftung oder Verschmutzung von Trinkwasser (Vergehen gegen die öffentliche Gesundheit). - Straftatbestände sind auch im Código de Proteção a Fauna, Código Florestal, Código de Aguas, Código de Pesca und Código de Mineração enthalten.

Höhere Strafen drohen die drei Gesetze N° 7.803, 7.804 und 7.805 vom 18.7.1989 - Programa Nossa Natureza - und das Gesetz Nr. 7.653 vom 12.219.88 an, das die Übertretungen im Código de Caça zu Vergehen machte. Strafvorschriften über den Ethnozid und über die Degradierung bzw. Zerstörung in den Siedlungsgebieten der indigenen Bevölkerung enthielt schon das Gesetz Nr. 6.001 vom 19.12.1973 (RAMOS AGUILAR 1994: 87).

Was die Anwendung dieses unzureichenden Umweltstrafrechts betrifft, so muß leider festgestellt werden, daß es heute für Umweltverschmutzer und Naturzerstörer noch immer lukrativer ist, ihre gesetzwidrigen Aktivitäten fortzusetzen und die Strafe zu bezahlen, als ihr Verhalten angesichts der lächerlichen Strafdrohungen einzustellen (RAMOS AGUILAR 1994: 89; MUKAI 1992: 75f.).

2.5 Rechtlich geschützte Natur- und Umweltgüter

Die älteren Rechtsnormen gingen von den durch das Recht zu schützenden Umweltgütern aus (Boden, Wasser, Luft, Flora und Fauna), wobei der ökologische Aspekt regelmäßig eher marginal war, da die ökonomische Nutzung den Vorrang hatte. Allmählich wechselte die Perspektive; die neuere Rechtsetzung schlägt den umgekehrten Weg ein, indem sie die Schadstoffe (Chemikalien, Abfälle, Abwässer) und die Immissionen (Abgase, Staub, Lärm, Strahlungen) in den Mittelpunkt stellt (vgl. SCHLÜTER 1987; 1993). Schutznormen enthalten die Bundesverfassung (vgl. 2.3.), die Verfassungen fast aller Bundesstaaten, die Bundes- und die Ländergesetze (für São Paulo z.B. GERMAN 1987: 284), die Gesetzesverordnungen (decretos-leis), die Dekrete der Bundesregierung, die Resolutionen des CONAMA (1992; vgl. 3.1.), die Verwaltungsvorschriften (portárias) auf Bundes- und Länderebene und die Satzungen der Kommunen (leis municipais).

MUKAI (1992: 110ff.) und RAMOS AGUILAR (1994: 41ff.) haben jeweils mit unterschiedlicher Gewichtung versucht, die wichtigsten Umwelt- und Naturschutznormen anzusprechen und nach dem traditionellen Schema aufzulisten. Die Reproduktion auch nur einer Auswahl dieser vielfältigen Rechtsvorschriften würde den Umfang dieser Arbeit sprengen. Es ist jedoch festzustellen: Schon das Umweltrecht des Bundes ist sehr chaotisch. Da auch die beiden anderen Staatsebenen, die Länder und Munizipien - wie angedeutet -, zur Rechtsetzung zuständig sind (vgl. insbesondere Art. 23f. CF), ist das Umweltrecht Brasiliens heute völlig zersplittert und unübersichtlich. Den meisten Beamten, Richtern, Staats- und Rechtsanwälten gelingt es nicht, einen großen Teil des Umweltrechts wegen seiner "systematischen Ungeordnetheit" überhaupt zur Kenntnis zu nehmen, so daß ihnen viele Umweltnormen gar nicht bekannt sind. Dies hat zur Folge, daß ein Verständnis dieses "neuen Rechts" unmöglich ist. Es wird daher zutreffend gesagt, daß Brasilien zwar eine umfangreiche Umweltgesetzgebung auf allen drei Staatsebenen besitzt, diese aber so verstreut ist, daß sie "letztlich niemandem hilft" und daß dieses "juristische Konglomerat" aus Verfassungsbestimmungen, Gesetzen, Dekreten und Verwaltungserlassen diejenigen, die zu seiner Anwendung berufen sind, "mehr verwirrt als aufklärt" (KRELL 1993: 59).

3. Öffentliche Umweltverwaltung

3.1 Bundesebene

Im Jahre 1990 wurde die Secretaria do Meio Ambiente da Presidencia da Republica (SEMAM/PR) geschaffen, welche die SEMA, die dem Innenminister zugeordnet war, ablöste. Im Anschluß an die UN-Rio-Konferenz über "Umwelt und Entwicklung" wurde am 16. Oktober 1992 von Präsident Collor das Ministério do Meio Ambiente gegründet; das Ziel war, die nationale Umweltpolitik (vgl.

2.2.) in Brasilien übersichtlicher zu strukturieren und effektiver zu exekutieren. Auf Anordnung von Staatspräsident Itamar Franco entstand im September 1993 das Ministério do Meio Ambiente e da Amazônia Legal.

Die vier Behörden, die die Umweltprobleme in Brasilien im wesentlichen bearbeiteten, waren zunächst:

- Secretaria do Meio Ambiente (SEMA);
- Instituto Brasileiro de Desenvolvimento Florestal (IBDF);
- Superintendencia do Desenvolvimento de Pesca (SUDEP);
- Superintendencia do Desenvolvimento da Borracha (SUDHEVEA).

Es gab zwischen ihnen jedoch keine politische Kohärenz, um - koordiniert und kooperierend - Lösungen für die Umweltprobleme zu suchen und diese in die Praxis umzusetzen. Aus der Fusion dieser vier Staatsorgane entstand das Instituto Brasileiro do Meio Ambiente e dos Recursos Naturais Renováveis (IBAMA). Es handelt sich um eine autarke Verwaltungseinheit, die dem Umweltministerium untersteht. Struktur und Aufgaben von IBAMA sind im Gesetz Nr. 7.735 vom 22.2.1989 und in der Durchführungsverordnung Nr. 97.946 vom 11.7.1989 geregelt. IBAMA nutzt auch die Beratung durch den Conselho Nacional de Proteção a Fauna, des Conselho Nacional de Unidades de Conservação und eines Comite Tecnico-Cientifico. Diese Organe haben beratenden Charakter; ihre Arbeit trägt aber wesentlich zur Effizienzsteigerung von IBAMA bei. Ein wichtiges Charakteristikum ist die verwaltungsmäßige Dezentralisierung, durch welche den Einzelstaaten und insbesondere den Gemeinden größere Autonomie bei der Durchführung ihrer Aufgaben und bei der Lösung ihrer Umweltprobleme zugestanden wird.

Durch das Gesetz N° 7.804/89 erhielt IBAMA die alleinige Zuständigkeit für die Genehmigungserteilung für Aktivitäten und Anlagen, von denen beträchtliche Umweltauswirkungen von nationaler oder regionaler Bedeutung ausgehen (KRELL 1993: 76f.).

Als ein das ganze Land integrierendes Umweltsystem wurde durch das Gesetz N° 6.938/81 SISNAMA geschaffen. Man ging davon aus, daß die Umweltprobleme lokal entstehen und deshalb dezentral gelöst werden müssen, daß aber in diesem Prozeß die finanzstärkeren Länder und der Bund einbezogen werden müssen. Das SISNAMA besteht aus dem Conselho do Governo, dem CONAMA als beratendem und beschlußfassendem Organ, der SEMAM, dem Umweltsekretariat, und dem IBAMA als Exekutivorgan (Art. 6). Die Umweltverwaltung auf Bundesebene wird als sektorielle, die der Länder als sektionale und die der Kommunen als lokale Organe von SISNAMA aufgefaßt (Art. 6 VII). Eines der wichtigsten umweltpolitischen Instrumente von SISNAMA ist die Erteilung von Umweltlizenzen (licenças ambientais; Art. 10, 17, 18, 19).

Richtlinien für die Umwelt- und Ressourcenpolitik (Art. 6 II) werden von CONAMA erarbeitet, der auch Normen, Kriterien und Standards für die Kontrolle und Erhaltung der Umweltqualität landesweit vorschlägt, um eine rationale Nutzung der Umweltressourcen, insbesondere der Wasserreserven, sicherzustellen (Art. 8).

Erst 1986 - nach Rückkehr zur Demokratie - wurde der Rat eingerichtet; er hat seitdem zahlreiche Resolutionen erlassen (vgl. CONAMA 1992). - Unter den ca. 70 Mitgliedern des CONAMA ist die Zivilgesellschaft durch Vertreter von NGOs zur Mitwirkung berufen.

Durch das Gesetz N° 6.938/1981 wurde der brasilianische Staat auch für seine eigenen umweltschädigenden Handlungen verantwortlich, insbesondere für Großprojekte (Staudämme, Kraftwerke, Fernstraßen) und für Staatsunternehmen (wie z.B. PETROBRAS in der Erdölförderung und -verarbeitung). Die in dem Gesetz N° 6.938/1981 zur Verfügung gestellten Instrumente sind in der Praxis jedoch bisher nicht eingesetzt worden.

3.2 Länderebene:

Im legislativen Bereich ist es wünschenswert, eine Kohärenz mit den Prinzipien der Bundesgesetzgebung - auch auf den Feldern der konkurrierenden und der Rahmengesetzgebung - herzustellen und Umweltpolitiken zu verfolgen, die im gesellschaftlichen Kontext der Länder verwurzelt sind (RAMOS AGUILAR 1994: 63).

Dazu wäre es hilfreich, wenn jeder der brasilianischen Bundesstaaten einen Conselho Estadual do Meio Ambiente in Anlehnung an CONAMA als ein kollegiales Organ einrichten würde, an dem die unterschiedlichen Sektoren der Gesellschaft - entsprechend den jeweiligen Besonderheiten vor Ort - zu beteiligen wären.

Die Erfahrungen aus verschiedenen brasilianischen Bundesländern zeigen, daß diese Conselhos effektiver arbeiten, wenn sie entscheidungsbefugt sind und wenn sie Formen finden, wie sie die Partizipation aller Beteiligten erreichen können (MESSÍAS-FRANCO 1991:167ff.).

3.3 Gemeinde-Ebene

Unterste Ebene der Gebietskörperschaften sind die Gemeinden. Es gibt davon in Brasilien etwa 5.000 von sehr unterschiedlicher Flächengröße und Einwohnerzahl. Die politische Organisation der municípios ist weitgehend durch die CF vorgegeben (KRELL 1993: 16f.). Nach Art. 29 CF regiert sich die Kommune nach ihrem Organisationsgesetz (lei organica), das in zwei Lesungen vom Gemeinderat (Kommunalparlament) mit jeweils Zweidrittelmehrheit angenommen und anschließend bekannt gegeben werden muß, wobei die in den Verfassungen des Bundes und des jeweiligen Landes aufgestellten Prinzipien zu beachten sind.

Wenn die neuere Generalkonzeption der Umweltverwaltung davon ausgeht, daß die ökologischen Probleme "vor Ort" entstehen und folglich am günstigsten "lokal" gelöst werden müssen, kommt den Munizipien im Umweltbereich eine Schlüsselrolle zu. In der Bundesgesetzgebung sind daher Conselhos Municipais de Defesa do Meio Ambiente (kommunale Räte zur Verteidigung der Umwelt) vorgesehen. In den Präfekturen sollen diese Räte exekutive Unterstützung in Departamentos finden. Der Umweltschutz auf dieser unteren Ebene kommt leider erst allmählich und mit Verzögerungen in Gang. Die Umweltsatzungen könnten schon mittelfristig sich vorteilhaft auswirken, weil Kommunalparlament und Präfektur eng miteinander kooperieren könnten; z.B. könnten die Conselhos Municipais öffentliche Anhörungen (audiencias públicas) in der Vorbereitungsphase von Großprojekten veranstalten; sie könnten weiterhin Kampagnen zur Umwelterziehung und zur Bewußtmachung der Umweltproblematik durchführen und an der Erforschung der Umweltsituation auf kommunaler Ebene teilnehmen. Dringliche kommunale Aufgaben sind in den brasilianischen Metropolen - aber nicht nur dort - die Versorgung mit Trinkwasser, die Entsorgung von Abfällen und Abwässern, die Beschränkung der Emissionen durch Industrie, Verkehr, Handel und Haushalte (vgl. z.B. WÖHLCKE 1989; 1991; KOHLHEPP 1994; SCHLÜTER 1994).

4. Umweltschutz durch die Gerichte
4.1 Die Gerichte und das "Neue Recht"

In Brasilien stehen für die Rechtspflege ca. 15.000 Richter und Staatsanwälte und über 200.000 Rechtsanwälte zur Verfügung. Die Gesetzestexte sind - jedenfalls zum Teil - sehr modern (HENCKEL 1994: 207). Die Betrachtung von black letter law und formalen Strukturen der Rechtspflege ergibt jedoch ein unzutreffendes Bild der sozialen (und ökologischen) Realität. Formelle Strukturen staatlicher Einrichtungen und offizielles Recht entsprechen den sozialen Bedingungen häufig nicht. Geltung hat das formale Recht in Brasilien daher nur partiell (vgl. HENCKEL 1994: 208).

Es ist folglich noch ein weiter Weg zurückzulegen, bis die Gerichte effektive Antworten auf die gesellschaftlichen Forderungen nach Natur- und Umweltschutz geben können. Die Umweltprobleme nehmen schneller zu, als das Recht und die Gerichte für sie Lösungen finden. Außerdem sind die Gerichtsverfahren in Umweltsachen kostenintensiv. Die Komplexität der Umweltprobleme bringt es mit sich, daß vielfach unter hohem technischen und finanziellen Aufwand erstellte Gutachten für die Durchführung von Gerichtsverfahren notwendig sind. Oft genug besteht ein Kontrast zwischen der Verursachung der Umweltprobleme durch High tech-Verfahren und der geradezu "handwerklichen Bearbeitung" der sich aus diesen Problemen ergebenden Anträge und Klagen vor den Gerichten. Von besonderer Bedeutung für die gerichtliche Durchsetzbarkeit des "Neuen Rechts" ist, daß nicht nur die jungen Juristen, die gerade das Studium an den Rechtsfakultäten abgeschlossen haben und in die berufliche Praxis einsteigen, ihre Kenntnisse des Umweltrechts einbringen, sondern daß die "dienstälteren" Richter, Staats- und Rechtsanwälte für dieses Rechtsgebiet sensibilisiert und von der Notwendigkeit überzeugt werden, dieses mit den vielleicht noch unzureichenden prozessualen Instrumenten umzusetzen.

4.2 Strukturen der Rechtspflege: eine Skizze

Für eine effektive Anwendung des Umweltrechts ist auch eine Reform des Gerichtswesens erforderlich. In die Vorüberlegungen müßten Fragen nach der örtlichen und sachlichen Zuständigkeit der verschiedenen Gerichts"typen", nach Aktiv- und Passivlegitimation (z.B. Klagerecht für Umwelt-NGOs), Streitgegenstand und Rechtskrafterstreckung unbedingt einbezogen werden.

Heute ist die Gerichtsorganisation insofern kompliziert, als es in den Einzelstaaten der Föderativen Republik Brasilien einerseits Bundesgerichte gibt, deren Zuständigkeit auf Gebiete beschränkt ist, die Bundesrecht betreffen, während die Gerichte der einzelnen Bundesstaaten die Gesetze dieser Staaten anzuwenden haben, wobei das Supremo Tribunal Federal (STF) eine Art Aufsichtsfunktion innehat (BRANDÃO DE OLIVEIRA 1993: 153f.).

In Brasilien sind folgende Gerichte zu unterscheiden: die ordentliche Gerichtsbarkeit des Bundes (Zivil- und Strafsachen); die Militärgerichtsbarkeit, Art. 122-124 CF; die Wahlprüfungsgerichte, Art. 118-121 CF, und die Arbeitsgerichtsbarkeit, Art. 111-117 CF. Es fällt auf, daß keine Verwaltungsgerichtsbarkeit - allgemeine Verwaltungsgerichte, Sozial- und Finanzgerichte - vorhanden ist, daß es vielmehr nur eine einheitliche Justiça Civil gibt, die auch über verwaltungsrechtliche Streitigkeiten zu entscheiden hat. Berufung (apelação) und Beschwerde (agravo) führen zum Obersten Gericht (Tribunal de Justiça) des jeweiligen Bundesstaates. Durch die Verfassung von 1988 wurde als dritte Instanz der Tribunal Superior de Justiça in Brasília eingeführt (HENCKEL 1994: 213). In der ordentlichen Bundesgerichtsbarkeit sind in erster Instanz Einzelrichter zuständig. Als Rechtsmittelinstanz fungieren die "Regionalen Bundesgerichte" (tribunais regionais federais, Art. 106-110 CF). Die Zuständigkeit der Gerichte der Bundesstaaten (Justiça Comum) ergibt sich aus den Verfassungen der einzelnen Staaten und aus den entsprechenden Gerichtsverfassungsgesetzen.

Die Aufgaben der Staatsanwaltschaft sind dem Ministério Público, Art. 127-130 CF, übertragen. Der Staatsanwaltschaft kann als Vertreterin der öffentlichen Interessen im Natur- und Umweltschutz in Zukunft eine hervorgehobene Bedeutung zukommen (vgl. KRELL 1993: 109-124).

4.3 "Klagen" und "Wünsche"

Welche Klagen im Bereich des Umweltschutzes vor den Gerichten in ihren verschiedenen Zweigen und Instanzen mit der größten Rechtswirksamkeit und Vollziehbarkeit der Urteilsleitsätze eingesetzt werden sollten, ist nicht eindeutig.

MUKAI (1992: 83ff.) unterscheidet bei den prozessualen Mitteln zur Verteidigung der Umwelt (meios processuais de defesa ambiental) zwischen den Klagen nach der Zivilprozeßordnung (ações do Código de Processo Civil) und den speziellen Klagen (ações especiais), zu denen seiner Ansicht nach die folgenden gehören: O mandado de injunção; a ação civil pública; a ação popular; o mandado de segurança coletivo.

Für GUERRA FILHO lautet seine Hauptthese, daß "ein prozessualer Weg zur Umsetzung von Umweltschutzinteressen als Bestandteil des zivilprozessualen Rechtsschutzes mit verfassungsrechtlichem Hintergrund zu entwickeln ist", zumal sich aus Art. 5 CF ergibt, daß die prozessualen Behelfe im Umweltschutzbereich verfassungsmäßig abgesichert sind und den Status von Grundrechten haben. Es handelt sich hierbei um die ação popular (entspricht etwa der Verfassungsbeschwerde deutschen Typs); die ação civil pública (eine Art Verbandsklage); das mandado de segurança coletivo sowie das mandado de injunção als Eilverfahren (1993: 165).

Für KRELL ist von besonderer Wichtigkeit: das "Gesetz über die öffentliche Zivilklage Nr. 7.347/85", die "Haftungsklage gegen den Bürgermeister nach dem Dekret Nr. 201/67". Die sonstigen prozessualen Mittel zur Verteidigung der Umwelt sind für ihn die Popularklage, die Injunktionsklage, die Klage wegen verfassungswidrigen Handelns durch Tun und Unterlassen (1993: 113ff.).

RAMOS AGUILAR behandelt die Ausübung und Durchsetzung der Umwelt-Bürgerrechte vor der rechtsprechenden Gewalt; er unterscheidet vorbeugende (medidas cautelares) und weitere sieben spezielle Klagen und Anträge (1994: 82ff.).

Soweit diese Autoren für den Umweltschutz durch die Gerichte dieselben ações bzw. mandados benennen, so gewichten sie diese in ihrer Bedeutung und folglich auch in ihrer Reichweite sehr unterschiedlich.

Diese Unsicherheiten wären wohl am ehesten und besten durch die Einführung eines allgemeinen Verwaltungsverfahrensgesetzes, die Einrichtung einer dreistufigen Verwaltungsgerichtsbarkeit mit einer entsprechenden Verwaltungsgerichtsordnung und den in dieser normierten Klagearten (etwa Anfechtungs-, Verpflichtungs- und Leistungsklage) in den Griff zu bekommen. Dies könnte ein wesentlicher Beitrag zur Klarheit und Sauberkeit der weisungsgebundenen Administration und zu ihrer Kontrolle durch eine spezifizierte, unabhängige Justiz sein. Hier hat die Legislative eine Bringschuld gegenüber den Erwartungen der Gesellschaft.

Umweltrecht, -verwaltung und -rechtsprechung sind notwendig. Sie können aber - auch wenn sie grundlegend reformiert wären - keine volle Effizienz entfalten, wenn ihnen nicht private Organisationen durch ihr Handeln entgegenkommen und durch Erziehungs-, Bildungs- und Informationsarbeit, durch Protestaktionen "aufklärerisch" und bewußtseinsverändernd wirken. Der Beitrag der "Zivilgesellschaft in allen ihren Ausformungen" muß das "obrigkeitliche" Handeln der drei - öffentlichen - Gewalten des Staates "von unten kommend" komplementieren, diesem "entgegenwachsen" (SCHLÜTER 1993).

5. Bürgerbeteiligung - Rechtsformen für Umweltorganisationen

Die brasilianische Ökologie-Bewegung hat sich seit Beginn der 70er Jahre, vom "Fokus" der AGAPAN in Porto Alegre ausgehend (BROCKE 1993), über das ganze Land verbreitet und sich - ihre apolitischen, conservacionistischen Ursprünge weit hinter sich lassend - zu einer Initiative entwickelt, die die "ökologische Frage" mit der "sozialen Frage" verbindet und beide gemeinsam unter einer öko-sozialistischen Perspektive lösen will (VIOLA 1992; SCHLÜTER 1993,1994).

In ihrem mehr als 20jährigen Kampf haben die Gruppen der Ökologiebewegung erfahren müssen, daß sie ihre Forderungen - gerichtlich und außergerichtlich - wirksamer als juristische Personen durchsetzen können. Sie müssen einen gewissen Grad an Formalisierung aufweisen, um ihren Forderungen mehr Nachdruck verleihen zu können und um im Namen einer größeren Gemeinschaft auftreten und Anträge stellen und rechtswirksame Handlungen vornehmen zu können: Art. 5 XXI CF eröffnet die Möglichkeit zur Organisation von associações de defesa do meio ambiente (Vereinigungsfreiheit als Grundrecht). Ihnen steht nach Erfüllung der zivilrechtlichen Voraussetzungen das mandado de segurança coletivo zu.

Im Código Civil sind als juristische Personen des Privatrechts die associações und die fundações vorgesehen (Art. 16 I CC). Nach Art. 17 CC werden Vereinigungen von denjenigen aktiv und passiv vor Gericht und außergerichtlich vertreten, die durch die Satzungsbestimmungen dazu berufen sind. Die Satzung muß Aussagen über die Ziele enthalten. Nach Art. 16 CC erlangen Vereinigungen den Status als juristische Personen durch die Registrierung.

Bisweilen wird die Errichtung einer Stiftung vorgezogen, z.B. um die Beziehungen zu Finanzagenturen zu vereinfachen oder um das positive Image zu nutzen, das einer solchen Institution inhärent ist. Nach Art. 24 CC wird eine Stiftung durch öffentliche Urkunde, Testament oder Schenkung unter Darlegung des Zwecks errichtet, für den diese Stiftung bestimmt ist. Die Stiftungen werden von der Staatsanwaltschaft des jeweiligen Bundesstaates (Ministério Público do Estado) überwacht, in dem sie ihren Sitz haben (Art. 26 CC). Ihre Statuten, ihre Konstituierung und ihr Funktionieren werden von den promotores públicos der Einzelstaaten überwacht. Nach Art. 27 CC ist das Ministério Público zur Genehmigung der Statuten der Stiftungen berufen. Im Verhältnis zu den eingetragenen Vereinen haben die Stiftungen eine höhere juristische Qualität, da sie sowohl von natürlichen als auch von juristischen Personen errichtet werden können; so kann z.B. eine Umweltstiftung von rechtsfähigen Vereinen errichtet werden.

Durch eine Konzentration der Kräfte kann die Zivilgesellschaft insgesamt und können die einzelnen Bürger durch ihre Partizipation an den Umweltgruppen die gemeinsame Zukunft der Menschen in ihrer natürlichen Mit-Welt sichern.

6. Positive Perspektiven? - Einige Thesen

Nur durch eine Vereinheitlichung und Kodifizierung des Umweltrechts könnten klagewillige Bürger, Umwelt- und Naturschutzverbände und auch die Staatsanwaltschaften und Gerichte in den Stand gesetzt werden, die im Einzelfall einschlägigen Normen schnell aufzufinden, welche zur Zeit noch auf Hunderte von Rechtssätzen verteilt und oftmals widersprüchlich sind (vgl. KRELL 1993: 59).

Das Fundament für das Umweltrecht als "Neues Recht" ist gelegt. Die Legislative hat unter Beachtung der in den jeweiligen Verfassungen (Staat, Bundesstaat, Gemeinde) vorgegebenen Leitlinien, welche die Richtung aufweisen, voranzugehen. Zentrale Aufgabe der Rechtssetzung ist, die bestehenden Rechtsnormen zu aktualisieren, sie aufeinander abzustimmen und harmonisch in einer Totalität miteinander zu vernetzen. Als langfristiges Ziel sollte die Erarbeitung eines integrierten Código do Meio Ambiente angestrebt werden, in den alle partiellen Antworten des Rechts auf die ökologischen Herausforderungen inkorporiert werden. Es kann aber nicht allein darum gehen, ein perfektes Umweltrecht auf dem Papier zu schaffen, das in sich "stimmig" ist; dieses Gesetzbuch muß auch Verfahrensvorschriften enthalten, die eindeutig und unmißverständlich formulieren, wie dieses materielle Recht von der Administration und Justiz umzusetzen ist.

Parallel zu diesem legislativen Prozeß müssen interdisziplinär ausgebildete Öko-Spezialisten in der Verwaltung und in der Rechtspflege eingesetzt werden, um das heute schon enorme Vollzugsdefizit allmählich zu beseitigen.

Es fehlte bisher auf allen Staatsebenen der politische Wille, die große "Diskrepanz zwischen Rhetorik und Realität" zu überwinden. Folglich wurden zu wenig Ressourcen für die Umsetzung des bestehenden Rechts zur Verfügung gestellt. Es herrschte auch ein Mangel an juristischer Phantasie, "ökologisch angepaßte" Verwaltungs- und Gerichtsverfahren zu erdenken und zu praktizieren.

Der neue Präsident Cardoso hatte sich schon 1980 als "Öko-Soziologe" in einem CEPAL-Beitrag gegen den von den General-Präsidenten und ihren zivilen Ratgebern verfolgten Entwicklungsstil gewandt und Energiefrage, Metropolisierung und Waldvernichtung, besonders im Amazonasbecken, als die Problemfelder gekennzeichnet, auf welchen die Vereinbarkeit von "Umwelt und Entwicklung" exemplarisch zu realisieren sei. In der Regierungsverantwortung hat er die Chance, seine damals zukunftsweisende Utopie zu konkretisieren.

7. Literatur

Bandeira Ryff, T.B. (1990): Algunas consideraciones sobre el caso de Brasil. In: Maihold, G./ Urquidi,V.L.(Hrsg.): Diálogo con Nuestro Futuro Común. Perspectivas Latinoamericanas del Informe Brundtland, Caracas, S. 93-102.

Bothe, M. (Hrsg.; 1990): Umweltrecht in Deutschland und Brasilien. Beiträge zur 7. Jahrestagung der Deutsch-Brasilianischen Juristenvereinigung 1988. Frankfurt/M., Bern, New York, Paris (Schriften der Deutsch-Brasilianischen Juristenvereinigung, Bd. 10).

Briesemeister, D./Kohlhepp, G./Mertin, R.-G./Sangmeister, H./Schrader, A. (Hrsg.;1994): Brasilien heute, Politik - Wirtschaft - Kultur. Frankfurt/M. (Ibero-Americana Bd. 53)

Brocke, M. (1993): Die brasilianische Ökologie-Bewegung zwischen Utopie und Pragmatik - Das Beispiel der AGAPAN in Porto Alegre/Brasilien. Münster (Arbeitshefte des Lateinamerika-Zentrums der Westf. Wilhelms-Universität Münster).

Brundtland, G.H. (1987): Unsere gemeinsame Zukunft, Der Brundtland-Bericht der Weltkommission für Umwelt und Entwicklung. Greven.

Cardoso, F.H. (1986): Entwicklung und Umwelt: Der Fall Brasilien. In: Anuario 2, S.256-299 (Münsteraner Schriften zur Lateinamerika-Forschung).

CONAMA (Conselho Nacional do Meio Ambiente; Hrsg., 1992): Resoluções CONAMA 1984 a 1991; 4a. Edição. Brasília.

German, C. (1987): "Meio ambiente" als Problembereich der brasilianischen Innenpolitik. In: Tübinger Geographische Studien 96, S. 279-292.

Guerra Filho, W.S. (1993): Prozessuale Durchsetzung von Umweltschutzinteressen im Rahmen der brasilianischen Verfassungsordnung. In: Paul, W./Santos, R. (Hrsg.): Amazônia, Realität und Recht. Frankfurt/M., S. 163-168.

Henckel, H.-J. (1994): Rechtspflege und Rechtsgeltung, in: Briesemeister, D. et al.: Brasilien heute. Frankfurt/M., S. 207-215.
IBAMA (Instituto Brasileiro do Meio Ambiente e dos Recursos Naturais Renováveis, Hrsg; 1992): Uma Politica Moderna para o Meio Ambiente do Brasil. Brasilia.
Kohlhepp, G. (1994): Raum und Bevölkerung. In: Briesemeister, D. et al.: Brasilien heute. Frankfurt/M., S. 9-109.
Krell, A. (1993): Kommunaler Umweltschutz in Brasilien, Juristische Rahmenbedingungen und praktische Probleme. In: Schriften der Deutsch-Brasilianischen Juristenvereinigung 21, S. 54-69.
Messías-Franco, R. (1991): A situação ambiental no Brasil. In: CIEDLA (Hrsg.): La situación ambiental en América Latina. Algunos estudios de casos. Buenos Aires, S. 141-186.
Mukai, T. (1992): Direito Ambiental Sistematizado. Rio de Janeiro.
PNUMA/ORPALC (Programa de las Naciones Unidas para el Medio Ambiente/Oficina Regional para América Latina y el Caribe; Hrsg.; 1984): La Legislación Ambiental en América Latina. México, D.F.
Ramos Aguilar, R.A. (1994): Direito do Meio Ambiente e Participação Popular. Brasília.
Schelsky, D./Zoller, R. (Hrsg.;1994): Brasilien - Die Unordnung des Fortschritts, Frankfurt/M. (Lateinamerika-Studien 33).
Schlüter, H. (1987): Umweltrecht in Lateinamerika - Ein erster Überblick. In: Tübinger Geographische Studien 96, S. 293-305.
- (1993): Lateinamerika: Umweltkrise - Umweltrecht - Umwelterziehung - Umweltorganisationen - Zusammenhänge. Münster (Arbeitshefte des Lateinamerika-Zentrums der Westf. Wilhelms-Universität Münster, Nr. 14).
- (1994): Mensch und Gesellschaft, Natur und Umwelt in Brasilien. In: Schelsky, D./Zoller, R. (Hrsg): Brasilien - Die Unordnung des Fortschritts. Lateinamerikanische-Studien 33, Frankfurt/M., S. 163-224.
Viola, E. (1992): El ambientalismo brasileño. De la denuncia y concientización a la institucionalización y el desarrollo sustentable. In: Nueva Sociedad 122, Caracas, S. 138-155.
Wöhlcke, M. (1989): Der Fall Lateinamerika.- Die Kosten des Fortschritts. München (Beck'sche Reihe 394).
- (1991): Brasilien - Anatomie eines Riesen. Ein Reise- und Studienbegleiter. München (Beck'sche Reihe 804).

Themenblock II

Landnutzung - Landschaftsdegradierung - angepaßte Nutzungssysteme

La sucesión de sistemas de uso del suelo en los andes del noroeste Argentino: el ejemplo del Valle de Tafí

Alfredo S. C. Bolsi

Zusammenfassung

Im Mittelpunkt steht die Analyse der wichtigsten historischen wie rezenten Landnutzungssysteme im Valle de Tafí (ca. 2.000 m, Anden-Ostflanke) sowie die Identifizierung ähnlicher oder verschiedenartiger Formen in benachbarten andinen Regionen mit dem Ziel, einen Beitrag zum Ordnungsrahmen andiner Landnutzungssysteme oder Landwirtschaftsformen zu leisten.

Die ursprüngliche indianische Wirtschaftsform wurde in Tafí durch zwei kolonialspanische Systeme überformt (encomienda bzw. estancia), die sich wiederum gegenseitig überlagerten. Aufgrund demographischer, kultureller, wirtschaftlicher wie politischer Faktoren und Prozesse können in diesem Kontext sechs Landbesitz- und Landnutzungssysteme unterschieden werden:

- Zum indianischen Kultur- und Wirtschaftsbereich gehören seit ca. 500 v.Chr. zwei auch räumlich differierend auftretende Systeme: Die (groß-)familiäre Selbstversorgerwirtschaft (meistens auf Einzelgehöften in Streulage) und ein arbeitskraftintensiver Ackerbau auf kleinen Parzellen, von Weilern oder kleineren Dörfern aus betrieben.
- Mit der kolonialzeitlichen encomienda verbunden sind die intensive (Aus-) Nutzung menschlicher Arbeitskraft und die Funktion dieser Hochflächen als Zwischenweidestation für die Rinderherden auf dem Trieb aus den Tiefländern zu den Silberminen um Potosí.
- Schließlich lassen sich aus dem estancia-System die traditionelle Rinderweidewirtschaft mit der Herstellung von Käse (als dem seinerzeit einzigen über längere Distanzen transportierbaren Produkt) ableiten, die in jüngster Zeit eine erhebliche Modernisierung und eine Ausrichtung auf die Touristenbedürfnisse erfuhr (Frischmilch, Käse, Joghurt etc.).

Die Entwicklung der Landnutzung im Tafí - repräsentativ für einen großen Teil der argentinischen Anden - war immer wieder tiefgreifenden Wandlungen unterworfen, wobei jedoch über mehrere Jahrhunderte die erwähnte traditionelle Rinderweidewirtschaft dominierte. Diese hatte ihrerseits das fast ausschließlich ackerbaulich ausgerichtete, technisch wie organisatorisch hoch entwickelte indianische Wirtschaftssystem abgelöst, konnte aber - im Vergleich zu letzterem - nur ca. 70% der vorherigen Bevölkerung ernähren. Der entsprechende Bevölkerungsrückgang kann als eine Folge des Übergangs von dem indianischen zum kolonialen Wirtschaftssystem der encomienda bezeichnet werden, bei dem das Valle de Tafí - wie vergleichbare benachbarte Regionen - in das Ernährungssicherungs-Hinterland für die Silberminen von Potosí einbezogen wurde und dabei einen grundlegenden Landnutzungs- bzw. Kulturlandschaftswandel erfuhr, der aber gleichzeitig zur Verarmung und zum kulturellen Niedergang der indianischen Bevölkerung führte.

Das System der estancia criolla mit ihrer traditionellen, durch geringe Produktivität gekennzeichneten Wirtschaftsweise, die sich bis in die zweite Hälfte des 20. Jahrhunderts behauptete, hat letztlich zu einer Ausbeutung der natürlichen und humanen Ressourcen im Valle de Tafí und vergleichbaren Regionen geführt. Sichtbarer Ausdruck derselben sind u.a. das Abbrennen der Weideflächen, die starken Erosionsschäden, die Verschmutzung der Bachläufe, die aufgegebenen Ackerterrassen, das archaische Bewässerungssystem, aber auch die Lebens- und Habitatbedingungen der Tafí-Bewohner, die generellen infrastrukturellen Defizite (hier vor allem die sanitär-hygienische Versorgung, besonders für die Kinder), das unzureichende Schulangebot, die hohe Unterbeschäftigung in den Wintermonaten und die saisonalen Arbeitswanderungen, um das Existenzminimum der Familien zu sichern.

Insgesamt führte dieser Prozeß die Tafí-Bewohner - mit wenigen Ausnahmen - in Armut und Marginalität. Mit dieser Situation konstrastiert die - noch gegebene - landschaftliche Attraktivität, die, in Verbindung mit dem Klima, den Hauptgrund für einen seit ca. 25 Jahren stark ansteigenden Tourismus bildet. Die rasche Ausdehnung der Wochenend-/Ferienhaussiedlungen hat eine fremde Note in die Landschaft gebracht; sie und der bisherige Tourismus insgesamt stehen im Widerspruch zu Landschaftsausstattung und zu den tradierten Gewohnheiten der Tafí-Bewohner.

1. Introducción

La cordillera de los Andes en el noroeste argentino está integrada principalmente por dos elevados cordones montañosos que encierran una extensa meseta de más de 3.000 metros sobre el nivel del mar, llamada Puna. Al oriente de este núcleo el área andina involucra lineamientos montañosos secundarios que definen un sistema de valles y quebradas de gran importancia en el desarrollo cultural del área. De este conjunto se destacan los Valles Calchaquíes - a los que podemos adscribir, por contigüidad, el valle de Tafí - y la Quebrada de Humahuaca. Más al oriente todavía, el relieve pierde altura y luego de la estrecha franja de selva subtropical húmeda se alcanza la dilatada planicie chaco-pampeana, de escasa elevación sobre el nivel del mar.

La puna, los valles y las quebradas, sometidos a un régimen de marcada aridez, han constituído en el pasado y aún en el presente un área de transición y contacto cultural - como sugiere Groussac - entre el sistema andino del Norte y el mundo pampeano del Este y del Sur.

En un pasado remoto, las culturas indígenas materialmente desarrolladas de los Andes - que habrían alcanzado el estadio urbano y logrado sofisticados sistemas de aprovechamiento de los recursos naturales - diferían notablemente de los grupos paleolíticos o de escaso desarrollo agrario de las llanuras.

Contacto entre los intereses del virreinato del Perú y los de Buenos Aires. Hasta los valles y quebradas, en efecto, alcanzaba la fuerte irradiación de las minas del Alto Perú, y hasta allí también, la importancia del puerto bonaerense. El gradiente cultural, sin embargo, ya no podía ser tan definido como antaño. En la franja de selva subtropical se había instalado una sociedad que imponía sus patrones socio culturales. El resultado fue un nuevo esquema de subordinación y - de alguna manera - una cierta homogeneización cultural.

Pasado el período colonial el sistema pampeano se transformó profundamente y esa transformación llegó hasta las ciudades del borde andino como Tucumán, Salta y Jujuy sin expandirse más allá; puna, valles y quebradas permanecieron al margen y abroqueladas en una estructura tradicionalista, trastocaron los términos de las diferencias entre Andes y llanura: el mayor desarrollo material - y tecnológico - se localiza ahora en el llano, en tanto que la cordillera alberga una sociedad empobrecida, en buena medida aislada y de escasa relevancia económica en el contexto nacional.

De qué manera las sociedades que habitaron este ámbito andino han hecho uso del suelo? Cómo ha variado el significado de los recursos a lo largo de su dilatada historia? Cuáles fueron, en suma, las relaciones entre sociedad y naturaleza en el contexto de las grandes transformaciones al sur y al norte de esta franja?

Es obvio que no podemos encontrar un comportamiento uniforme en las diferentes comarcas andinas. Sin embargo, la presencia de algunos rasgos dominantes pero principalmente la profundidad de los cambios producidos en el tiempo y cierto paralelismo en las respuestas, nos permiten identificar una regularidad más allá de la divergencia.

Es en ese orden de ideas que creemos de alguna validez el ejemplo de Tafí del Valle, donde ha sido posible detectar que a partir del modelo cultural de la instalación indígena se sobreimpusieron - involucrados en nuevas pautas - otros dos regímenes jurídico-productivos denominados encomienda y estancia. A su vez, factores tales como variaciones demográficas, mercados regionales y extrarregionales, procesos económicos y políticos, explican los seis sistemas de ocupación del suelo y uso de los recursos que se sucedieron en su historia.

Secuencia ocupacional y uso de los recursos
Tafí del Valle

Regímenes	Sistemas de ocupación y uso de los recursos	Fechas
		300 a.C.
Los asentamientos indígenas	1. Unidades familiares autosuficientes	
	2. Aldeas con cultivos intensivos	
		1617 d.C.
La encomienda	1. Provisión de mano de obra	1670
	2. Ganadería e invernadas	
		1740
La estancia	1. Estancia jesuítico - criolla	1940
	2. Estancia y empresa agrícola	
		1994

2. Los asentamientos indígenas

Como la inmensa mayoría de los paisajes andinos, Tafí conserva extensas superficies cubiertas por testimonios de la ocupación prehispánica; se trata de la cultura Tafí vinculada con los inicios de la etapa agroalfarera del noroeste argentino (GONZALEZ & NUÑEZ REGUEIRO 1960). El fechado radiocarbónico data a las instalaciones más antiguas en alrededor de 300 años antes de Cristo, o sea en el período formativo inferior (RAFFINO 1988). En ese contexto, se sucedieron dos sistemas de asentamiento (BERBERIAN & NIELSEN 1988).

2.1 Unidades familiares autosuficientes (desde 300 a.C.)

El paisaje de este período se estructuraba sobre la base de unidades de residencia dispersas, en campos de cultivos extensivos. Cada unidad contaba con dos a tres hectáreas de tierras labradas en su entorno (para maíz, papa y quinoa, seguramente), con áreas de pastoreo de no más de 3 kilómetros de radio y espacios comunales de caza y recolección. La explotación extensiva agotaba rápidamente el suelo y la baja densidad poblacional de esa época permitía la apertura de nuevas áreas agrícolas.

2.2 Aldeas con cultivos intensivos (hasta 1617)

El agotamiento de las tierras libres y el incremento de la población - en el marco de las limitaciones de la tecnología de secano - aceleraron los cambios en el uso de los recursos y en el sistema de asentamiento. Por una parte, las prácticas agrícolas se enriquecieron con la incorporación del riego y de la construcción de andenes. Por otra, el pastoreo se organizó sobre la base de la transhumancia, que involucraba un empleo más intensivo de los pastos de altura.

Estas transformaciones implicaron la necesidad de reordenar el esquema de asentamiento; la principal fue el cambio del hábitat disperso por otro concentrado, pero sin llegar al nivel urbano. Las aldeas - no obstante - acumularon funciones típicas de sociedades integradas como llegaron a serlo también las aglomeraciones de la Puna.

La tecnología de riego, los cultivos en andenes y la concentración del hábitat eran, por lo demás, comunes a casi todas las comarcas andinas e implicaba una alta densidad de población. Desde luego, la complementariedad ecológica, que incrementaba las posibilidades de estos grupos, era práctica común (PRESTA 1990: 31).

Hacia fines de este período la cultura incaica dominó buena parte de las comarcas del noroeste; existen evidencias de esa expansión en la quebrada de Humahuaca, en la Puna y en los valles Calchaquíes, pero no se han encontrado, todavía en Tafí.

3. El régimen de la encomienda

Obviamente, estas comarcas de los Andes sufrieron cambios sustanciales debido a la sobreimposición de la estructura española. En lo que respecta a los usos del suelo, dichos cambios provinieron de por lo menos cuatro sistemas interrelacionados de factores. Uno fue la alteración de los patrones culturales, que significó principalmente una revaloración de los recursos, asociada con la incorporación de nuevos procesos tecnológicos para la manipulación de la naturaleza. El segundo se apoya en el proceso de ocupación, apropiación y reestructuración del espacio, donde la encomienda se convirtió en el instrumento jurídico fundamental. El tercero se relaciona con los impulsos de la vida económica y social de los pueblos indígenas, que ya no provienen del seno de su comunidad sino de los nuevos centros regionales instalados más al Este. Tucumán, Salta, Jujuy, entre otros, se convirtieron en los ámbitos de poder a partir de los que se repartían tierras e indios. En cuarto lugar, estas ciudades comenzaron a sentir, sobre todo desde 1630, los efectos de Potosí, el gran centro minero del Alto Perú que se tradujo - entre otros aspectos que importaban al noroeste argentino - en una importación de hasta 20.000 mulas anuales para el laboreo de las minas (ASSADOURIAN 1982: 144).

La acción de estos cuatro sistemas trastocó el orden anterior. Como en casi toda América la caída del volumen demográfico fue acentuada. Ninguno de los agentes que Borah y Cook atribuyen a dicha caída está ausente en los Andes argentinos, pero aquí debe atribuirse gran relevancia al enfrentamiento bélico (COOK & BORAH 1977, 1978 Y 1980). Los grupos indígenas de la Puna y Quebrada de Humahuaca no aceptaron la dominación española sino luego de guerras sangrientas que duraron en ciertos casos más de 100 años significando una alta mortalidad de nativos. Vergara evoca esta larga contienda y sostiene que entre 1550 y 1590 la población indígena correspondiente a la actual provincia de Jujuy se aproximaba a los 100.000 habitantes; en 1778 no se contaban más que 7.300 indios sobre 14.000 habitantes (VERGARA 1968). Al mismo tiempo, los testimonios contemporáneos sobre estos aspectos son numerosos y es imposible incluírlos a todos aquí (BOLSI 1968: 45-46; RODRIGUEZ 1984 & SANTAMARIA 1992).

La estructura de la propiedad de la tierra también sufrió alteraciones: los dominios comunales indígenas fueron cediendo lugar a los dominios individuales españoles o criollos. Es conocido el proceso puneño del marquesado de Tojo, que logró acaparar bajo su dominio a casi toda la Puna, incluída una proción del que corresponde hoy a la vecina República de Bolivia (MADRAZO 1982). Por su parte, en los valles calchaquíes ya en el siglo XVII no existía la propiedad comunal (MATA DE LOPEZ 1990: 76; MADRAZO 1981: 76). Si bien más tarde hubo cierta recomposición de la propiedad pequeña, la estructura latifundista - que define hoy la vida agraria de gran parte del área andina - ya se había consolidado (PRESTA 1990: 31 & 38).

La caída demográfica alteró las densidades asociadas con diversas prácticas agrícolas y económicas, según lo sugieren las conjeturas de Boserup. Ello se asoció con la acción de los tributos que - si bien ya conocidos por los aborígenes - impidió a las comunidades, por las urgencias monetarias, ocupar plenamente sus tierras, cediendo lugar a la ganadería o a la ocupación por parte de los encomenderos vecinos (MATA DE LOPEZ 1990: 51). Al mismo tiempo, el desarrollo minero del Alto Perú, que fomentó un intenso tráfico ganadero, originó la transformación del uso del suelo en el área andina, donde buena parte de las comarcas se transformaban en lugares de engorde.

Además, la nueva población local generaba otras demandas que se debían satisfacer; las grandes haciendas de los valles Calchaquíes, por ejemplo, destinaban el espacio no ocupado por la ganadería al cultivo de la vid (SANTAMARIA 1992: 75). Esta circunstancia generó conflictos relacionados con las necesidades de alimentación de la población aborígen.

Por último, si bien la minería era también conocida, bajo el nuevo dominio el ritmo de la explotación aumentó, contribuyendo así a alterar el modo y la intensidad del uso de los recursos en el noroeste (BOLSI 1988: 63).

Este conjunto de transformaciones originadas en el proceso de conquista convirtieron a los grupos indígenas sobrevivientes en una subestructura socio económica de la sociedad global (MADRAZO 1981: 214-215). Pero importa destacar que esos grupos incrementaron el uso de estrategias complementarias para acceder a recursos tanto cercanos como distantes, sobre la base de los contactos interétnicos. Esta práctica de la complementariedad y de la interetnicidad habría permitido continuar con el control y uso de recursos tradicionales y - además - con la persistencia de actividades sociales prehispánicas. En efecto, se interpreta que la movilidad indígena de los grupos andinos, asociada a las presiones tributarias y mercantiles coloniales, obedecían también a la persistencia de una gama de estrategias de control de los recursos. Por otra parte, se asegura que los parámetros con los cuales estas sociedades enfrentaron su inserción en la sociedad colonial surgieron de sus propias pautas culturales y adaptativas y no conformarían un panorama inicial de desestructuración, sino más bien de adaptación (MARTINEZ 1990: 15-16; SANTAMARIA 1992: 38).

3.1 Provisión de mano de obra (1617-1670)

En este contexto cuál es, pues, el significado del valle de Tafí con sus 400 kilómetros cuadrados y unos pocos miles de habitantes? Cómo llegaron a articularse aquella sociedad y su naturaleza con la conjunción de factores coloniales o, lo que es lo mismo, con las necesidades del distante Tucumán y del más lejano Potosí?

Sabemos que Tafí no importó sino como fuente de mano de obra para las actividades que se desarrollaban en el llano. Los indios, eran "... el brazo gratuito para la fábrica de casas, el labradío de la tierra..." (TERAN 1927: 93-94). Entre fines del XVI y comienzos del XVII la encomienda ya se había instalado en el área y el valle de Tafí se entregó en merced en 1617 (DOCUMENTOS COLONIALES 1938: 123-126). La enemistad entre los tafíes y calchaquíes hizo que aquellos vieran a los españoles como aliados; pero esta alianza les fue desastrosa, pues el proceso de "saca de indios" comenzó muy pronto y prosiguió intensamente durante décadas a pesar de las rectificaciones del régimen jurídico (DOCUMENTOS COLONIALES 1941: 47). Una consecuencia obvia fue la brusca caída de la población del valle motivada por el destierro pero también por los efectos de la disminución de mano de obra para la movilización de los recursos. Los datos indican un volumen demográfico superior a los 6.000 pobladores en 1552 (DOCUMENTOS COLONIALES 1941: 30). Las cifras siguientes aparecen un siglo más tarde. En 1653 se hace referencia a Tafí como "... una encomienda de 100 indios...", que significa una población total no superior a 450 personas (DOCUMENTOS COLONIALES 1941: 55).

3.2 Las invernadas (1670-1740)

Con el fin de la guerra calchaquí-española, Tafí se enfrentó ante una nueva perspectiva con respecto al uso de los recursos. En efecto, la pacificación abrió la vía al tránsito seguro de ganados hacia el norte y transformó al valle en una de las estaciones de invernada más importante. Para una comarca ahora despoblada, la regresión a la alternativa ganadera parecía ser la más apropiada. Si bien no se ha localizado aún la información que nos permita conocer las actividades de la población aborígen de estos años, es probable que tan bajo volumen demográfico no haya sido suficiente para movilizar los recursos de la misma manera que lo hacían 6.000 personas un siglo atrás; es por tal razón que cabría esperar una fuerte regresión en la tecnología de aprovechamiento de los recursos como en la calidad de vida. Por otra parte, es también razonable suponer que los procesos de complementariedad e interetnicidad habrían, de alguna manera, impedido que la regresión haya sido más profunda aún.

Buena parte del ganado que se traía del sur para llevar a Potosí a través del mercado de Salta, pastaba durante varios meses en el valle. La invernada era casi siempre de mulas y su número elevado, a tal punto que representaban hasta casi el 30% del total anual que a fines de siglo las compañías especializadas en la cría de mulas exportaban a Perú (DOCUMENTOS COLONIALES 1945: 155 & MOUTOUKIAS 1988: 52). La invernada y la cría generaron demanda y cierta subdivisión de las tierras y - además - proporcionaron elevadas ganancias al encomendero y a los otros propietarios pero no así a los indios que vivían en la miseria y permanentemente embriagados (REYES GAJARDO 1964: 30-33). La caída demográfica persistía y según los padrones de 1681, 1684 y 1694 la población total residente en el valle no superaba los 100 habitantes. Al parecer, la cifra de 1711 fue la más baja de todas, con 73 personas (DOCUMENTOS COLONIALES 1945: 264-266; 1941: 277-281 & 1949: 137-139).

4. El régimen de la estancia

Hacia principios de la década de 1740 se produjo en el valle un cambio sustancial. El régimen de la encomienda fue reemplazado por el de la estancia cuando todas sus tierras se donaron a la Compañía de Jesús[1]. El cambio se manifestó en diversos órdenes, principalmente en el sistema de tenencia de la tierra. Además, significó que la comarca y su sociedad se inscribían ahora en la estructura organizada para sostener el sistema educativo integrado por colegios y universidades.

La estructura productiva diseñada en esos años persistió durante dos siglos y algunos de sus rasgos fundamentales subsisten aún en nuestros días.

4.1 La estancia jesuítico criolla (1740-1940)

El proyecto jesuítico de utilización de los recursos pareció ajustarse a la baja cantidad de habitantes de esa época, a la tradición pecuaria y a la importancia del mercado ganadero del norte. De esta manera, cría e invernada se organizaron sobre la base de la división de la propiedad en 6 potreros para racionalizar el uso de los recursos y para un mejor control de los ganados. Se criaban principalmente mulares, de demanda declinante, vacunos para el mercado local y lanares. El complemento era la elaboración de sebos y cueros para toda la población tucumana, una reducida actividad agrícola y la fabricación de quesos, actividad que persiste hoy como una de las principales labores de la población rural.

Como se sabe, la orden fue expulsada de América en 1767 y como resultado del proceso de venta subsiguiente cada uno de los 6 potreros se transformó en una estancia criolla, cuyos nuevos propietarios repitieron sin variantes el modelo jesuítico de explotación de los recursos.

En un estudio reciente, se analizaron dichas estancias en tres momentos históricos: segunda mitad del siglo XIX, comienzos del XX y década de 1940 (BOLSI, MADARIAGA & BATISTA 1992). En oposición a lo que sucedió en algunos sectores del noroeste argentino, especialmente en la Puna (MADRAZO 1981, 1990 & 1991; TERUEL 1992) en Tafí se detectó, por una parte, la invariable persistencia de las seis grandes propiedades dedicadas básicamente a la actividad ganadera. En tanto que los mercados del norte fueron languideciendo, el ganado mular se reemplazó por el vacuno, el ovino y el caballar: allí llegaron a pastar hasta 30.000 cabezas de ganado de diferentes especies pero sin ninguna clase de mestización. Es así que cada vaca criolla - muy entrado el siglo XX - rendía 1,5 litros de leche por día. Tampoco se había invertido en la construcción de establos, de manera que persistía el hábito dilapidante de buscar refugio invernal en las tierras bajas. En cuanto a las ovejas, se necesitaban 150 animales para producir sólo 100 kilogramos de lana.

Cada estancia se estructuraba sobre la base de puestos, especie de núcleos estratégicos de control de la propiedad y de los animales. Se ubicaban - hoy también - en buenos lugares de pastoreo y servían de residencia al puestero y su familia, pieza fundamental de la estructura social y económica del valle. Cada uno de los puesteros disponía de una parcela de terreno en torno a la vivienda, destinada a cultivos de subsistencia y a la cría de su propio ganado. Esta parcela no se entregaba en arriendo sino en una especie de tenencia precaria y era la forma de asegurar la reproducción de la fuerza de trabajo. Este es uno de los orígenes de las pequeñas propiedades que hoy pueblan el valle.

Por otra parte, en este esquema la agricultura no tenía más que un significado secundario. La cultura pecuaria y el consecuente mecanismo de expulsión de la población, exacerbado por el sistema de tenencia de la tierra, conjuntamente con un persistente aislamiento que impedía llegar a los mercados de la llanura no favorecieron, en efecto, las actividades agrícolas. La regresión de la tecnología agraria que hoy se observa en la mayoría de los predios de campesinos es uno de los principales resultados del proceso. Algo similar ocurriría en las altas mesetas puneñas mientras que en la quebrada de Humahuaca las actividades eran más diversificadas[2].

Los cortes temporales demostraron por otra parte una invariable composición profesional, marcadamente homogénea, dominada - desde luego - por las profesiones primarias y por una fuerte proporción de peones (asalariados rurales) en contraste con la presencia de numerosos arrendatarios o pequeños propietarios de la Puna y la quebrada de Humahuaca. Estos peones permanecen inactivos durante el invierno y anualmente bajan a la llanura en busca de ingresos complementarios para subsistir. El propietario de una de las estancias era también dueño de una fábrica azucarera, donde se empleaban sus peones de Tafí, con lo que se cerraba el estrecho circuito de dependencia laboral.

En esta estructura precapitalista y dominada por las relaciones patriarcales, la mujer ocupaba un lugar predominante. No obstante la alta fecundidad, era la encargada de fabricar quesos, preparar la lana y luego tejer, y muchas veces atender los cultivos, aparte del servicio personal a los patrones de la estancia. Esta circunstancia se repite por generaciones y en todas las comarcas de los Andes argentinos.

4.2 La estancia y la empresa agrícola (1940-1992)

En el último estadio, a raíz de la conexión carretera con el llano, Tafí quebró, por fin, su aislamiento secular. Uno de los primeros impactos fue el aumento del precio de la tierra (19 veces en los primeros 8 años). También se incrementó la emigración: asociada con la persistencia de los serios problemas que impiden reducir la mortalidad, explicaría que en 1991 la población sólo alcance a los 4.400 habitantes, cifra equivalente al 70% de cuatro siglos y medio atrás.

Pero es en la vida agrícola donde los cambios fueron más importantes. El acceso directo al mercado provincial y nacional y las condiciones ecológicas apropiadas favorecieron el incremento de la superficie de cultivos, especialmente de la papa para semilla. El vehículo de la expansión fue primero el labrador local pero luego, y en forma dominante, la empresa agrícola que, sujeta a los imperativos de costos y beneficios, no midió los efectos de su actividad en el ya deteriorado medio natural.

5. El fin del proceso: Tafí del Valle actual

Hoy en día, de las 45.000 ha. de superficie total del valle, 4.000 corresponden a cultivos y 21.500 a las actividades pecuarias, pero de éstas sólo 6.500 son con manejo y control. El resto está integrado por terrenos con pendientes pronunciadas y es allí donde pasta el ganado sin manejo.

La estructura agraria está integrada por dos clases de explotaciones y distintas formas de tenencia: las grandes estancias y las pequeñas parcelas. No existen términos medios. La propiedad de la tierra aparece más clara en las grandes estancias mientras que en las parcelas pequeñas el dominio y la tenencia conforman un esquema de alta complejidad. Existen también diferentes tipos de ocupación de las tierras fiscales.

Este régimen de la tierra es una de las bases que permiten definir la tipología agraria donde se destaca una muy clara oposición entre los campesinos (que integran el 88% de las explotaciones del valle) y los grandes estancieros. La superficie cultivada promedio de dichos campesinos no excede las 2,5 ha. mientras que la de las grandes explotaciones supera las 80 en propiedades de hasta 17.500 ha. Esta oposición en términos de tenencia y superficie se repite también en términos de tecnología, riego, capital, mano de obra asalariada, ingresos extraprediales, tecnología e inserción en el circuito de comercialización.

Es sabido que las comarcas que pueblan la superficie de la Tierra son irrepetibles; sin embargo, las líneas generales del proceso de Tafí persisten con alguna regularidad en quebradas y altiplanicies del noroeste argentino. Así es que, de alguna manera, puede ser representativo de este amplio sector.

La evolución de la ocupación del espacio en Tafí fue un proceso de sucesivas revaloraciones de la comarca y, a la vez, de larga persistencia de uno de los modelos de asentamiento. La más importante de las tranformaciones fue el paso de una cultura básicamente agrícola, material y técnicamente desarrollada, a otra básicamente ganadera cuyo desarrollo técnico, material, institucional, económico, etc., le permite mantener hoy sólo el 70% de la población que sostenía la anterior. En términos demográficos se trataría de una regresión; también podría serlo en términos de sistema de asentamiento - en todo caso, de uso de los recursos - ya que la actividad ganadera es menos desarrollada técnica, económica y socialmente que la actividad agrícola, desde el punto de vista de las posibilidades demográficas que brinda a las comunidades que la practican; también lo es, consecuentemente, en lo que se refiere a las posibilidades económicas y sociales.

El paso del paisaje agrícola que se desarrollara en el contexto cultural indígena, al ganadero, fue resultado de la revaloración colonial del valle y se llevó a cabo luego de la fuerte caida demográfica provocada por la desnaturalización de los tafíes. Tanto este proceso como el nuevo contexto económico contribuyeron a definir el perfil ganadero que persiste hasta hoy en convivencia con prácticas y hábitos agrícolas empobrecidos. El paisaje de Tafí sufrió primero un fuerte impacto en su componente cultural, pero luego lo sufrió en el natural.

El proceso posterior a este cambio sustancial, lejos de crear mejores condiciones para la sociedad y para la preservación de su entorno natural, las fue empeorando. Esto queda explícito en el análisis de la estancia de mediados del siglo XX, cuyo esquema tradicionalista y de marcada inmovilidad ponía entre su baja productividad y la más elevada de los sistemas agrarios más avanzados del país un abismo insalvable.

El resultado queda manifiesto en la estructura y tipología agrarias que poseen muy escasos atributos de equilibrio y en las alteraciones provocadas en el medio natural; más allá de sus bellezas, subyace un paisaje de derroche. El arcaico sistema de riego, la quema de pastizales, la baja productividad de todo el esquema, la erosión de los suelos, la contaminación, la alta proporción de mano de obra ociosa durante el invierno, las deficiencias en la infraestructura, son algunos de los ejemplos que expresan esa dilapidación.

El desaprovechamiento y el desequilibrio tienen un corolario de pobreza y marginalidad que integran y definen la vida cotidiana del valle; las condiciones de la vivienda rural y su equipamiento, la situación sanitaria (especialmente de los niños), las migraciones laborales, la necesidad de trabajo extrapredial, son algundas de las evidencias.

En una próxima oportunidad, se debería discutir el contenido ético del conocimiento logrado sobre esta sucesión de usos del suelo en los Andes del Noroeste argentino.

Notas

1) En tanto que la estancia jesuítica de Tafí tuvo su origen en una encomienda, y que contaba con algunos indios y esclavos como fuerza de trabajo y que, además, su producción estaba vinculada a los mercados de comercialización, esta unidad de producción reúne los atributos de una hacienda colonial. Si se ha optado por la denominación estancia fue por mantener la designación jesuítica y respetar la terminología local.
2) Se asegura que desde la segunda mitad del siglo XIX - al margen de la minería - la ganadería era la actividad esencial de la Puna, tal vez alentada "por el último latido del viejo corazón de Potosí", como dice Madrazo. En efecto, un testimonio de la época (1850-1875) señalaba que "la gran mayoría de los indígenas puneños eran pastores, utilizando [en esas labores] mano de obra familiar...." (tomado de Gustavo PAZ y citado por TERUEL 1992: 124). En el presente la ganadería continúa dominando el uso del suelo puneño, particularmente en el norte, en la Puna seca, la cual, con menos del 40% de la superficie total, concentra más del 80% del stock ovino. Por su parte, la agricultura - sometida, como la ganadería, a un fuerte tradicionalismo - no ha desaparecido. El maíz ocupa el 50% de la superficie cultivada; la papa le sigue con el 24% y las forrajeras con el 13%. En la Quebrada, por su parte, encontramos también el dominio ganadero; sin embargo, la presencia de la agricultura es mucho mayor que en la Puna. A su vez, en los valles Calchaquíes las circunstancias varían: allí, ya en la segunda mitad del XIX,

el cultivo de la tierra acaparaba las 2/5 partes de los hombres activos. Sólo en las zonas más altas de valle, fuera de la zona de riego, la sociedad vivía principalmente de la cría del ganado (GARRISON 1891; CASAÑAS 1965; BOLSI 1967, 1968 & 1988; MADRAZO 1991 & TERUEL 1992).

6. Bibliografía

Assadourian, C. S. (1982): El sistema de la economía colonial, mercado interno, regiones y espacio económico. IEP, Lima.
Bolsi, A. (1967): Estudio antropogeográfico del Valle de Santa María, Catamarca. Ed. Extensión Universitaria, Universidad Nacional del Nordeste, Resistencia.
- (1968): La región de la puna argentina. En: Nordeste, Rev. de la Fac. de Humanidades, 10, pp. 3-57.
- (1988): L'occupation de l'espace dans la Puna argentine: héritages, désarticulation, marginalité. En: Rev. de Géographie Alpine, t. LXXVI, pp. 59-73.
Bolsi, A. et al. (1992): Sociedad y naturaleza en el borde andino. En: Estudios Geográficos, t. LIII, 208, pp. 383-417.
Casañas, O. (1965): La población de Santa María (Catamarca) entre los censos nacionales de 1869 y 1895. En: Anuario del Instituto de Investigaciones Históricas, 8, pp. 181-220.
Cook, S. & W. Borah (1977, 1978 y 1980): Ensayos sobre historia de la población. 3 t. Siglo XXI, Madrid.
Documentos coloniales relativos a San Miguel de Tucumán: Vol. II, 1938; Vol. IV, 1941; Vol. V, 1945; Vol. VI, 1949. Tucumán.
Garrison, D.F.G. et al. (1891): Memoria de la expedición por las regiones auríferas del norte de la provincia de Jujui. Emprendida por la comisión nombrada por el superior gobierno de la Nación en abril de 1891. Imprenta y Librería de Mayo, Buenos Aires.
González, A. R. & V. Núñez (1960): Preliminary report on archaeological research on Tafí del Valle. En: Akten des 34. Internationalen Amerikanisten Kongress, Viena, pp. 18-25.
Madrazo, G. (1981): Comercio interétnico y trueque recíproco equilibrado intraétnico. En Desarrollo Económico, 21, 82, pp. 213-230.
- (1982): Hacienda y encomienda en los Andes. Fondo Editorial, Buenos Aires.
- (1990): El proceso enfitéutico y las tierras de indiosen la Quebrada de Humahuaca (Prov. de Jujuy, Rep. Argentina). Período nacional. En: Andes. Antropología e Historia, 1, pp. 89-111.
- (1991): Cambio y permanencia en el noroeste argentino. El caso de Jujuy a mediados del siglo XIX. En: Andes. Antropología e Historia, 4, pp. 93-141.

Martínez, José Luis (1990): Interetnicidad y complementariedad en el altiplano meridional. El caso atacameño. En: Andes. Antropología e Historia, 1, pp. 11-29.

Mata de López, S. (1990): Estructura agraria. La propiedad de la tierra en el valle de Lerma, valle Calchaquí y la frontera Este (1750-1800). En: Andes. Antropología e Historia, 1, pp. 47-87.

Moutoukias, Z. (1988): Contrabando y control colonial en el siglo XVIII. Centro Editor de A,mérica Latina, Buenos Aires.

Presta, A. (1988): Una hacienda tarijeña en el siglo XVII: la viña de La Angostura. En: Historia y Cultura, XIV, pp. 35-57.

– (1990): Hacienda y comunidad. Un estudio en la provincia de Pilaya y Paspaya. Siglos XVI-XVIII. En: Andes. Antropología e Historia, 1, pp. 31-45.

Raffino, R. (1988): Poblaciones indígenas en la Argentina. Urbanismo y proceso social precolombino. Ed. TEA, Buenos Aires.

Reyes Gajardo, C. (1964): Motivos culturales del valle de Tafí y Amaicha. Tucumán.

Santamaría, D. (1992): El campesinado indígena de Jujuy en el siglo XVII. Un estudio sobre las formas de integración étnica en situación colonial. En: Proyecto NOA, 3, pp. 35-55.

Terán, J. B. (1927): El nacimiento de la América española. Tucumán.

Teruel, A. (1992): El trabajo rural en una provincia del noroeste argentino en la primera centuria del período independiente. En: Proyecto NOA, 3, pp. 113-145.

Vergara, M. (1968): Compendio de la historia de Jujuy. Jujuy.

Landschaftsökologische Untersuchungen mit Hilfe von Satellitenbilddaten am Beispiel der Region Río Gallegos, Argentinien

Pia Hoppe

Resumen

A pesar de que la Patagonia Argentina se encuentra poco poblada, la conservación de sus recursos naturales debe ser considerada de absoluta prioridad. Debido a su marginalidad y actual potencial económico la Patagonia no ha recibido la atención merecida en lo que atañe los problemas geoecológicos. Por su enorme superficie y la escasa información básica disponible acerca de sus recursos naturales la Patagonia es un lugar propicio para ser investigado mediante imágenes satelitales. Sumando a estas un buen muestreo de campo es posible analizar los principios de degradación en los suelos y la vegetación. Además se pueden definir respuestas a un nivel de precisión que no podría ser alcanzado solamente por medio de los métodos de la percepción remota. La investigación de campo se consideró de fundamental importancia en la obtención de la información ecológica del terreno.

Se utilizaron dos tipos diferentes de sistemas satelitales. Las imágenes ópticas, pasivas del tipo Landsat TM permitieron la interpretación y el mapeo de unidades fisiográficas. Además fue posible analizar mediante ellas con una clasificación supervisada (Maximum-Likelihood) la distribución de unidades vegetacionales y degradacionales. De esta forma se obtuvieron las condiciones preliminares necesarias para un futuro monitoreo (Monitoring) de la región. Con imágenes radar del satelite ERS-1 se analizó la posibilidad de monitoreo de procesos de degradación dinámicos. Fue posible determinar la degradación de los suelos teniendo en cuenta la acumulación de bancos de arena y las superficies de deflación. Las imágenes radar permitieron también mapear la geomorfologia del terreno y monitorear la situación hidrológica de las superficies de lagunas temporales. Sin embargo no pudo ser resuelto satisfactoriamente el monitoreo de las unidades de degradación vegetacional. De todas formas teniendo presente los diversos problemas técnicos que poseen las imágenes del sistema Landsat TM, las imágenes del satelite ERS-1 resultan cada vez más ventajosas debido a que no son afectadas por factores climáticos y además son independientes de la iluminación natural.

1. Einführung

Die Grundlage der landschaftsökologischen Untersuchungen in der Region Río Gallegos (Argentinien) bilden die Arbeiten die während der Durchführung des von Prof. Dr. W. Endlicher initiierten und vom BMFT geförderten Projektes zur landschaftsökologischen Untersuchung von Degradationsschäden in Ostpatagonien mit Hilfe von Radardaten im Zeitraum 1992 bis 1994 entstanden.

Der Landschaftsraum Ostpatagonien erstreckt sich vom Andenrand bis zum Atlantik und von 40° bis 55° südl. Breite. Die vier argentinischen Provinzen Río Negro, Neuquén, Chubut und Santa Cruz sowie die XII. Region von Chile, Magallanes gliedern Ostpatagonien territorial.

Aufgrund seiner Randlage wurde der gesamte ostpatagonische Raum lange Zeit wenig beachtet. Erst Ende des 19. Jahrhunderts wurde Ostpatagonien im Zuge der Einführung der Schafwirtschaft besiedelt und erschlossen. Durch seine Lage in der südhemisphärischen Westwindzone und die westliche Abschirmung durch die südlichen Kordilleren besitzt Ostpatagonien ein arides bis semiarides Klima, das zur Ausbildung von Halbwüsten und Steppen führt. Die Nutzung der Steppenlandschaft erfolgt bis auf wenige Ausnahmen ausschließlich durch flächenextensive stationäre Schafweidewirtschaft, deren Betriebs- und Siedlungsformen die Kulturlandschaft prägen.

International war seit der UN-Konferenz über Desertifikation 1977 in Nairobi die Problematik der Landschaftsdegradation bzw. Desertifikation auch für Ostpatagonien bekannt (TOLBA & EL-KHOLY 1993). Auf nationaler Ebene wurden die ökologischen und wirtschaftlichen Auswirkungen der Landschaftsdegradation ignoriert oder nur vereinzelt beachtet. In den 70er Jahren entstanden erste Arbeiten die sich mit der Beschreibung lokaler Erosionphänomene beschäftigten (MONTHEITH 1972; MOVIA 1972: 15). Ende der 80er Jahre wurden erstmals Schätzungen über das Ausmaß der Landschaftsdegradation für die patagonischen Provinzen Río Negro, Chubut und Santa Cruz veröffentlicht. Demnach sind in Santa Cruz der südlichsten Provinz Patagoniens rund 28% der Provinzfläche von Erosion betroffen (6 Mio. ha), wovon 24% der Flächen durch äolische Erosion degradiert wurden (FECIC 1987: 139).

Die großen Schwankungen der Vegetationsbedeckung in Trockengebieten belegen die Notwendigkeit, die potentiellen Gebiete der Degradation und Desertifikation über lange Zeiträume zu beobachten, bevor es möglich ist gesicherte Aussagen darüber zu treffen, ob sich in einer spezifischen Region Formen der Degradation zu einer Desertifikation entwickelt haben (UNEP 1992). Die Grundlage einer solchen langfristigen Beobachtung ist die großflächige Aufnahme thematischer Basisinformationen (z.B. Vegetationseinheiten, Böden, Ökosysteme), die zur Erstellung synthetischer Karten von Faktoren und Prozessen (z.B. Bevölkerungs- und Weidedruck, Degradation) führt.

Abbildung 1: Karte der südlichen Spitze Südamerikas mit seinen Provinz- und Nationalgrenzen

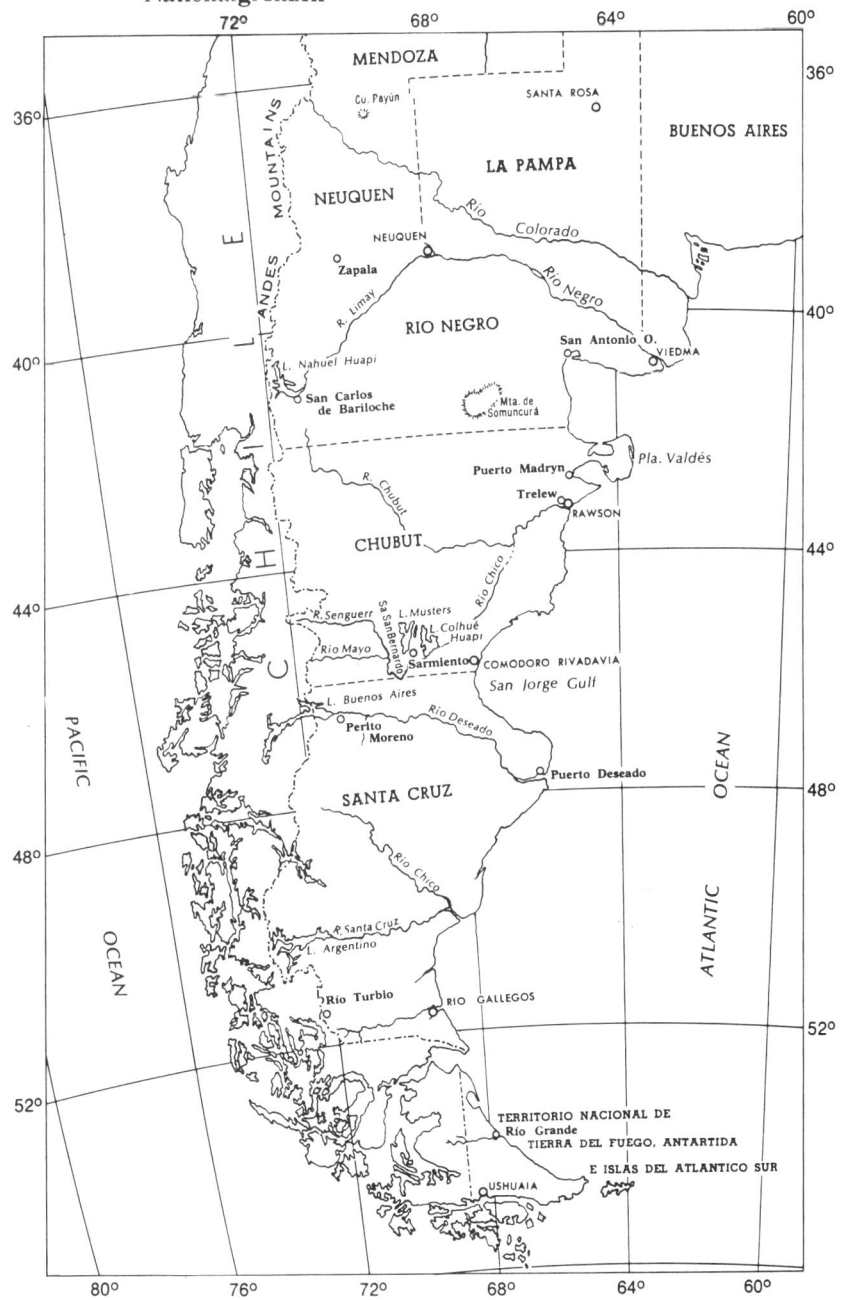

Quelle: SORIANO, A. (1983): 424.

2. Landschaftsökologische Problemstellung in Ostpatagonien und Zielsetzung der Untersuchungen

In vielen dünnbesiedelten und nur extensiv genutzten Regionen der Erde erfolgt durch den menschlichen Eingriff in die labilen, semiariden und ariden Ökosysteme eine flächenhafte Zerstörung der natürlichen Weideflächen, Waldreserven und der oberen Bodenschichten. So wurden auch für viele Teillandschaften Patagoniens (andines Westpatagonien, außerandines Ostpatagonien) von ERIKSEN (1983: 259) Gestalts- und Wirtschaftspotential - Verluste beschrieben. Die Sensibilität der semiariden bis ariden Grassteppe des ostpatagonischen Tafel- und Küstenvorlandes gegenüber anthropogenen Eingriffen aufgrund der ökologischen Bedeutung der Geofaktoren spielt hierbei eine entscheidende Rolle.

Die ökologische Bedeutung des Klimas für das Degradationsgefährdungspotential von Vegetation und Boden ergibt sich aus dem Zusammenspiel von stetigem starkem Wind, geringen Niederschlägen und hoher Evaporation. Bedingt durch das orographische Hindernis der Kordilleren besteht eine ausgeprägte West-Ost-Differenzierung der Niederschläge. Bei der Querung des ostpatagonischen Tafellandes bis zum Atlantik kommt es zu einer stetigen Verringerung der Jahresniederschläge auf Werte < 200 mm. Die Variabilität der Niederschläge ist hoch. Neben den monatlichen Schwankungen der Niederschläge ist aus pflanzenkundlicher Sicht entscheidend, daß 57% der Gesamtniederschläge der ariden Steppe aus Ereignissen bestehen, die 5 mm nicht überschreiten und selten die obersten 10 cm Bodenschicht befeuchten bzw. in tiefere Schichten eindringen (SALA & LAUENROTH 1982: 301). Das relativ niedrige thermische Niveau der Sommermonate, hervorgerufen durch die Fernwirkung der Antarktis, führt zu einer geringen Biomasseproduktion der Grassteppe. Die im Lee der Anden auftretende sommerliche Trockenheit wird weniger durch hohe Temperaturen verstärkt, sondern durch die hohen Windgeschwindigkeiten und die daraus resultierende hohe Evaporation.

Die höchsten Windgeschwindigkeiten in Ostpatagonien sind in Abhängigkeit der verstärkten Zyklogenese der südhemisphärischen Westwinddrift in den Monaten Oktober-März zu verzeichnen. Beständiger starker Wind führt zur Austrocknung des Oberbodens und zur Verstärkung der Transpiration der Vegetationsdecke. Die Erosionsfähigkeit des Windes wird durch Faktoren wie Windgeschwindigkeit, Turbulenz, Häufigkeit, Dauer und vorherrschende Windrichtung bestimmt. Die Kreuztabelle der Windgeschwindigkeit und der Windrichtung für die Station Río Gallegos Aero zeigt den hohen Anteil an Windgeschwindigkeiten, die über der Grenzgeschwindigkeit (von 5,5 m/s) für äolische Erosion liegen.

Tabelle 1: Kreuztabelle der Windgeschwindigkeiten und der Windrichtungen an der Station Río Gallegos Aero (Beobachtungszeitraum 1.5.1987- 30.4. 1989)

Windgeschwindigkeit Windrichtung	0 - 5,4 (m/s)	5,5 - 7,9 (m/s)	8,0 - 10,7 (m/s)	10,8 - 13,8 (m/s)	13,9 - 17,1 (m/s)	17,2 - 24,4 (m/s)	Anzahl (Reihe) Anteil (Reihe)
NNW - NNO	22 19 19,5	54 46,6 22,2	26 22,4 12,8	11 9,5 11,5	3 2,6 4,8		116 15,9
NNO - ONO	7 41,2 6,2	6 35,3 2,5	3 17,6 1,5		1 5,9 1,6		17 2,3
ONO - OSO	15 46,9 13,3	8 25 3,3	7 21,9 3,4	1 3,1 1	1 3,1 1,6		32 4,4
OSO - SSO		1 100 0,4					1 0,1
SSO - SSW	7 10,4 6,2	24 35,8 9,9	20 29,9 9,9	7 10,4 7,3	8 11,9 12,9	1 1,5 7,1	67 9,2
SSW - WSW	4 4,3 3,5	15 16 6,2	34 36,2 16,7	21 22,3 21,9	18 19,1 29	2 2,1 14,3	94 12,9
WSW - WNW	53 13,8 46,9	127 33 52,3	108 28,1 53,2	55 14,3 57,3	31 8,1 50	11 2,9 78,6	385 52,7
WNW - NNW	5 26,3 4,4	8 42,1 3,3	5 26,3 2,5	1 5,3 1			19 2,6
Gesamtanzahl (Spalten) Prozentanteil (Spalten)	113 15,5	243 33,2	203 27,8	96 13,1	62 8,5	14 1,9	731 100

Quelle: eigene Darstellung nach Daten der Fuerza Aérea Argentina 1992

Die Dominanz der Windrichtungen West und Südwest in einem Zeitraum von 2 Jahren und das Fehlen von Ostwinden wird offensichtlich. Die Bedeutung des Windes liegt nicht nur in der Bodenerosionsanfälligkeit und der Beeinflussung des Bodenwasserhaushaltes begründet, sondern hat auch direkte Auswirkungen auf die Pflanzen. Neben den pflanzenphysiologischen Auswirkungen, wie vermindertes Pflanzenwachstum und herabgesetzte Reproduktions-fähigkeit, werden mechanische Deformationen der Pflanzen durch die bewegte Luft und windverblasene Bodenpartikel beobachtet. Die Verletzung der Kutikula steigert die kutikuläre Transpiration und Viren und Salz können verstärkt eindringen und die Jugendentwicklung gefährden (vgl. GRACE 1974).

Neben den klimatischen Auswirkungen auf das Ökosystemgefüge kommt es zu einer bodenbedingten Minimierung des Nutzungspotentials der Grassteppe. Verschiedene Quellen abrasiven Materials können in der Region registriert werden und bilden die Initialpunkte für die Prozesse der Wind- und Wassererosion.

Hierzu zählen die Ausbisse weicher kontinentaler und mariner Sedimente, breite Depressionen mit temporär austrocknenden Flachseen, weitgeschwungene Talböden, alluviale Auen temporär versickernder Flüsse, offenstehende Kiesgruben und eine gestörte Vegetationsdecke mit zahlreichen Deflationsarealen. Grundsätzlich kommt es durch die große Verbreitung abrasiven Materials, fehlende Bodenstabilität und schüttere Vegetation in Verbindung mit den hohen Windgeschwindigkeiten, zu einer natürlichen Verlagerung von Bodenmaterial. Der vorherrschende Prozeß ist die äolische Erosion. Es kommt zu Terraindeformationen (Denudation und Akkumulation), Verlust des Oberbodens (Bildung von Steinpflasterdecken) und zur Übersandung der Vegetation (Dünen und Sanddecken unterschiedlichen Ausmaßes). Die Klima- und Bodenbedingungen bewirken die Dominanz einer baumlosen, horstartig aufgebauten Grassteppe mit einem unterschiedlichen Anteil an Zwergsträuchern und Polsterpflanzen. Die Biomasseproduktion der ostpatagonischen Grassteppe mit rund 200-250 kg TS/ha ist im Vergleich mit der, der südlichen Hedad (Kenia) mit rund 700 kg TS/ha sehr gering (vgl. FAGGI 1983; DREISER 1988).

Der Eingriff des Menschen in dieses sensible Ökosystemgefüge erfolgt hauptsächlich durch die stationäre Schafweidewirtschaft. Die ersten Schafe wurden 1876 von den englisch besiedelten Falkland-Inseln eingeführt. Die anfängliche Besiedlung erfolgte zunächst spontan und ohne Rücksicht auf territoriale bzw. staatliche Ordnung. Der Aufbau der engl. Firma Waldron & Wood, die den Handel mit Wolle und Frischfleisch abwickelte, und die schnelle Entwicklung von Kühlschiffen führten zu einer explosionsartigen Entwicklung des Schafbesatzes in den patagonischen Provinzen.

Nach Abschluß der Landnahme und dem Höchststand an gehaltenen Schafe in den vierziger Jahren verringerte sich die Anzahl der Schafe sukzessive. Die Tragfähigkeit vieler Betriebsflächen wurde seit der Frühzeit der Besiedlung vielfach überschätzt. Hohe Tierverluste aufgrund klimatischer Bedingungen, Unterernährung und sinkende Weltmarktpreise für Wolle führten im Laufe der Nutzung zur Reduzierung der Bestockung. Dieser Vorgang der qualitativen und quantitativen Veränderung der Schafbestände hält bis heute an und ist noch nicht beendet. Durch die unsachgemäße Nutzung der Grassteppe wird die potentielle natürliche Degradationsgefährdung des Bodens verstärkt, und es kommt im Verlauf der Nutzung zu einer anthropogen bedingten Vegetationsdegradierung.

Ausgehend von dem von C. TROLL (1938: 297ff.) entwickelten Begriff der Landschaftsökologie, soll dieser Beitrag die Wechselwirkungen zwischen den Lebewesen und den Umweltbedingungen im Untersuchungsgebiet Río Gallegos (Provinz Santa Cruz/Argentinien) verdeutlichen und unter Verwendung fernerkundlicher Methoden eine Erfassung und Bilanzierung aktueller und potentieller Landnutzungspotentiale ermöglichen. Das folgende Fließdiagramm verdeutlicht die Zielsetzung.

Abbildung 2: Entwicklung des Schafbestandes in den patagonischen Provinzen

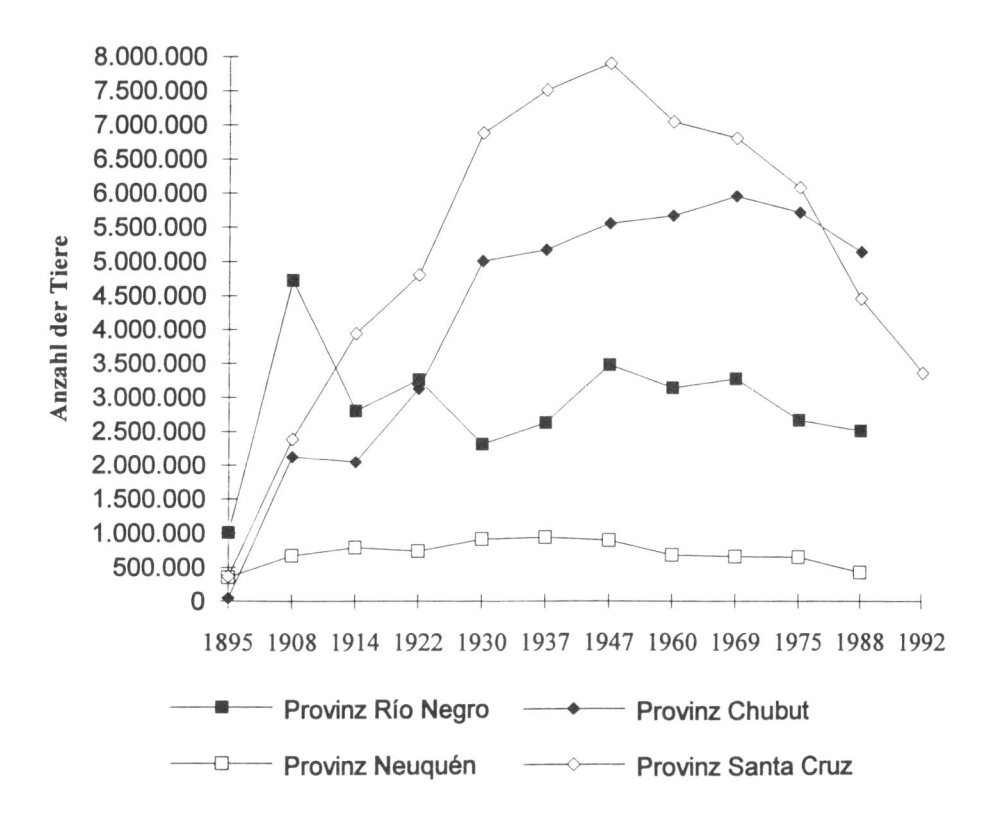

Quelle: Eigene Darstellung nach LISS 1979 und Angaben des INSTITUTO de ESTADÍSTICA y CENSO 1988 u. 1993

Bezüglich der naturgeographischen Ausstattung und der Analyse der Wirtschaftsdaten ist die allgemeine Datengrundlage im gesamten Ostpatagonien schlecht. Die verwendeten Feldmethoden dienen der komplexen Standortanalyse und der Bewertung der Qualität der Degradationserscheinungen. Sie bilden die Grundlage für die fernerkundlichen Methoden. Die Fernerkundung ermöglicht die Inventur und Quantifizierung von Landschaftsfaktoren und bietet die Möglichkeit der Überwachung dynamischer Prozesse. Die Verwendung zweier unterschiedlicher Satellitensysteme erfolgt aufgrund sensorspezifischer Vorteile und der Verfügbarkeit der Daten. Der optische Landsat TM Sensor wird aufgrund der in den 80er Jahren erreichten Erfahrungen als operationelles Hilfsmittel landschaftsökologischer Forschung eingesetzt. Die Verwendung des beleuchtungsunabhängigen und allwettertauglichen aktiven Mikrowellensensors ERS-1

Abbildung 3: Zielsetzung der unterschiedlichen Methoden der landschaftsökologischen Forschung für das Untersuchungsgebiet Río Gallegos

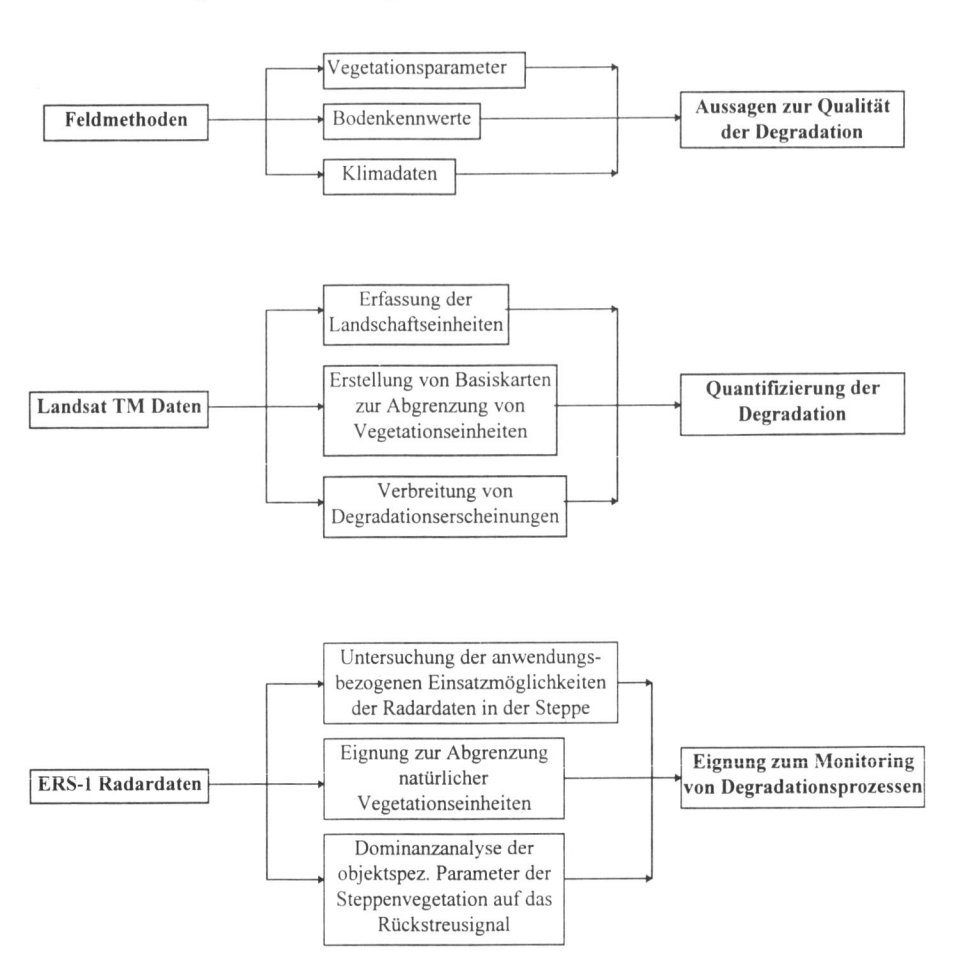

```
Feldmethoden ──┬──> Vegetationsparameter ──┐
               ├──> Bodenkennwerte ─────────┼──> Aussagen zur Qualität der Degradation
               └──> Klimadaten ─────────────┘

Landsat TM Daten ──┬──> Erfassung der Landschaftseinheiten ─────────────┐
                   ├──> Erstellung von Basiskarten zur Abgrenzung        ├──> Quantifizierung der Degradation
                   │    von Vegetationseinheiten                         │
                   └──> Verbreitung von Degradationserscheinungen ───────┘

ERS-1 Radardaten ──┬──> Untersuchung der anwendungsbezogenen              ┐
                   │    Einsatzmöglichkeiten der Radardaten in der Steppe │
                   ├──> Eignung zur Abgrenzung natürlicher                ├──> Eignung zum Monitoring von Degradationsprozessen
                   │    Vegetationseinheiten                              │
                   └──> Dominanzanalyse der objektspez. Parameter der     ┘
                        Steppenvegetation auf das Rückstreusignal
```

Quelle: Eigene Darstellung

wird immer mehr an Bedeutung zunehmen. Während die Verfügbarkeit aktueller Landsat TM Daten auf zunehmende technische Probleme stößt, kann der ERS-1 auch durch die unterschiedliche Wiederholungsrate der Datenaufzeichnung desselben Gebietes die Beobachtungsmöglichkeiten erhöhen und in Abhängigkeit der Fragestellung verbessern. Die Überprüfung der derzeitigen Eignungsfähigkeit des ERS-1 Radarsensors, vor allem zum "Monitoring" ist daher von entscheidender Bedeutung.

3. Das Untersuchungsgebiet Río Gallegos

Für die landschaftsökologischen Untersuchungen mit Hilfe der Satelllitenbilddaten wurde das Untersuchungsgebiet Río Gallegos im Bereich des ostpatagonischen Küstentieflandes ausgewählt. Es liegt im Südosten der Provinz Santa Cruz zwischen 69° und 70° westl. Länge und 51°22 und 52°09 südl. Breite und erstreckt sich auf rund 6000 km².

Die klimatischen Verhältnisse können nach Köppen als Bsk-Klima bezeichnet werden. Die Fernwirkung der Antarktis und der kalte Malvinenstrom vor der Atlantikküste bewirken ein gemäßigt bis kalt-semiarides Steppenklima, dessen Temperatur im wärmsten Monat unter 18°C liegt (WEISCHET 1978: 258). Die Niederschläge (274,2 mm durchschnittlicher Jahresniederschlag) fallen zu 40% in der Hauptvegetationszeit und treten meist als schwache lokale Schauer auf. Aufgrund der Lage in der südhemisphärischen Westwinddrift treten Windgeschwindigkeiten im Jahresdurchschnitt von 8,1 m/s auf. Die Spitzengeschwindigkeiten werden im Sommer erreicht und die ganzjährig vorherrschende Windrichtung ist W bis WSW.

Die Vegetation des Untersuchungsgebietes gehört phytogeographisch zur Patagonischen Provinz (CABRERA 1978: 330; SORIANO 1956) bzw. zum subandinen Bezirk. Der charakteristische Vegetationstyp ist eine horstartig aufgebaute Grassteppe mit variierendem Anteil an Zwergsträuchern und Polsterpflanzen, der die fortschreitende Sukzession dokumentiert.

Geologisch betrachtet liegt die Region von Río Gallegos im Magallanes Becken. Hier beißen die marinen Sandsteine der Unteren Kreide und die Sandsteine und Tone der Formation Santa Cruzense beidseitig des Río Gallegos aus. Das Untersuchungsgebiet wird von drei großen Landschaftseinheiten dominiert. Den drei nach Nordosten entwässernden Flußsystemen des Río Goig, Río Gallegos und Río Chico mit ihren Terrassensystemen. Den beiden Hochflächen nördlich und südlich des Río Gallegos, die Höhen bis 150 m bzw. 125 m ü. NN einnehmen und bis zum oberen Miozän aufgebaut wurden (RUSSO & FLORES 1972: 707ff.). Als südlichste Landschaftseinheit im Untersuchungsgebiet prägen die Deckenbasalte und Schlackenkegel des Vulkanfeldes Pali Aike das Landschaftsbild. Die vulkanischen Aktivitäten fanden während des Pliozäns bis ins ausgehende Quartär statt und haben neben Maaren und Deckenergüssen, Schlakkenkegel gebildet, die eine NW-SO Orientierung aufweisen und die Entstehung entlang eines Spaltensystems belegen (SKEWES 1978: 96).

Die pleistozäne Vergletscherung Patagoniens hat auch die Region Río Gallegos betroffen. Nach einer maximalen altquartären Eisausdehnung bis zu den Malvinen, lag das Untersuchungsgebiet während der folgenden Kaltzeiten im Grenzbereich des Eisrandes bzw. im sich nördlich anschließenden Periglazialbereich (vgl. FREDERIKSEN 1988, MERCER 1976). Grund- und Endmoränenreste lassen sich nicht eindeutig identifizieren und sind mit fluvioglazialen Geschiebelehmen und Geröllen überdeckt. Als Ausgangssubstrat für die Bodenentwicklung stehen demnach glazigene, fluviatile, terrestrische und vulkanische Ablagerungen zur Verfügung.

Die Bevölkerungsdichte in der Provinz Santa Cruz liegt bei 0,5 Einwohner/km. Rund ein Drittel aller Provinzbewohner leben jedoch in der Provinzhauptstadt Río Gallegos (GOBIERNO DE LA PROVINCIA SANTA CRUZ 198: 8). Die extensive Schafweidewirtschaft mit den dazugehörigen Betriebs- und Siedlungsformen der Schafestancien ist die vorherrschende Wirtschaftsform im Gesamtgebiet von Ostpatagonien. Nach dem Abschluß der Landnahme Anfang dieses Jahrhunderts veränderten sich sowohl die Siedlungs-, Nutzungs- und Wirtschaftsformen als auch die Besitzformen nicht mehr grundsätzlich (LISS 1979: 244ff.). Die Betriebe liegen als ausgeprägte Einzelsiedlungen weit voneinander entfernt. Wesentliches Merkmal im Landschaftsbild sind die Weidezäune, die die exakten Linien der schematischen Landaufteilung nachzeichnen und die einzelnen Betriebsflächen voneinander trennen. Die Betriebsgrößenstruktur auf der Grundlage der Betriebsfläche für das Untersuchungsgebiet wird durch die folgende Abbildung verdeutlicht.

Abbildung 4: Betriebsgrößenstruktur auf der Grundlage der Schafbestände (Stückzahl) im Department Guer Aike

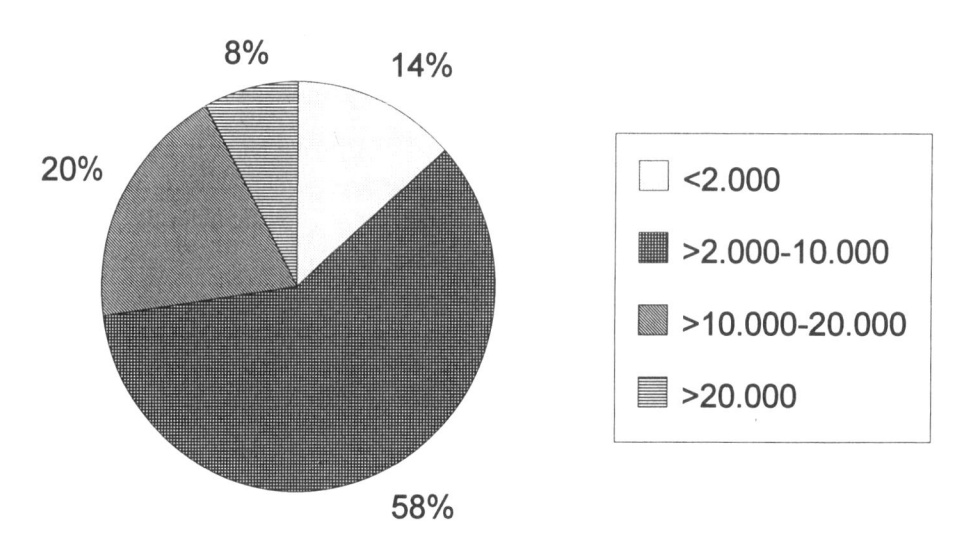

□ <2.000
■ >2.000-10.000
▨ >10.000-20.000
▤ >20.000

Quelle: Eigene Darstellung nach Daten des INSTITUTO de ESTADÍSTICA y CENSO 1993

Die Anzahl der Mittelbetriebe (> 2.000-10.000 Schafe) ist eindeutig vorherrschend, während die Kleinbetriebe (< 2.000 Schafe) mit 13% nur einen geringen Anteil einnehmen. Der Anteil der Großbetriebe (> 10.000) im Departement Guer Aike ist mit ca. 27% charakteristisch für die Betriebsgrößenverteilung im Untersuchungsgebiet. Als ökonomisch existenzfähige Wirtschaftseinheit wird für die Schafestancia im außerandinen Ostpatagonien eine Mindestbetriebsgröße von 2.000 Schafen angenommen (MINOLA & ELISSONDO 1990: 54). Eine geregelte Umtriebswirtschaft auf der Berechnungsgrundlage der verschiedenen Futterbedürfnisse der unterschiedlichen Leistungsstadien der Schafe findet bisher im Untersuchungsgebiet nicht statt. Die Extensität der Bewirtschaftung wird durch das Verhältnis des Arbeitskräftebesatzes zu landwirtschaftlicher Nutzfläche verdeutlicht. Hier ergibt sich für das Untersuchungsgebiet ein Wert von 0,03 AK/ 100 ha LN.

4. Feldmethoden zur Untersuchung von Degradationserscheinungen in der südostpatagonischen Steppe

Die Feldforschung dient der komplexen Standortanalyse des Ökosystemgefüges dieser Region und bildet die Grundlage für die fernerkundlichen Methoden. Ziel der komplexen Standortanalyse ist das Zusammenspiel der physisch-geographischen Erscheinungen und der menschlichen Eingriffe in das Ökosystemgefüge darzustellen. Hinsichtlich der geoökologischen Fragestellung führen die Methoden der Feldforschung zur Erfassung der Qualität der Degradationserscheinungen in diesem südostpatagonischen Raum.

Während der beiden Geländekampagnen 1993 und 1994 standen die vegetationskundlichen, pedologischen und morphologischen Untersuchungen im Vordergrund. Neben der großmaßstäbigen Erfassung der Reliefstrukturen wurde nach der Methode von Braun-Blanquet die Schätzung der Abundanz und Dominanz der Pflanzenarten vorgenommen. Es erfolgte eine Einordnung der Pflanzenarten in Lebensformen und an ausgewählten Arten wurde der Pflanzenwassergehalt bestimmt. Die Standortwahl der Vegetationsaufnahmen fand aufgrund der Analyse der Satellitenbilder statt (s. Abb. 5). Es wurden insgesamt 90 Vegetationsaufnahmen auf repräsentativen 80m großen Testflächen erhoben. Begleitend wurden Bodenprofile aufgegraben, es fand eine Feldansprache statt und bei repräsentativen Standorten wurden Bodenproben entnommen.

Aufgrund der Geländekenntnis wurde ein Degradationsschema für die Steppengesellschaften in 5 Stufen (Stufe 0 = keine Degradation bis Stufe 4 = sehr starke Degradation) erstellt. Die Abgrenzung der einzelnen Stufen erfolgte anhand der Merkmale: Gesamtbedeckungsgrad, Auftreten und Ausprägung von Pflanzenpodesten, Anteil an Zwergsträuchern und invasorischen Arten und Wuchshöhe ausgesuchter Pflanzenarten. Die hiermit getroffenen Aussagen zur

Abbildung 5: Lageplan der Vegetationsaufnahmen nach der Methode von Braun-Blanquet und der Bodenbeprobungsorte im Untersuchungsgebiet

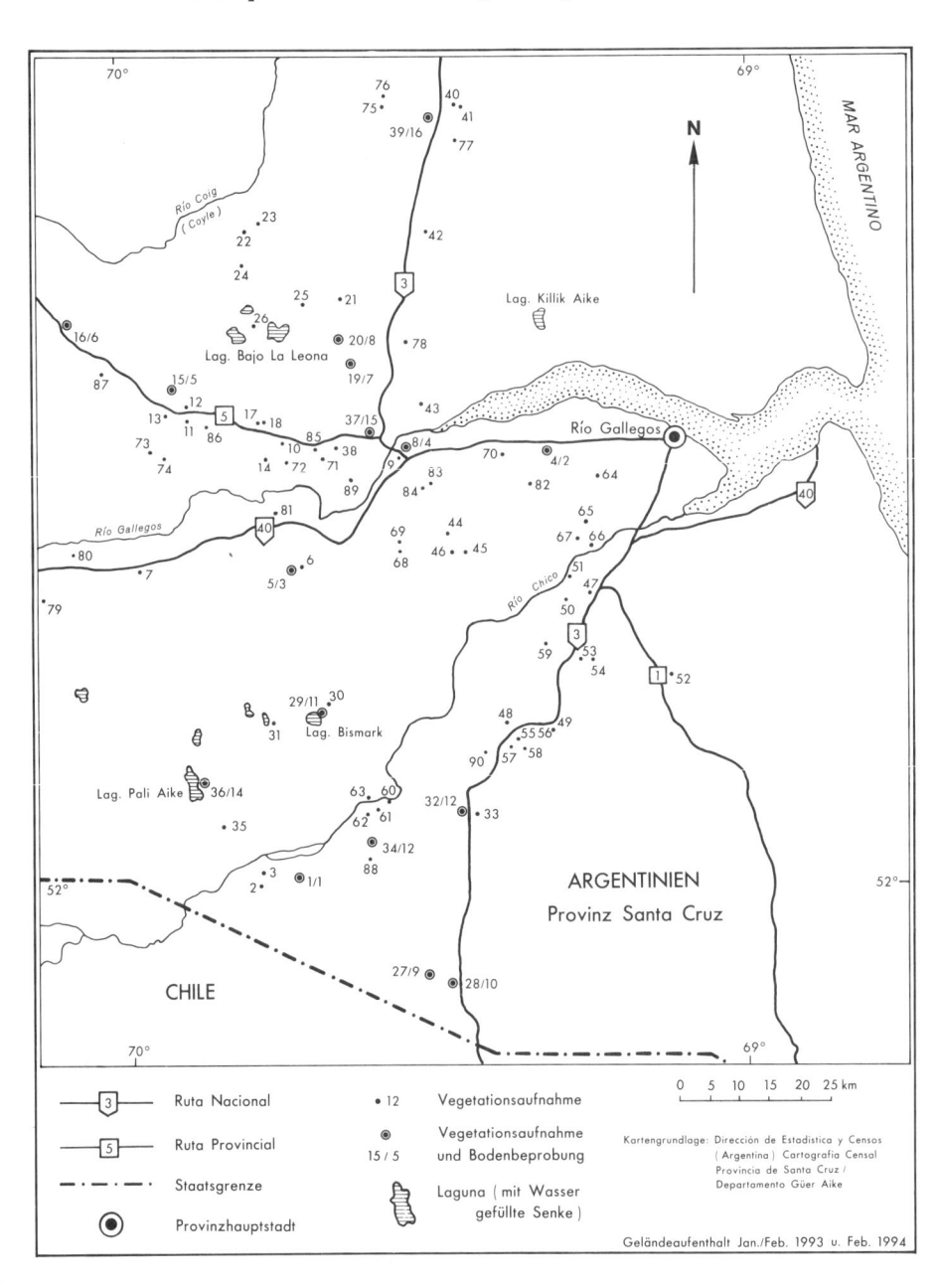

Quelle: Eigene Darstellung

Qualität der Vegetations- und Bodendegradierung wurden ergänzt durch eine schematische Kartierung ausgewählter Landschaftsprofile, die Aussagen in einer Maßstabsebene erlaubten, die nicht durch fernerkundliche Methoden erstellt werden können. Die Auswertung der klimatologischen Daten der Station Río Gallegos und der Erhebungsbögen des nationalen Agrarzensus von 1988 und 1992 ermöglichten Aussagen zur natürlichen und anthropogen bedingten Degradationsgefährdung. Deutlich wurde, daß die durchschnittliche Bestockungsrate (Schaf/ha) im Untersuchungsgebiet mit 0,45 Schaf/ha (1992) die derzeitige Tragfähigkeit (0,23 Schaf/ha) dieser ostpatagonischen Grassteppe immer noch überschreitet.

5. Methoden der Fernerkundung zur Erfassung von Degradationserscheinungen in der südostpatagonischen Steppe

Die Fernerkundung befaßt sich mit der Messung elektromagnetischer Strahlung die mit der Erdoberfläche in Wechselwirkung tritt und mit der visuellen und digitalen Interpretation der so erzeugten Bilddaten. Jedes Objekt besitzt ein wellenlängenspezifisches Reflexions- und Absorptionsverhalten, das zur Objektidentifizierung bzw. -unterscheidung dient.

Für diese Untersuchungen standen das optische Landsat Thematic Mapper (TM) Satellitensystem und das aktive Mikrowellensystem ERS-1 zur Verfügung. Beim Landsat TM handelt es sich um einen Schwingspiegelscanner, der die von der Erdoberfläche reflektierte oder emittierte sonnen- bzw. Objektstrahlung über einen oszillierenden Spiegel zu einem Detektor leitet. Es wird ein analoges elektr. Signal erzeugt und in digitale Intensitätswerte umgewandelt. Die resultierende Signalintensität wird vom Spektralverhalten der Objekte und der atmosphärischen Situation zur Zeit der Datenaufnahme beeinflußt. Das Satellitenbild zeigt die spektralen Eigenschaften der Erdoberfläche. Beim ERS-1 handelt es sich um ein aktives Radarsystem, das durch Abstrahlung von Energieimpulsen aus dem Bereich der Mikrowellen über eine Antenne und Aufnahme des von der Erdoberfläche reflektierten Signals über einen Detektor ein flächenabbildendes, digitales Signal erzeugt. Die resultierende Signalintensität wird von System- und Objektparametern beeinflußt. Das Satellitenbild zeigt physikalische Eigenschaften der Erdoberfläche. Die Sensorgrundlagen des monofrequenten ERS-1 und des multispektralen Landsat TM sind in Abbildung 6 vergleichend zusammengefaßt.

Während die räumliche Auflösung annähernd gleich ist, besteht bei der radiometrischen Auflösung ein erheblicher Unterschied. Die Datendichte des ERS-1 Systems ist mit 16-bit Daten erheblich größer als die des Landsat TM Sensors.

Abbildung 6: Sensorgrundlagen der beiden Satellitensysteme Landsat TM und ERS-1

System	ERS-1	LANDSAT - TM
Orbitparameter:		
Umlaufbahn	sonnensynchron, fast polar	sonnensynchron, fast polar
Inklination	98,5°	98,2°
Nominale Höhe	785 km	705 km
Umlaufzeit	100 min	99 min
Repetitionsrate	3, 35 und 176 Tage	16 Tage
Aufnahmeverfahren:	aktives Mikrowellensystem (AMI)	passives optomechanisches Aufnahmesystem (Schwingspiegelscanner)
Sensor:	Synthetic Aperture Radar (SAR)	Thematic Mapper (TM)
Frequenz	5,3 Ghz	
Polarisation	VV	
Antennenlänge	10 m	
Aufnahmewinkel	23°	
Abtaststreifen	80 km, kontinuierlich	185 km x 185 km
räuml. Auflösung	ca. 30 x 30 m^2 (in Abhängigkeit vom Prozessor)	Kanal 1-5 und 7: 30 x 30 m^2 Kanal 6: 120 x 120 m^2
radiometr. Auflösung	16 bit	8 bit
Spektralbereiche:	5,7 cm (C-Band)	1: 0,45-0,52 µm 2: 0,52-0,60 µm 3: 0,63-0,69 µm 4: 0,76-0,90 µm 5: 1,55-1,75 µm 6: 10,5-12,5 µm 7: 2,08-2,35 µm

Quelle: Eigene Zusammenstellung nach ESA 1992 und U.S. GEOLOGICAL SURVEY 1984

5.1 Datenverarbeitung der optischen Satellitenbilddaten Landsat TM

Die Verarbeitung der Landsat TM Daten dient der Inventur des Landschaftsraumes Río Gallegos und damit der Erstellung thematischer Basiskarten der Landschaftseinheiten und der Vegetationseinheiten und Degradationsstufen. Das folgende Fließschema zeigt die systematische visuelle und digitale Analyse eines Ausschnittes der Landsat TM Vollszene vom 10. Februar 1986.

Abbildung 7: Fließschema der Datenverarbeitung der Landsat TM Daten des Untersuchungsgebietes Río Gallegos

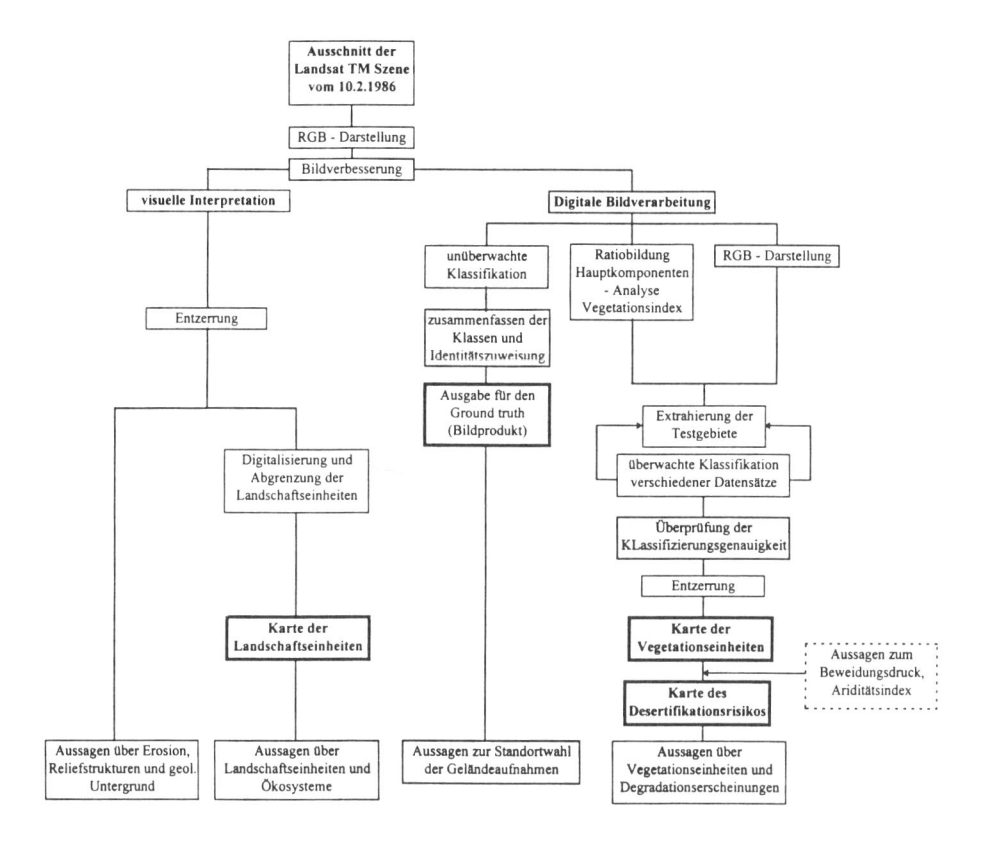

Quelle: Eigene Darstellung

Die multispektralen Satellitendaten werden in unterschiedlichen Kombinationen dreier beliebiger Spektralkanäle als Farbkomposite (RGB-Darstellung) dargestellt. Die Methoden der Bildverbesserung führen zu einer Manipulation der Bilddaten aufgrund der statistischen Kennwerte (Mittelwert, Standardabweichung, Korrelationskoeffizient etc.). Hiermit wird vor allem für die visuelle Interpretation eine verbesserte Objektkonstrastierung und das Hervorheben linienhafter Strukturen erreicht. Für die visuelle Analyse werden die Daten einer Kartenprojektion angepaßt. In diesem Fall richtete sich die Anpassung an die für die Paßpunktsuche verwendeten Topographischen Karten Blatt Río Gallegos und Monte Aymond mit UTM Koordinaten. Die beiden Informationskategorien spektrale Bildinformation und objektspezifische Merkmale werden miteinander verknüpft und durch die Wahl der Spektralkanäle 4, 5 und 3 lassen sich Aussagen über Reliefstrukturen, geol. Untergrund, Vegetation und Landschaftseinheiten ableiten. Durch Verallgemeinerung und Zusammenfassung der spektralen Information des Satellitenbildes und der vor Ort erworbenen Geländekenntnisse erfolgt interaktiv am Bildschirm die Digitalisierung und Abgrenzung einzelner Landschaftseinheiten zu einer Karte im Maßstab 1:250.000.

Die Methoden der digitalen Bildverarbeitung führen zu einer computergestützten mathematischen Transformation des Eingabebildes in ein neues Ausgabebild. Im Mittelpunkt dieser Arbeiten steht die digitale Klassifizierung, d.h. die Grundgesamtheit der digitalen Daten, hier die Objekte im Satellitenbild wird in möglichst homogene Gruppen geteilt. Für die Geländekampagne 1993 wurde das Verfahren einer unüberwachten Klassifizierung eingesetzt. Die Gesamtheit der Bildelemente wurde mittels eines Cluster-Algorithmus schrittweise durch iterative Gruppierung der Merkmalsvektoren in "Cluster" nach statistischen Kennwerten aufgeteilt. Die Anzahl der Teilgesamtheiten wurde als gewünschte Klassenanzahl vorgegeben. Die entstandenen Cluster der unüberwachten Klassifizierung wurden soweit möglich in einem anschließenden Vorgang durch Zuordnung von Merkmalen mit einer Objektidentität belegt. Dieses Verfahren wurde eingesetzt um Aussagen zur Standortwahl der Geländeaufnahmen zu erhalten.

Nach Abschluß des ersten Geländeaufenthaltes wurden bildverbessernde Verfahren mit den Orginaldaten durchgeführt. Hierzu zählen die Farbraumtransformation der additiven RGB Darstellung in ein anderes farbmetrisches System (IHS) zur Optimierung der Farbinformation, die Ratiobildung zur Kompensation von unterschiedlichen Beleuchtungseinflüssen und die Vegetationsindexberechnung zur Unterscheidung von photosynthetisch aktiver und toter Materie. Die veränderten Datensätze bilden in Kombination mit den Orginaldaten die Ausgangsdaten für die überwachte Klassifizierung des Untersuchungsraumes.

Aufgrund der Geländekenntnis und der Ergebnisse der unüberwachten Klassifikation wurden für das Untersuchungsgebiet folgende zu unterscheidende Klassen festgelegt:

- Festuca gracillima Grassteppe
  (keine Degradation)
- Festuca gracillima Grassteppe mit Chamaephyten
  (leichte, mittlere, starke u. sehr starke Degradation)
- Festuca grac. - Stipa sp. Mischgesellschaft
  (leichte Degradation)
- Stipa sp. Grassteppe
  (mittlere Degradation)
- Empetrum rubrum Heide
  (sehr starke Degradation)

- Nassauvia sp. - Steppe
  (sehr starke Degradation)
- Lepidophyllum cuppressiforeme Gesellschaft
  (azonal)
- Verbena tridens - Gesellschaft
  (azonal)
- schwach hygrophytische Grassteppe
- halophythische Feuchtrasengesellschaft
- Salzrasengesellschaft (< Bedeckungsgrad)
  (azonal)
- Salzrasengesellschaft
  (azonal)
- temporäre Wasserflächen
- permanente Wasserflächen
- anstehender Basalt
- Steinpflasterdecken und Siedlungsflächen
- Sandflächen (Seeboden u. äolische Akkumulation)

Im nächsten Verarbeitungsschritt wurden auf der Grundlage der Feldaufnahmen für jede Klasse Trainingsgebiete ausgewählt. Die statistischen Parameter der Trainingsgebiete werden anschließend im eigentlichen Prozeß der Klassifizierung in einen Entscheidungsalgorithmus (Diskriminanzfunktion) eingesetzt, der über die Zugehörigkeit jedes Merkmalsvektors zu einer der Klassen entscheidet. Als Klassifizierungsverfahren wurde der Maximum-Likelihood Algorithmus (Verfahren der höchsten Zuordnungswahrscheinlichkeit) eingesetzt. Das Ergebnis der ersten überwachten Klassifikation für die verschiedenen Datensätze wurde während der Geländekampagne 1994 verifiziert und anschließend überarbeitet. Die Überprüfung der einzelnen Klassifizierungsergebnisse erfolgte zum einen visuell und zum anderen unter Verwendung der Vegetationsaufnahmen, die nicht für die Auswahl der Trainingsgebiete benötigt wurden. Die Auswertung der Konfusionsmatrizen und der statistischen Kennwerte ergaben für die unterschiedlichen Datensätze folgende Klassifikationsgenauigkeit:

Datensatz		Klassifikationsgenauigkeit (%)
3,4,5	Originalkanäle	80,29
3,4,5,7	Originalkanäle	69,85
3,4,R57	Originalkanäle u. Ratiobildung aus Kanal 5 und 7	82,16
4,5,HK1	Originalkanäle u. 1. Hauptkomponente aus Kanal 1, 2 und 3	63,94
5,7,NDVI	Originalkanäle und "Normalised Difference Vegetation Index"	65,46

Obwohl die Klassifikationsgenauigkeit des Datensatzes 3,4,R57 mit ca. 82% das beste Ergebnis für den gesamten Satellitenbildausschnitt des Untersuchungsgebietes darstellt, wurde für die Erstellung der Satellitenbildkarte der Vegetationseinheiten und Degradationsstufen das Ergebnis des Datensatzes 3,4,5 gewählt. Die Wahl dieses Ergebnisses leitete sich aus den Konfusionsmatrizen ab. Die höchste Güte war beim Datensatz 3,4,R57 vor allem durch gute Ergebnisse in den Klassen "anstehender Basalt" und "Siedlungsflächen und Deflationspflaster" zustande gekommen. Während beim Datensatz 3,4,5 vor allem die entscheidenden Klassen der einzelnen Vegetationseinheiten gut getrennt werden konnten.

Die Auswertung des Ergebnisses des Datensatzes 3,4,5 bezieht sich zum einen auf die Verteilung der einzelnen Klassen im Raum und zum anderen auf die Ausdehnung der einzelnen Klassen (Flächenanteile). Die prozentualen Flächenanteile der einzelnen Klassen und ihre entsprechende Ausdehnung (ha) wird durch die folgende Abbildung verdeutlicht.

Im Hinblick auf die landschaftsökologische Problemstellung der vorliegenden Arbeit kann festgestellt werden, daß 1,2 % (72,6 ha) der Fläche im Untersuchungsgebiet von Erosion bzw. Akkumulation betroffen sind (Klasse "Sandflächen").

Von der Gesamtfläche des Untersuchungsgebietes Río Gallegos werden nur 4,3% (258,9 ha) von der klimaxnahen Vegetationsgesellschaft "Festuca gracillima - Grassteppe (keine Degradation)" eingenommen. Leichte bis mittlere Degradationsmerkmale weisen immerhin 19,8% der Flächen auf (1.802,9 ha). Stark geschädigt sind schon rund ein Drittel der Weidewirtschaftsfläche (28,5% = 1.724,3 ha). Aufgrund der schlechten Regenerationsmöglichkeit der Vegetation verdienen die Klassen "Empetrum rubrum Heide" (sehr starke Degradation) und "Festuca gracillima - Grassteppe" (sehr starke Degradation) - besondere Beachtung. Ihr Anteil beträgt zusammen 17,7% (1.070,8 ha). Sie sollten unter landschaftserhaltenden Aspekten aus der weidewirtschaftlichen Nutzung herausgenommen werden, was in der Praxis sicher nicht durchzusetzen ist, da die Existenzgrundlage von Estancien gefährdet wäre. Eine schonende Bestockung für diese Gebiete ist jedoch Voraussetzung, um die Erosionsgefahr nicht weiter zu verschärfen.

Die Klassen, die durch die Maximum-Likelihood-Klassifikation der Landsat TM Kanäle 4,5 und 3 unterschieden wurden, wurden einer abschließenden Farbcodierung unterzogen, um eine kartographisch sinnvolle Abgrenzung zu erhalten. Dieses Ergebnis wurde an eine Kartenprojektion angepaßt und zur Satellitenbildkarte der Vegetationseinheiten im Maßstab 1:250.000 weiterverarbeitet.

Abbildung 8: Flächenanteile der Klassen als Ergebnis der Maximum-Likelihood Klassifikation des Datensatzes 3,4,5

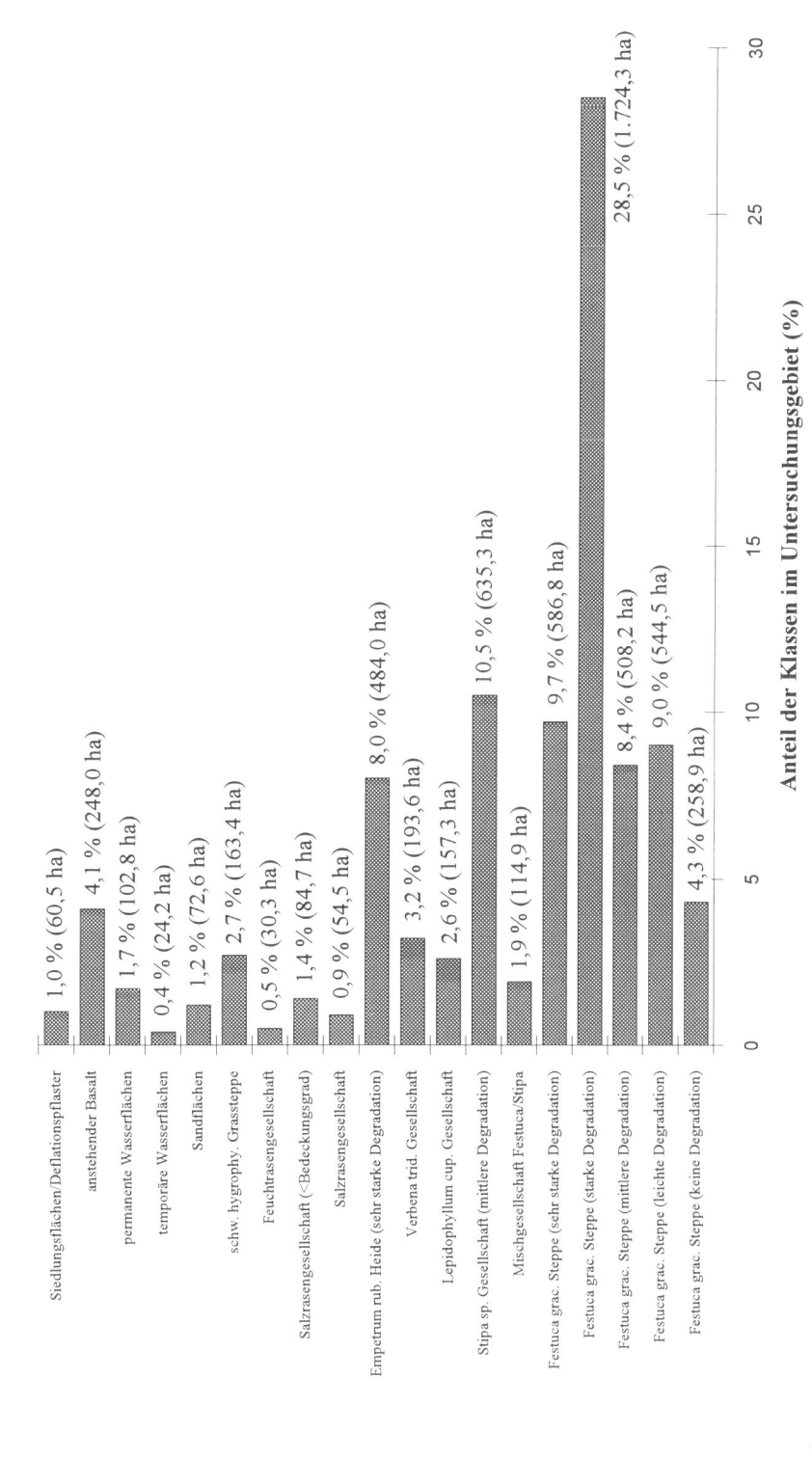

Klasse	Anteil
Siedlungsflächen/Deflationspflaster	1,0 % (60,5 ha)
anstehender Basalt	4,1 % (248,0 ha)
permanente Wasserflächen	1,7 % (102,8 ha)
temporäre Wasserflächen	0,4 % (24,2 ha)
Sandflächen	1,2 % (72,6 ha)
schw. hygrophy. Grassteppe	2,7 % (163,4 ha)
Feuchtrasengesellschaft	0,5 % (30,3 ha)
Salzrasengesellschaft (<Bedeckungsgrad)	1,4 % (84,7 ha)
Salzrasengesellschaft	0,9 % (54,5 ha)
Empetrum rub. Heide (sehr starke Degradation)	8,0 % (484,0 ha)
Verbena trid. Gesellschaft	3,2 % (193,6 ha)
Lepidophyllum cup. Gesellschaft	2,6 % (157,3 ha)
Stipa sp. Gesellschaft (mittlere Degradation)	10,5 % (635,3 ha)
Mischgesellschaft Festuca/Stipa	1,9 % (114,9 ha)
Festuca grac. Steppe (sehr starke Degradation)	9,7 % (586,8 ha)
Festuca grac. Steppe (starke Degradation)	28,5 % (1.724,3 ha)
Festuca grac. Steppe (mittlere Degradation)	8,4 % (508,2 ha)
Festuca grac. Steppe (leichte Degradation)	9,0 % (544,5 ha)
Festuca grac. Steppe (keine Degradation)	4,3 % (258,9 ha)

Anteil der Klassen im Untersuchungsgebiet (%)

Quelle: Eigene Darstellung

5.2 Digitale Datenverarbeitung der aktiven Radarsatellitenbilddaten ERS-1

Die im Radarbild enthaltenen Informationen sind in starkem Maße von System- und Objekteigenschaften geprägt. Die Systemparameter wie Wellenlänge, Frequenz, Polarisation der Signale und Winkel der Bildaufnahme sind konstant bzw. aus den Rohdaten extrahierbar. Zu den Objekteigenschaften werden die Oberflächenrauhigkeit, die dielektrischen Eigenschaften und das Eindringvermögen des Radarsignals gezählt. Diese Parameter nehmen Einfluß auf das Rückstreuverhalten der Objekte und damit auf die Intensität des letztendlich aufgezeichneten Signals. Der digitalen Verarbeitung der Radardaten liegen zwei verschiedene Datenprodukte zugrunde. Zum einen die nicht entzerrten Rohdaten (Precision Images - PRI) und zum anderen die ellipsoidangepaßten geocodierten Daten (Geocoded Images - GEC). Das folgende Fließschema verdeutlicht die Vorgehensweise der Datenverarbeitung.

Die PRI-Daten werden zur Berechnung der Rückstreukoeffizienten jedes Bildelementes verwendet. Zwischen der Signalintensität der Pixel und dem Rückstreukoeffizienten besteht eine mathematische Beziehung, die es erlaubt, die Intensitätswerte (Grauwertstufen) in Rückstreuwerte (dB) mit Hilfe des lokalen Einfallwinkels des Radarsignals zu transformieren. Nach der Spiegelung der Daten ist der Vergleich der während der Geländekampagne erhobenen Objektparameter (z.B. Wuchshöhe der Pflanzen/Oberflächenrauhigkeit, Pflanzenwassergehalt/dielektrische Konstante) mit den Rückstreukoeffizienten möglich, und es können Aussagen zum Rückstreuverhalten von Vegetationseinheiten gemacht werden. Mit zunehmendem Pflanzenwassergehalt wird das Radarsignal immer schwächer, so daß vor allem Vegetationseinheiten mit zunehmendem Anteil an Polsterpflanzen (zunehmende Degradation) in dunklen Grauwerten dargestellt werden. Die geocodierten Daten werden aufgrund technischer Zwänge (Verarbeitung auf Personalcomputern) auf eine Datendichte von 8-bit komprimiert und die Pixelgröße wird von 12,5 x 12,5 m auf die räumliche Auflösung von 30m angepaßt. Um die Interpretationsmöglichkeiten zu erhöhen, werden bildverbessernde Maßnahmen zur Kontrastverstärkung eingesetzt. Hierbei werden spektrale und räumliche Verfahren (Filter) eingesetzt. Die unterschiedlichen Filterverfahren wurden im Hinblick auf die Verminderung des objektunabhängigen Salz- und Pfeffer-Effektes eingesetzt. Durch die Interferenz kohärenter Wellenfronten entstehen objektunabhängig, Pixel starker oder schwacher Intensität. Die Verwendung von Hochpaßfiltern mit großer Faltungsmatrize zeigten hier die besten Resultate. Aus den Datensätzen unterschiedlicher Aufnahmezeitpunkte konnten im Untersuchungsgebiet Aussagen zur Veränderung der Wasserstände der temporär austrocknenden Flachseen abgeleitet werden. Geomorphologische Strukturen z.B. Terrassenkanten, die durch Niveauunterschiede bis zu 2 m dokumentiert werden, können mit Hilfe der Radardaten sicher identifiziert werden.

Abbildung 9: Fließschema der digitalen Datenverarbeitung der ERS-1 Radardaten

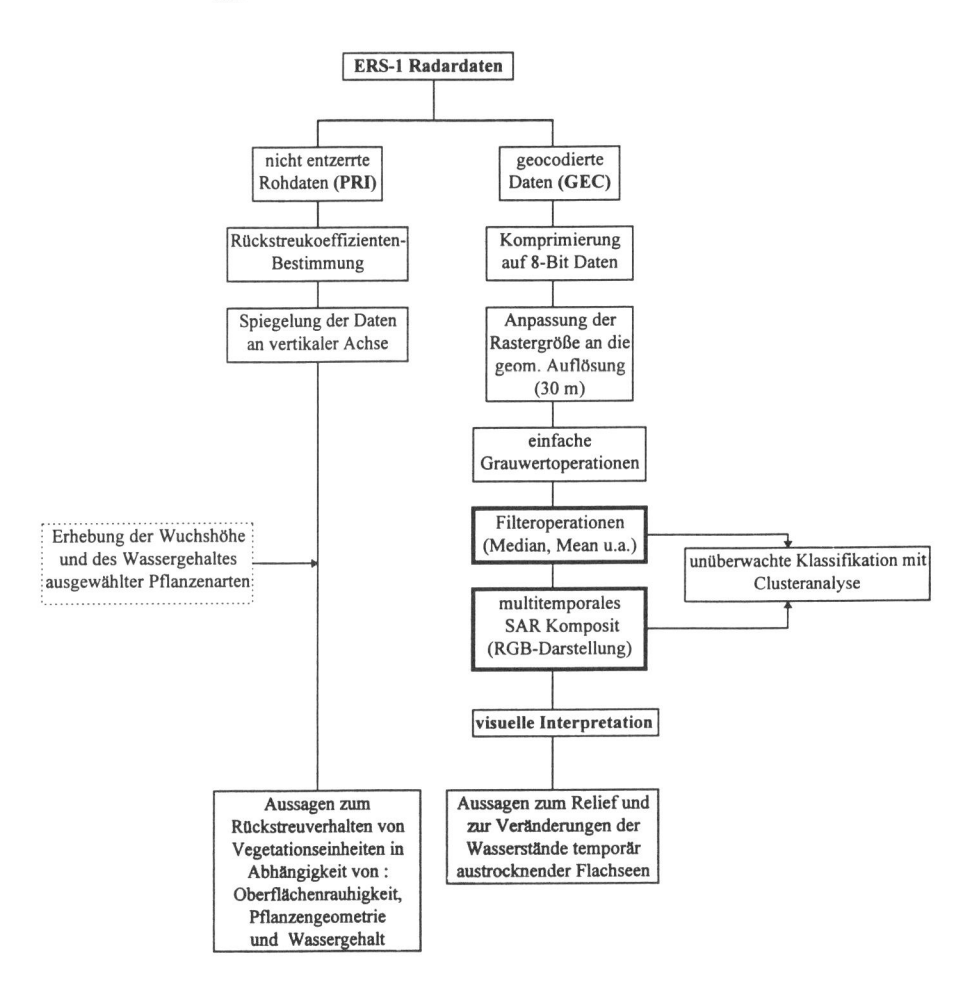

```
                        ERS-1 Radardaten
                       /              \
         nicht entzerrte            geocodierte
         Rohdaten (PRI)             Daten (GEC)
                |                        |
         Rückstreukoeffizienten-     Komprimierung
         Bestimmung                  auf 8-Bit Daten
                |                        |
         Spiegelung der Daten        Anpassung der
         an vertikaler Achse         Rastergröße an die
                                     geom. Auflösung
                                     (30 m)
                                         |
                                     einfache
                                     Grauwertoperationen
                                         |
   Erhebung der Wuchshöhe            Filteroperationen
   und des Wassergehaltes     →      (Median, Mean u.a.)    →  unüberwachte Klassifikation mit
   ausgewählter Pflanzenarten             |                    Clusteranalyse
                                     multitemporales
                                     SAR Komposit         →
                                     (RGB-Darstellung)
                                         |
                                     visuelle Interpretation
                                     /            \
         Aussagen zum               Aussagen zum Relief und
         Rückstreuverhalten von     zur Veränderungen der
         Vegetationseinheiten in    Wasserstände temporär
         Abhängigkeit von:          austrocknender Flachseen
         Oberflächenrauhigkeit,
         Pflanzengeometrie
         und Wassergehalt
```

Quelle: eigene Darstellung

Die Anwendungseignung der Radardaten wird zur Zeit noch dadurch gemindert, daß es bisher noch keinen adäquaten Klassifizierungsalgorithmus gibt, mit dem die erkennbaren Unterschiede der einzelnen Vegetationseinheiten und Degradationsunterschiede digital ausgewertet werden können.

6. Zusammenfassung

Die Sicherung der natürlichen Lebensgrundlagen sollte auch in dem nur gering besiedelten Landschaftsraum Ostpatagoniens zunehmend oberste Priorität genießen. Die Randlage dieser Landschaft und das bisherige Wirtschaftspotential führten zu einer Vernachlässigung der Erfassung geoökologischer Probleme. Die unzureichende Datengrundlage und die enorme Ausdehnung Ostpatagoniens bilden gute Voraussetzungen für die landschaftsökologische Untersuchung mit Hilfe von Satellitenbilddaten. Unter Verwendung von Feldmethoden kann eine qualitative Bewertung der Degradationserscheinungen von Vegetation und Boden erstellt werden. Gleichzeitig können Aussagen zur physiogeographischen Ausstattung in einer Maßstabsebene gezogen werden, die durch fernerkundliche Methoden nicht ermittelt werden können. Die Feldmethoden bilden die Grundlage für die landschaftsökologische Forschung mit Hilfe zweier unterschiedlicher Satellitensysteme. Die operationelle Verarbeitung und Interpretation der passiven optischen Landsat TM Daten führt zur Inventur der physiogeographischen Grundlagen (Karte der Landschaftseinheiten) und zur Bilanzierung der Verbreitung der Vegetationseinheiten und Degradationsstufen unter Verwendung einer überwachten Klassifizierung (Maximum-Likelihood). Die Voraussetzung für eine zukünftige Überwachung (Monitoring) ist geschaffen. Die Überwachungseignung von dynamischen Degradationsprozessen mit Hilfe des ERS-1 Radarsensors wurde überprüft. Eine Abgrenzung der Bodendegradation (Sandakkumulation und Deflationspflasterdecken) ist möglich. Die derzeitige Abgrenzungsmöglichkeit von Vegetationseinheiten und Degradationsstufen ist noch zu verbessern, um das Monitoring zu erleichtern. Gute Ansätze im Bereich der geomorphologischen Kartierung und Überwachung der hydrologischen Situation temporärer Wasserflächen sind mit Hilfe der Radardaten zu verzeichnen. Aufgrund der zunehmenden technischen Schwierigkeiten des Landsat TM Systems, der Beleuchtungsunabhängigkeit und Allwettertauglichkeit des ERS-1 Systems erhält die Verwendung von Radardaten eine immer größere Bedeutung.

7. Literatur

Cabrera, A. (1978): La vegetación de Patagonia y sus relaciones con la vegetación altoandina y puneña. In: Troll, C. & W. Lauer (Hrsg.): Geoökologische Beziehungen zwischen der temperierten Zone der Südhalbkugel und den Tropengebirgen. Erdwissenschaftliche Forschung XI, Wiesbaden, S. 329-343.

Dreiser, C. (1988): Anwendbarkeit von Landsat - (TM- und MSS-)Daten für eine Weidelandinventur in semiariden und ariden Räumen am Beispiel Nord-Kenya. Forschungsbericht Deutsche Forschungs- und Versuchsanstalt für Luft- und Raumfahrt (DFVLR) Bd. 88-18.

Eriksen, W. (1983): Der Landschaftsschutz in Argentinien. Geographische Aspekte seiner Voraussetzungen, Praxis und Probleme. In: Lateinamerika Studien 12, S. 259-269.

ESA (1992): ERS-1 System, SP-1146. Noordwijk.

Faggi de Lenz, A.M. (1983): Pflanzengesellschaften und Böden im Bereich einer südpatagonischen Estancia (Cabo Buen Tiempo) und deren Veränderung durch den Menschen. Dissertation, Forstwirtschaftliche Fakultät, Ludwig Maximilians-Universität München.

Fecic, M. (1987): El Deterioro del Ambiente en la Argentina. Informe Preliminar, Buenos Aires.

Frederiksen, P. (1988): Soils of Tierra del Fuego, a Satellite-based Land Survey Approach. Folia Geographica Danica, Tom. XVIII, Kopenhagen.

Fuerza Aérea Argentina, Comando de Regiones Aéreas, Servicio Meteorológico Nacional (Hrsg.; 1992): Estadísticas climatológicas 1981-1990. Serie B - No. 37. 1° Edición, Buenos Aires.

Gobierno de la Provincia Santa Cruz (1988): Guia - 88, Provincia de Santa Cruz. Río Gallegos.

Grace, J. (1977): Plant responses to wind. London.

Instituto de Estadística y Censo (1988): Censo Nacional Agropecuario 1988. Río Gallegos.

– (1993): Censo Nacional Agropecuario 1992. Río Gallegos (unveröffentlicht).

Liss, C.C. (1979): Die Besiedlung und Landnutzung Ostpatagoniens unter besonderer Berücksichtigung der Schafestancien. Göttinger Geographische Abhandlungen 73.

Mercer, J.H. (1976): Glacial History of Southernmost South America. In: Quaternary Research, 6, S. 125-166.

Minola, J. & A. Elissondo (1990): Praderas y Lanares. Tecnología Ovina Sudamericana. Buenos Aires.

Monteith, N. (1972): Estudios sobre erosión en la Patagonia. Informe final proyecto INTA - FAO para el Desarrollo Ovino en la Patagonia (unpublished).

Movia, C.P. (1972): Formas de erosión en la Patagonia. In: Photointerpretation, Editions Technip. Paris, S. 14-20.

Russo, A. & M.A. Flores (1972): Patagonia Austral Extraandina. In: Leanza, A.F. (Hrsg.): Geología Regional Argentina. Acad. Nac. de Cienc., Cordoba, S. 707-727.

Sala, O.E. & W.K. Lauenroth (1982): Small rainfall events: an ecological role in arid and semiarid regions. In: Oecologia 53, S. 301-304.

Skewes, M. A. (1978): Geología, petrología, quimismo y origen de los volcanes del area de Pali Aike, Magallanes, Chile. Anales del Instituto de la Patagonia, 9, S. 95-106.

Soriano, A. (1956): La vegetacíon de la Rep. Argentina. Los distritos florísticos de la provincia patagónica. Rev. Inv. Agr. X, 4.
- **C.P. Movia & R.J.C. Leon** (1983): Deserts and Semi-Deserts of Patagonia. In: West, N.E. (Ed.): Ecosystems of the World, Vol. 5, Temperate Deserts and Semi-Deserts, Oxford, S. 423-460.

Tolba, M.K. & O.A. El-Kholy (Ed.; 1993): The World Environment 1972-1992. Two decades of challenge. UNEP. London.

Troll, C. (1938): Luftbildplan und ökologische Bodenforschung. In: Z. Ges. f. Erdkunde Berlin, S. 297.

UNEP (1992): World Atlas of Desertification. London.

U.S. Geological Survey (Hrsg.; 1984): Landsat 4 Data Users Handbook. Alexandria.

Weischet, W. (1978): Geoökologische Beziehungen zwischen der temperierten Zone der Südhalbkugel und den Tropengebirgen. In: Troll, C. & W. Lauer (Hrsg.): Geoökologische Beziehungen zwischen der temperierten Zone der Südhalbkugel und den Tropengebirgen. Erdwissenschaftliche Forschung XI, Wiesbaden, S. 255-280.

Themenblock III

Stadtökologie, Lufthygiene, Wasserver- und -entsorgung

Themenblock IV

Soziokulturelle und ethische
Aspekte der Umweltproblematik

Umweltpolitik und Umweltbewegungen in Mexiko (Thesen)

Dieter Boris

Resumen

Primero se analizan los elementos principales de la temática - la política ambiental del gobierno y los movimientos ecologístas en Méjico - por separado, para considerarlos luego en sus interrelaciones mutuas. Después de discutir el papel inicial del gobierno en la política ambiental (1) se destacan los procesos distintos en los cuales se generan movimientos o grupos ambientalistas (2). Tratando de hacer una tipología de estos movimientos según su composición social, su apoyo social, su organización e orientación política etc. es el objetivo de la tercera tésis (3). Las relaciones entre distintos gobiernos y grupos ambientalistas y la problémática de la eficacia de la política ambientalista a corto y largo plazo en Méjico se toca en la cuarta tesis (4). Luego, en la quinta tesis (5), se hecha muy brevemente un vistazo al problema de las perspectivas futuras por un cambio cualitativo de aquella política. En la última tesis (6) se comparan tendencias semejantes o diferentes en la política ambiental en América Latina en la década le los ochenta.

1. Einleitung

Bei diesem Thema sind die beiden Hauptelemente - staatliche Umweltpolitik und gesellschaftliche Umweltbewegungen - zunächst getrennt und dann in ihrem Aufeinanderwirken zu betrachten. Nach der Diskussion der Vorreiterrolle des Staates in der Umweltpolitik (1) sind die vielfältigen Entstehungsprozesse der Umweltbewegungen (2) aufzuzeigen. Deren sehr unterschiedliche soziale Zusammensetzung und Basis, Organisierung, Zielorientierung etc. soll in einem Versuch der Typologisierung (3) festgehalten werden. Die wechselseitige Beeinflussung von Regierung und Umweltgruppen sowie die Frage nach der Wirksamkeit der Umweltpolitik (4) werden ebenso thematisiert wie die Perspektiven der Umweltbewegungen (5). Die letzte These (6) ist dem vergleichenden Ausblick auf ähnliche Prozesse und Tendenzen in anderen Ländern Lateinamerikas gewidmet.

2. Thesen

2.1 Umweltpolitik in Mexiko

In der Umweltpolitik bzw. der Wahrnehmung der ökologischen Dimension hat in Mexiko der Staat/die Regierung - gegenüber gesellschaftlichen Bewegungen/Organisationen - eine Vorreiterrolle gespielt.

Als das Thema "Umwelt" in der mexikanischen Öffentlichkeit noch kaum Beachtung fand, ergriff die Regierung Echeverría die Initiative und brachte 1971 bereits das erste Umweltschutzgesetz durch. Diese staatliche Vorreiterrolle, die in Mexiko im übrigen auch in anderen Bereichen eine gewisse Tradition hat (siehe z.B. die Gründung des ersten gewerkschaftlichen Dachverbandes 1918 auf Initiative der Regierung hin) scheint bis auf den heutigen Tag die Umweltpolitik dieses Landes zu prägen. Seit damals stieg die Bedeutung der Ökologieproblematik in der Agenda der Regierung beständig an; weitere Umweltgesetze (1982, 1984, 1988 etc.), öffentliche Initiativen der Präsidenten Lopez Portillo, und vor allem von Miguel de la Madrid und auch Salinas de Gortari deuten auf diese ansteigende Linie hin. In institutioneller und politischer Hinsicht schlug sich diese Bedeutungssteigerung der Ökologieproblematik vor allem auch in der Etablierung eines eigenen Ministeriums, der "Secretaría de Desarrollo Urbano y Ecología" (SEDUE) und in der Vervielfältigung neuer, differenzierterer Gesetze und Dekrete nieder. Allerdings entsprach dieser Aufwärtsentwicklung nicht ein entsprechender Ressourceneinsatz und eine angemessene Implementations- und Kontrollkapazität der mexikanischen Regierung. So wird diese Vorreiterrolle auf "internationale Demonstrationseffekte", auf außenpolitische Einflußfaktoren und vor allem auf den Wunsch der Regierung zurückgeführt, ein prospektiv wichtiger werdendes Politikfeld frühzeitig zu besetzen, Legitimation wiederzugewinnen und eine Politik der "gemeinsamen Betroffenheit" zu initiieren und zu steuern, auch wenn dies nur zwecks "Immunisierung qua symbolischer Handlungen" (KÜRZINGER ET.AL. 1990: 95) geschah. Diesen vorwegnehmenden, korporativistischen und weithin symbolischen Charakter hat die offizielle mexikanische Umweltpolitik von Echeverría bis hin zu Salinas de Gortari mehr oder minder ähnlich geprägt und zugleich ihren "Erfolg" gegenüber den autonomen Umweltbewegungen begründet. (vgl. MUMME 1992: 123ff. &. 139).

2.2 Entstehungsursachen (bzw. -anlässe)

Bei der Bildung und Motivierung von Umweltgruppen waren die Entstehungsursachen naturgemäß vielfältig und auch zeitlich unterschiedlich. Die langandauernde Krise der 80er Jahre im Verein mit einem Legitimationsverfall des herrschenden Regimes haben offenbar zu einem bedeutenden Anstieg der Zahl der Umweltgruppen seit Mitte der 80er Jahre und teilweise auch zu einer stärkeren Politisierung dieser Gruppen geführt.

Waren schon Anfang der 70er Jahre Umweltgruppen teilweise mit direkter oder indirekter Regierungshilfe (bzw. deren wohlwollender Duldung) entstanden, so artikulierten sich bereits seit Ende der 70er Jahre einzelne Gruppen, die gegen akute gesundheitsbedrohende und tendentiell existenzvernichtende Umweltschädigungen protestierten. Die schnelle Entwicklung der Erdölausbeute im Golf von Mexiko nach 1977 führte zu einer neuen Dimension der Zerstörung von Meeren und Landressourcen, zur Kontaminierung von Flüssen und Feldern, zu einer beschleunigten Entwaldung und Bodenerosion etc. 1979 protestierten zahlreiche Bauernbewegungen gegen die PEMEX in jenen Staaten, in denen die Erdölförderung konzentriert war. Diese Aktivitäten fanden einen relativ breiten Widerhall in der Presse, was die Regierung erstaunte. Auch die städtischen Umweltprobleme, wie die akute Luftverschmutzung und das ungelöste Müllproblem, erfuhren in dieser Periode eine größere Publizität. (vgl. MUMME ET.AL. 1988: 15f.).

Mit Beginn der langandauernden Krise und dem Regierungsantritt Miguel de la Madrid's (1982) scheinen sich die Umweltgruppen multipliziert zu haben (ULLRICH & KÜRZINGER-WIEMANN 1992: 172f.). Dies hatte mehrere Gründe:

- Verstärkung des Raubbaus an der Natur während der Krise
- geringere finanzielle Spielräume der Privatwirtschaft wie auch des Staates zu einer auch nur nachsorgenden - geschweige denn einer vorsorgenden - Umweltpolitik
- größere organisatorische und verbale Konzentration der Regierung Miguel de la Madrid auf die Umweltpolitik (z.B. die Organisierung der sog. "foros de consulta popular")
- gleichzeitig sukzessiver Legitimationsverfall der Regierung und Ansätze zu einer neuen Stufe der Selbstorganisation gesellschaftlicher Gruppen (z.B. im Gefolge der Erdbebenkatastrophe von 1985)
- externe Einflüsse: internationale Diskussionen und Konferenzen, aber auch der Druck der USA bezüglich der Umweltsituation an der Grenze zu Mexiko und im Golf von Mexiko; schließlich auch die Wirkungen des AKW-Unglücks in Tschernobyl (1986).

Trotz dieser gesamtgesellschaftlichen Ursachen und Rahmenbedingungen waren natürlich die Anlässe der Bildung und jeweiligen Motivierung von Umweltgruppen sehr verschieden; es können u.a. folgende Anlässe der Entstehung von Umweltinitiativen und -gruppen differenziert werden:

- neue lokale oder regionale Gruppen, die gegen die zukünftige akute Bedrohung durch eine Maßnahme oder eine Entwicklung gerichtet waren (z.B. gegen die Fertigstellung und Inbetriebnahme des veralteten Typs von AKW in Laguna Verde in Veracruz)
- lokale Gruppen, die sich nach eingetretener Katastrophe gebildet haben, um Entschädigungsforderungen zu stellen und sich wechselseitige Hilfe zu ge-

währleisten (z.B. im Gefolge der Explosion der Raffinerie in dem Stadtteil Azcapotzalco in Mexiko-Stadt im November 1984)
- neue Initiativen von Wissenschaftlern, Künstlern mit z.T. überregionaler Bedeutung (z.B. die Gründung der "Grupo de los 100")
- alte soziale Bewegungen (z.B. Stadtteilbewegungen), die neue ökologische Aufgaben und Zielsetzungen übernehmen (z.B. die Transformation der "Comités de Defensa Popular" in "Comités de Defensa y Préservación Ecológica" in Durango) (vgl. hierzu z.B. MOGUEL/VÉLAZQUES 1992: 171ff.).

2.3 Zur Typologie von Umweltgruppen

Entsprechend den unterschiedlichen Entstehungsbedingungen wird auch das soziale Profil der einzelnen Umweltgruppen voneinander differieren. Gemäß einem zusammengefaßten Kriterienbündel (soziale Basis, primärer Aktivitätsbereich, Zielorientierung, Staatsnähe, Politisierungsgrad und Mobilisierungspotential sowie Professionalisierungsniveau) lassen sich - in Anlehnung an Kürzinger et.al. und Quadri de la Torre - vor allem vier Haupttypen unterscheiden.[1]

a) Bürgerbewegung ("Ecologistas")

Dieser Typus von Umweltbewegung hat große Ähnlichkeiten mit den klassischen Bürgerbewegungen in den USA und in Europa, wie sie in den 60er und 70er Jahren entstanden. Die soziale Basis besteht weitgehend aus Angehörigen der städtischen Mittelschichten, entsprechend sind sie eher unpolitisch und lokal auf ein begrenztes Problem bezogen. Nach der tatsächlichen oder eingebildeten Lösung dieses Problems zerfallen diese häufig wenig formalen und eher spontanen Gruppierungen; ein breiteres ökologisches Problembewußtsein findet sich in der Regel nicht, wenn überhaupt geht es nicht sehr tief und ist nicht stark verallgemeinert. Meistens gibt es keine Beziehungen dieses Typus von Umweltgruppe zu bestimmten sozialen Problemen und städtischen Unterschichten. Häufig ist die Öffentlichkeitsarbeit sehr gut, weswegen die öffentliche Resonanz häufig größer ist als die politische Bedeutung einer solchen Gruppe. Nicht selten spielen einzelne Persönlichkeiten eine hervorragende Rolle.

b) Natur- und Tierschützer ("Conservacionistas")

Diese Gruppe kommt überwiegend aus dem Bereich der Naturwissenschaftler, die sich insbesondere für die Erhaltung von bedrohten Tierarten (z.B. Meeresschildkröten, bestimmte Schmetterlingsarten, Delphine etc.) oder von Ökosystemen (tropischer Regenwald) und für die Einrichtung von Naturschutzgebieten einsetzen. Sie haben häufig gute Beziehungen zu ausländischen, finanzkräftigeren Organisationen und Institutionen, beziehen in ihre Perspektive bislang und überwiegend die betroffene Bevölkerung kaum ein. Dies scheint sich in manchen

Fällen allerdings in der letzten Zeit zu verändern; auch hier ist die soziale Basis dem Sektor der städtischen Mittelschichten, z.T. den gehobenen Mittelschichten zuzuordnen. Das Mobilisierungspotential und der Politisierungsgrad dieser Kategorie von Umweltgruppe ist eher niedrig, wenngleich ihre Resonanz keineswegs unterschätzt werden darf.

c) **Die "halbprofessionalisierten" Umweltgruppen, die sich mit ökologischen Themen innerhalb oder außerhalb der Umweltorganisation beruflich beschäftigen ("Ecólogos")**

Diese Gruppe setzt sich häufig kritisch gegenüber den erstgenannten ab, die sie als zu unseriös und populistisch denunzieren; viele Mitglieder, die überwiegend auch aus dem städtischen Mittelschichtsbereich stammen, sind mit Forschungsprojekten, Consulting-Aufträgen - teils von privaten teils von staatlichen Stellen - befaßt. Entsprechend ist ihre Kritikfähigkeit, ihr Politisierungsniveau und Mobilisierungspotential eher beschränkt. Dennoch findet sich in dieser Gruppe viel häufiger als in den zuvor genannten ein relativ tiefes, theoretisch begründetes und verallgemeinertes ökologisches Bewußtsein; gelegentlich arbeiten diese Umweltgruppen auch mit anderen Umweltgruppen oder -bewegungen, die eine breitere soziale Basis haben, zusammen.

d) **Städtische und ländliche Selbsthilfeorganisationen mit ökologischen Schwerpunkten ("Grupos ambientalistas de promoción popular")**

Gerade dieser Typus von Umweltbewegung stammt häufig aus früheren sozialen Bewegungen, z.B. Stadtteilbewegungen oder ländlichen Bewegungen. Im Laufe ihrer Entwicklung haben ihre Forderungen zusätzliche Akzentuierungen erfahren und innerhalb der globalen Forderung nach Verbesserung der Lebensqualität und der Verbesserung der wirtschaftlichen und sozialen Situation nimmt der ökologische Aspekt eine zunehmend wichtige Rolle ein. Ganz klar ist die soziale Basis dieser Typen von Umweltgruppen aus dem Bereich der städtischen oder ländlichen Unterschichten, was nicht ausschließt, daß ihr auch Vertreter der Mittelschichten angehören können. Selbstverständlich wird gerade in diesem Typus von Umweltbewegung das Verhältnis von Ökonomie und Ökologie besonders stark reflektiert: während es bei den von Bodenerosion und Bodendegradierung bzw. Wasserverschmutzung bedrohten Kleinbauern und Fischern eine große Übereinstimmung von ökonomischer und ökologischer Überlebensfähigkeit besteht, kann in anderen Bereichen ein kurzfristiges ökonomisches Überleben mit ökologischen Zielsetzungen konfligieren. Nur ein vertieftes ökologisches und politisches Bewußtsein kann diese partiellen Widersprüche überwinden helfen. Auch die Interessen indigener Bevölkerungsteile scheinen sich in letzter Zeit stärker mit solchen ökologisch ausgerichteten Bewegungen zusammengetan zu haben. Nicht wenige Autoren aus Mexiko behaupten, daß gerade dieser Typus von Umweltbewegung in den letzten Jahren an Bedeutung zugenommen hat: "Oberservamos también un paulatino desplazamiento de la preocupación ecológica de los intelectuales y las clases medias ilustradas a los productores (campesinos, industriales, etc.). En particular, se percibe que en años recientes, núcleos de indígenas y campesinos se han dado cuenta de la importancia del ambiente y de la preservación de sus recursos comunitarios. Poco a poco se va incorporando en sus luchas locales una conciencia ecologista, y la defensa del ambiente se vuelve motivo de lucha ejidal, comunal, local o municipal. (PRIETO HERNANDEZ 1992: 283).

2.4 Umweltbewegung unter den Regierungen de la Madrid und Salinas de Gortari

In klassisch populistisch-korporativistischer Weise haben die Regierungen Miguel de la Madrid und Salinas de Gortari eine große Zahl von Umweltgruppen relativ erfolgreich integriert bzw. kanalisiert. Wo dies nicht gelang, konnte die Regierung die gesellschaftliche Umweltopposition mit repressiver Gewalt bzw. Gewaltandrohung stoppen. Dennoch gehen auch von den Umweltbewegungen und dem stark gewachsenen öffentlichen Umweltbewußtsein Zwänge auf die Umweltpolitik der Regierung aus, wodurch gewisse, eher bescheidene Erfolge zu verzeichnen sind.

Trotz der Absagen der beiden letzten Regierungen an Populismus und korporativistischen Politikstil haben sie mit erheblichem Erfolg eine Reihe von Umweltgruppen oder -bewegungen integrieren oder kanalisieren können. Dies gilt beispielsweise von dem "Movimiento Ecologista Mexicano" (MEM), die 1981 von bekannten PRI-Mitgliedern gegründet worden war und selbständige Gruppen in einer großen Organisation auffangen sollte. Die MEM, ähnlich wie ihre Abspaltung, die "Alianza Ecologista Nacional" (AEN), die 1991 sich zur "Partido Ecologista de México" transformierte, handelt mit einer gewissen offiziellen Zustimmung (GONZÁLES 1994: 96). Im Kontext des ersten nationalen Treffens aller ökologischen Gruppen Mexikos (November 1985), als über 300 Repräsentanten der verschiedensten Bewegungen zusammenkamen, entstanden weitere neue Zusammenschlüsse: die Féderación Conservacionista Mexicana FECOMEX, die eher moderate Repräsentanten des Naturschutzes zusammenfasste (1985), die "Grupo de los 100", die bedeutende Künstler, Wissenschaftler und Intellektuelle in einer regierungs- und systemkritischen Vereinigung mit gutem Medienzugang zusammenfasste sowie der "Pacto de Grupos Ecologistas" (PGE) (1986), der sich als ökologischer, zivilgesellschaftlicher Gesprächspartner der Regierung verstand. Zu den überlokal bedeutsamen, regierungskritischen Gruppierungen ist auch die "Partido Verde" sowie die "Coordinadora Nacional contra Laguna Verde" (CONCLAVE) zu rechnen. Gerade im letzteren Fall zeigte die

Regierung - neben zahlreichen Versuchen der inneren Spaltung dieser Oppositionsbewegung - die Bereitschaft zum Einsatz von Gewalt, um einen abermaligen Aufschub der Inbetriebnahme des seit 1988 betriebsfertigen AKW's (nach einer über 20-jährigen Planungs- und Bauzeit) zu verhindern und im August 1990 endlich in Gang zu setzen (vgl. hierzu z.B. PROCESO, No. 720 v. 20. Aug. 1990: 6ff.)

Zahlreiche interne Schwächen der Umweltgruppen (mangelnde Ressourcen, niedriger Professionalisierungsgrad, geringe Kontinuität, innere Zerrissenheit, Líder-Fixierung etc.) relativieren weiterhin ihre Bedeutung und politische Schlagkraft. Dennoch darf ihre Rolle nicht unterschätzt werden. Trotz des scheinbar übermächtigen Gewichts der Regierung bzw. der Staatspartei mit ihren ungleich größeren Ressourcen, Kommunikationsnetzen und reichhaltigen korporativistischen Erfahrungen war es nicht zuletzt auch dem Agieren von Umweltgruppen geschuldet, daß die Präsenz des Ökologie-Themas in der Öffentlichkeit, der Presse, in Form von Gesetzen und Verwaltungsbestimmungen stark zunehmen konnte. Ein Autor bemerkt, daß sich das "Conciencia Ambiental" (ökologisches Bewußtsein) während der letzten Dekade in der Proportion von 1 auf 10 erhöht hat (GONZÁLES 1994: 103). Dem entsprechen durchaus einige sichtbare Erfolge der offiziellen Ökologiepolitik der Regierung wie auch der inoffiziellen Ökologiepolitik "von unten". Z.B. die Verhinderung des Baus eines AKW in Michoacán (Patzcuaro), der Aufschub eines breit angelegten Kernenergieprogramms, rigidere Kontrollen der Abgasbestimmungen und leichte Einschränkung des Autoverkehrs ("Hoy no circula" bzw. "un dia sin auto") in der Hauptstadt seit 1989, Stopp weiterer Industrieansiedlungen im D.F., Schließung einiger besonders stark kontaminierender Fabriken oder z.B. die Auslagerung der gefährlichen Raffinerie von Azca-potzalco (1991), etc. Allerdings hat auch die langandauernde ökonomische Krise - neben den schon erwähnten Schwächen der ökologischen Bewegung - dazu geführt, daß insgesamt eine weitere Degradierung der Umwelt und eine ökologisch bedingte Verschlechterung der Lebensqualität im allgemeinen in den letzten 10-15 Jahren nicht verhindert werden konnte; die politisch-ideologische Hegemonie der Konzeption neoliberaler Strukturreformen hat im übrigen dazu geführt, daß das konventionelle Wachstumsparadigma durch konkrete ökonomische und ökologische Alternativen noch nicht ernsthaft infrage gestellt werden konnte.

Beispielhaft für diesen Widerspruch und diese Ambivalenz ist das jetzt zu Ende gehende Sexenium von Salinas de Gortari: auf der einen Seite hat die Regierung Salinas de Gortari - auf dem Papier - substantielle Reformen im Umweltschutzbereich eingeführt, die das Potential für die Implementierung von zahlreichen Regulierungen durch Spezifizierung und Erhöhung der Normen und Standards bedeutend ausgeweitet hat. Neben den schon genannten Maßnahmen zur Emmissionskontrolle in der Hauptstadt sind z.B. auch die Einführung von

Umweltverträglichkeitsprüfungen vor Beginn jedes öffentlichen Bauprojekts auf -auftrags sowie etwa die Verbesserung des Beschwerdewesens etc. zu nennen. Auf der anderen Seite sind die Budgets für ökologische Schutzmaßnahmen und Kontrollen gesenkt worden, die extrem umweltgefährdende Maquiladoraindustrie im Norden des Landes ist gefördert worden, die Auslandsinvestitionen sind von fast allen Vorschriften befreit worden, die ökologisch relevanten Abmachungen zwischen Staat und Staatsunternehmen sind nach ihrer Privatisierung weitgehend gegenstandslos geworden etc. Da unter Salinas de Gortari die ökonomischen Strukturreformen gegenüber den ökologischen Problemen absoluten Vorrang hatten, weitete sich die Diskrepanz zwischen politischen Versprechungen einerseits und der Realisierung dieser Pläne in ökologischen Dingen noch mehr aus. Daß die Umweltgruppen diese Diskrepanz nicht zu einem politischen Terraingewinn genutzt haben - ihre Kraft wird für Anfang der 90er Jahre geringer als in der zweiten Hälfte der 80er Jahre eingeschätzt (Mumme 1992, S.139; Quadri de la Torre 1993, S.71) -, ist nicht zuletzt auf die geschickte Politik Salinas de Gortari's zurückzuführen. Neben der klassischen Taktik des "Pan o Palo", die immer schon die Kooptation hervorragender Repräsentanten der Opposition für Regierungsämter einschloß, war es die Einführung einiger organisatorischer Neuerungen, die zur Schwächung, Integration und Entpolitisierung mancher Umweltbewegungen führten. Die Einführung von Umweltkommittees auf der Ebene der Stadtteilbezirke (Delegaciones), die Schaffung der "Comisión Nacional de Ecología", in der die Hauptsektoren der Gesellschaft repräsentiert sein sollen, sowie die Umorganisation des Ministeriums für Stadtentwicklung und Umwelt (SEDUE) in das "Ministerium für soziale Entwicklung" (SEDESOL) (1992), welches für den gesamten Komplex sozialer und ökologischer Probleme zuständig ist, hat offenbar auch zu einer Abschwächung der politischen Stoßkraft umweltpolitischer Oppositionsbewegungen beigetragen (ALFIE 1993: 55f.). Die Verknüpfung des "Programms der nationalen Solidarität" (PRONASOL) mit der Ökologieproblematik scheint sich als geschickter Schachzug der Regierung erwiesen zu haben. Regierungskampagnen wie die: "Cada Familia un Arbol", die für eine kurze Zeit Tausende von Menschen mobilisierten, verdecken zwar die relativ geringe populäre Partizipation, können aber zweifellos bestimmte politische und ökologische Energien absorbieren.

2.5 Perspektiven

Die Perspektiven der Umweltgruppen bzw. der Umweltbewegung werden natürlich von sehr vielen Faktoren bestimmt sein. Für Mexiko ist aber zweifellos die Problematik der weiteren Demokratisierung des politischen Systems - auch für die ökologischen Gruppen - von entscheidender Bedeutung.

Falls es in Mexiko nicht zu einer autoritären Regression kommt (die Attentatsserie des Jahres 1994 zeigt, daß der Kampf darum in vollem Gange ist), wird das undemokratische PRI-Regime weiter durchlöchert werden. Das könnte den ökologischen Bewegungen neuen Auftrieb verschaffen, da eine tatsächliche Demokratisierung mit Dezentralisierung, Erhöhung der sozialen Partizipation, stärkerer Berücksichtigung von Minderheiten und besonderen Zuwendungen für die Unterprivilegierten einhergehen muß. In der Verbindung mit den sozialen Bewegungen in der Stadt, den bäuerlich-indigenen Bewegungen auf dem Land (vgl. hierzu besonders: TOLEDO 1992 72ff.) sowie in der Verstärkung der internationalen Zusammenarbeit mit Umweltgruppen in den USA und Kanada - im Kontext mit der Realisierung des NAFTA-Abkommens - sind die Potentiale einer revitalisierten, politisierten Umweltbewegung in Mexiko zu sehen. Es ist zu vermuten, daß sich im Anschluß an den Chiapas-Aufstand (und seinen politischen Folgen) sowie im Zusammenhang mit der nun beginnenden Präsidentschaftsperiode neue politische Kräftekonstellationen bilden werden, die diese ökologisch-sozialen Segmente der "neuen sozialen Bewegungen" stärker reflektieren können.

2.6 Umweltbewegungen in Lateinamerika

Obwohl sich der Entwicklungsstand der Umweltbewegungen in Lateinamerika als sehr unterschiedlich darstellt, gibt es eine Reihe von Parallelen zum mexikanischen Fall. Dies kann angesichts der ökonomischen und politischen Rahmenbedingungen, die für den ganzen Kontinent gelten (langandauernde ökonomische Krise der 80er Jahre und Rückkehr zur formellen Demokratie) nicht gänzlich verwundern. Verschieden sind allerdings die Zahl und die Schwerpunkte der Umweltgruppen in den einzelnen Ländern, die Struktur der sozialen Träger, die Staatsnähe dieser Bewegungen, ihre Verbindung zu politischen Parteien und v.a.m. Trotz zahlloser Schwankungen in der Präsenz und Artikulationskraft dieser Gruppen und Bewegungen scheinen sich doch einige langfristige Tendenzen in den meisten Ländern abzuzeichnen:

- Eine Vertiefung und Verallgemeinerung des Umweltbewußtseins, das nun nicht mehr als apartes Luxuskonsumgut, das aus den Metropolen importiert worden ist, gilt, sondern das zunehmend als Teil einer mittelfristigen Überlebenstrategie bewertet wird. Die noch für Mitte der 80er Jahre möglicherweise zutreffende Feststellung Mansillas, wonach die vorherrschende Tendenz in der öffentlichen Meinung Lateinamerikas durch eine "Verharmlosung der gesamten ökologischen Problematik" gekennzeichnet sei (MANSILLA 1986: 274), gilt daher heute m.E. nicht mehr.
- Heute, gegenüber der Zeit vor 10 oder 15 Jahren, ist eine stärkere Verknüpfung der ökologischen Problematik mit sozialen Prozessen, mit Formen von

sozialer Ungleichheit etc. zu beobachten. "A diferencia de los movimientos de los países desarrollados, el ambientalismo latinoamericano en su gran mayoría ha apuntado a la vinculación de los problemas sociales con los ambientales. El subdesarollo pasa a ser también un problema ambiental, y la pobreza actual expresa una larga historia donde la explotación del hombre está asociada a la depredación de la naturaleza...El viejo problema de la justicia social sigue presente, y de hecho se ha descubierto que no puede ser separado de la justicia ambiental. Cualquier intento de solución requerirá el concurso de otros movimientos y si esto se olvida no se podrá solucionar la crisis socioambiental en sus raíces." (GUDYNAS 1992: 106 &. 115).

- Es ist schließlich auch eine stärkere Reflexion des Verhältnisses von ökologischen und ökonomischen Fragen/Problemen zu konstatieren; in den theoretischen und empirisch-pragmatischen Arbeiten zu dem Konzept des "Desarrollo sustentable" ist eine Abkehr von der früheren wechselseitigen Abschottung dieser beiden Dimensionen zu beobachten (vgl. z.B. für die brasilianische Umweltbewegung: VIOLA 1992: 149).
- Entsprechend der Ausweitung des ökologischen Bewußtseins hat sich die Trägerschaft von ökologisch orientierten Forderungen und Projekten erweitert: während manche Autoren auf die aktive Partizipation der Wissenschaft, aber auch von Teilen der Unternehmerschaft bezüglich ökologischer Problemstellungen in den letzten Jahren verweisen (VIOLA 1992 152), wird von anderen Autoren vor allem die verstärkte Teilnahme von städtischen und insbesondere von bäuerlich-indigenen Bevölkerungsgruppen hervorgehoben. "Durante los últimos años el número de movimientos campesinos (esencialmente indígenas) de orientación ecológica creció a tal ritmo pero tan sigilosamente que no hubo análisis alguno que lo registrara como nuevo fenómeno político" (TOLEDO 1992: 76). Dies bedeutet, daß die Dominanz und Monopolisierung ökologischer Gruppen seitens der städtischen Mittelschichten - wie sie wohl noch bis Mitte der 80er Jahre gültig war - heute nicht mehr in dieser Form zu konstatieren ist.
- Entsprechend den vorgenannten Tendenzen kann es nicht überraschen, daß viele ökologische Gruppierungen und Bewegungen sich zunehmend mit Forderungen nach realer sozialer Partizipation, nach Dezentralisierung politischer Prozesse, nach größerer Transparenz und Kontrollierbarkeit von Verwaltung, kurz mit den Postulaten einer realen Demokratisierung des öffentlichen Lebens verbunden haben (vgl. z.B. LEFF 1994: 41ff.).

Anmerkung

1) Dabei wird von einer Minimaldefinition ausgegangen, wie sie etwa lauten könnte: "Verflechtungszusammenhang der Gruppen, Strömungen und Organisationen, die als nicht-staatliche

Akteure das Anliegen eines umfassend verstandenen Umweltschutzes auf politischer Ebene geltend machen und sich selbst einer solchen Bewegung zurechnen" (RUCHT, zitiert bei ULLRICH/KÜRZINGER-WIEMANN 1992: 171); damit werden Kategorien wie "Medienkünstler" oder "Meinungsführer" ausgeschlossen, da in ihnen das Moment der Gruppenbildung, der sozialen Basis und konkreten Zielorientierung sowie des Adressaten der Aktivitäten unklar bleibt bzw. völlig abwesend ist.

3. Literatur

Alfie, M. (1993): Las Transformaciones de la Política gubernamental en Materia Ecológica. In: El Cotidiano, 8, 52, S.51-54.
Gonzáles Martínez, A. (1994): Las luchas ecológico-sociales en México: Prospectivas. In:
Gudynas, E. (1992): Los muliples verdes del ambientalismo Latino Americano. In: Nueva Sociedad, 122, S.104-115.
Kürzinger, E. u.a. (1990): Umweltpolitik in Mexiko: Die Rolle der Nicht-Regierungsorganisationen. Berlin.
Leff, E. (1994): El movimiento ambiental y las perspectivas de la democracia en América Latina. In: Garcia-Guadilla, M:P: & Blauert, J. (Hrsg.): Retos. Para el desarrollo y la democracia: Movimientos ambientales en América Latina y Europa. S.41-56. Caracas.
– (1990): Medio Ambiente y Desarrollo en México, I & II. México, D.F:.
Mansilla, H.C.F. (1986): Umweltproblematik und Fortschrittsideologie in Lateinamerika. Eine Interpretazionsskizze über ein langfristig fatales Mißverhältnis. In: Ibero-Amerikanisches Archiv, N.F:, 12, 3, S.261-280.
Moguel, J. & Velázquez, E. (Organización Social y Lucha Ecológica en una Región del Norte de México. In:
Mumme, S.P. (1992): System Maintenance and Environmental Reform in Mexico: Salina's Preemptive Strategie. In: Latin American Perspectives, 19, 1, S.123-143.
Mumme, S.P. et. al. (1988): Political Development and Environmental Policy in Mexico. In: Latin American Research Review, 23, 1, S.7-34.
Prieto, D. (1992): A Modo de Conclusión. In: Paas, D. et.al. (Hrsg.): Ecología, Municipio y Sociedad Civil. S.281-286. México, D.F..
PROCESO (1990): Nr. 720 v. 20. August.
Quadri de la Torre (1993): Consideraciones sobre Medio Ambiente y Actores Sociales en México. In: Contribuciones, 1, S.61-75.
Toledo, V.M. (1992): Utopía y naturaleza. El nuevo movimiento ecológico de los campesinos e indígenas de América Latina. In: Nueva Sociedad, 122, S.72-85.

Ullrich, D. & Kürzinger-Wiemann, E. (1992): Umweltbewegung und Entwicklungspolitik. In: Hein, W. (Hrsg.): Umweltorientierte Entwicklungspolitik. S.165-182. Hamburg.

Viola, E. (1992): El ambientalismo brasileño. De la denuncia y conxientización a la institucionalización y el desarrollo sustentable. In: Nueva Sociedad, 122, S. 138-155.

Umweltbewußtsein in der Literatur Brasiliens:
Ignácio de Loyola Brandão - Mahner und Prophet

Marga Graf

Resumen

En su libro *"Nao verás país nenhum"* el autor evoca una visión apocalíptica del Brasil en el primer tercero del siglo 21, y esto especialmente en cuanto a la ciudad de São Paulo y la región amazónica. Visión apocalíptica bajo dos aspectos: político-social y, lo que aquí será de interés especial, el aspecto ecológico.

En el primer tercero del siglo 21, en el Brasil de la novela de Brandão, la destrucción de la selva tropical amazónica fue terminada y, a causa de que no hubo vegetación, y, en consecuencia, una erosión creciente del suelo, el paisaje original del Nordeste del Brasil va cambiándose en un desierto, igual a la Sáhara. Los representantes del Estado, "do Esquema", la anunciaron con mucho orgullo como el noveno milagro del mundo. Los hombres de la región fugaban de los "bolsoes de soalheira", aniquilando todo lo que tocaban. Tienen efecto de rayos de laser y a los hombres les descamaran la pele, y les queman hasta que, de ellos, sólo queda un monte de ceniza. A causa de la creciente migración de los hombres del Nordeste a São Paulo, la situación en la ciudad se empeoraba. São Paulo, en ese tiempo futuro, en la visión del autor, tiene un aspecto caótico. Sus habitantes fueron oprimidos por un régimen dictatorio de tecnocratas y militecnos, que les vigilaron hasta en su vida muy privada. Reglementaron toda la vida de la gente en São Paulo. La quantidad de agua de cada día, les fue entregado por los "Fornecedores Oficiais de Agua". Hubo boletas por los cuales fueron autorizados de comprar comestibles, trajes y otras cosas, más esto sólamente en días indicados para cada un de ellos, y sólo en los districtos correspondientes dentro de los "Círculos Oficiales Permitidos". A los más pobres que no tienen habitación registrada, sólo le queda la posibilidad de vivir en los "Acampamentos Paupérrimos", en los "setenta y sete colinas de lixo". La ciudad sofre del hedor de los excrementos, de los cadávares que cada día fueron recogidos por camiones, "alegremente pintados em amarelo e verde", y transportados a los cerros de basura.

Alimentos fueron muy raros y casi todos de producción química y plástica. La vegetación, esgotada y destruída, se venden en Sao Paulo sólo productos artificiales de diferentes olores, evocando al comprador la ilusión de legumbres, de café, de carne etc. De especial atracción son los jardines representados, "Os jardins representados": árboles y plantas pintadas en grandes telas de plástica, que se venden en serie.

La situación en Sao Paulo va empeorándose a causa de los "bolsoes de soalheira" que también comenzaron a amenazar los "Centros Oficiales Permitidos". El Esquema construyó "As Marquises Extensas" en defensa a los "bolsoes", "a grande Soluçao para os dias de calor - espléndida realizaçao do ministério social". Esas marquesas, "construçao do século", no son más que un techo de hormigón, de enorme extensión, bajo el cual los hombres, apretados uno al otro, todos quedaron sólamente muy atentos de no ser empujados a los bordes del techo, por causa del gran peligo que hubo, por lo menos en las horas del día, de ser eliminados por los rayos mortales del sol.

Cinco años antes de que se cumplirá el siglo actual, y visto las discusiones y investigaciones de los cientistas de ecología y los protestas mundial de muchos hombres inquietados, el tenor apocalíptico y la visión fictiva de un mundo esteril e inhumano, evocada en la novela de Ignácio de Loyola Brandao, no parece más tan inverosímil y fantástica. Lo más tarde desde los años sesenta de este siglo, la región inmensa de las selvas trópicas del río Amazonas estaba en peligro continuo de explotación y destrucción escrupolosas de parte de hombres políticos y magnates de industria, nacionales e internacionales. En la novela de Brandao "El Esquema" y sus órganos oficiales van a hacer propaganda del "Internacionalismo", de un mundo que se "globaliza" y donde la unión de las grandes empresas industriales, los "Multinter", cedían territorios en concesión a empresas extranjeras, y eso, en completo provecho suyo y a cargo de los naturales de las regiones correspondientes, que perdían su trabajo durante el tiempo de la no deseada ocupación.

En conclusión, creo que la novela de Brandão, publicada en 1981, hoy, a pesar de su carácter fictivo y una escritura exagerada y fantástica, en muchos aspectos, no se encuentra tan lejos de la verdad. Las horribles visiones evocadas por el autor brasileño, podrían motivar y senzibilizar a un lector, hasta en Europa, de ocuparse más intensamente con los problemas ecológicos en la región amazónica y, también, con los de su propria region.

América arboleda,
zarza salvaje entre los mares,
de polo a polo blanceabas,
tesoro verde, tu espesura.

Dieses Zitat aus Pablo NERUDAS 1950 veröffentlichtem "Canto General", das Brandão seinem Roman "Nao verás país nenhum" als Leitmotiv voraussstellt, beschwört die Vision einer ursprünglichen und unzerstörten Natur, eines Amerikas voller Bäume. Ein Ist-Zustand im geographischen Umfeld Amerikas, der auf der Haben-Seite aus der gegenwärtigen Bilanz dieses Bild nicht mehr als realistisch erscheinen lassen kann. "El tesoro verde" Amerikas, der schon heute zum ausgehenden 20. Jahrhundert durch hemmungslose Rodungen in seiner Existenz bedroht wird, ist im Roman Brandãos, im ersten Viertel des 21. Jahrhunderts, bereits ein Opfer der unersättlichen Profitgier nationaler und internationaler Industrieunternehmen geworden.

Brandão beschwört die Gefahren, die aus der sinnlosen Rodung der riesigen Wälder Amazoniens für die Menschen in Brasilien - und weltweit - entstehen können, zu Beginn des 21. Jahrhunderts nicht als Projektion auf eine ferne Zukunft. Sein Roman ist die Vision des Endzustandes menschlichen Lebens und Überlebens weltweit, eines status quo, für den die Region des Subkontinents Brasilien exemplarisch ist. Die Vernichtung der Umwelt beginnt im Nordosten Brasiliens, in Amazonien. Das Abholzen der Wälder und die Planierung des Bodens für immer neues Farmland hat zur Versteppung geführt. Klimatische Folge ist eine Hitze ohne Feuchtigkeit. Es gibt keinen Tau mehr. Die Flußbetten sind ausgetrocknet. In der baumlosen Wüste entstehen Hitzeballons, "bolsoes de soalheira", die alles Leben vernichten, mit dem sie in Berührung kommen. Die Menschen in den Hitzeregionen im Nordosten fliehen vor diesen Ballons, deren Licht den Effekt von Laserstrahlen haben. Sie versengen das Haar und schälen die Haut ab. Menschen, die in einen Hitzeballon geraten, verbrennen zu Asche:

A luz lambia como raio de laser. Como o tempo, o perigo nos bolsoes de soalheira, como o povo chamava, aumentou terrívelmente. Quem caía dentro, nao se salvava. O sol atravessava como verruma, matava. Ao menos, era a imagem que a gente tinha, porque a pessoa dava um berro enorme, apertava a cabeça com as duas maos, o olho saltava, a boca se abria em busca de ar. Num segundo, o infeliz caía, duro, sem contorcer (BRANDÃO 1985: 193).

Der Treck der Flüchtenden wird von den Hitzeballons verfolgt. Die Opfer solcher Attacken bieten ein schauerliches Schauspiel. Der Autor schildert eine derartige Szene in der Art eines apokalyptischen Totentanzes:

O solo fervia, o chao queimava a sola dos pés. E o que se via era a dança mais incrível, todos pulando, os pés mal tocando o solo e se erguendo, como que impulsionados por molas. Pulavam e gritavam de dor. A medida que o dia crescia, a dança da morte ao sol aumentava em intensidade. Parecia um ataque histérico, um transe coletivo, [...] O sol comia as roupas, os quadros, guarda-chuvas que nao eram de seda preta. Lambia os cabelos, a pele, as carnes, os ossos. Pelas nove da manha sobravam montes de cinzas espalhados pela terra, misturados ao asfalto derretido (ebd.: 196)

Regierung und Medien ignorieren die psychischen Ängste und physischen Qualen, den Entzug jeder Lebensqualität im Nordosten Brasiliens, der zu einer nicht abreißenden Kette von Landflüchtigen führt. Sie fordern zu positivem, zukunftsorientiertem Denken auf. Brasilianer sollen stolz sein auf das, was sie durch die Vernichtung der Wälder im Nordosten gewonnen haben: eine brasilianische "Sahara, das neunte Weltwunder". Ein Minister erklärt dazu:

"Devemos estar orgulhosos pela conquista que acabamos de fazer. Um grande feito deste governo que pensa no futuro.- Porque, [...] a história vai nos registrar como o Esquema que deu ao país uma das grandes maravilhas do mundo. Nao é apenas a Africa que pode se orgulhar do seu Saara, o deserto que foi mostrado em filmes, se tornou ponto turístico, atraçao, palco de aventuras, celebrado, glorificado. A partir de hoje [...] contamos também com um deserto maravilhoso, centenas de vezes maior que o Saara, mais belo. Magnificente. Estamos comunicando ao mundo a nona maravilha. Breve, a imprensa mostrará as planícies amarelas, dunas, o curioso leito seco dos rios" (ebd.: 58-59).

Aus der Zerstörung der Amazonaswälder wird ein Medienspektakel. In Filmen wird dem Volk die schrittweise Verwüstung der Amazonasregion propagandagerecht vorgeführt. Durch exklusive Zeitschriften werden Touristen-Karawanen zum Besuch der brasilianischen Sahara organisiert, bei denen sich die Reichen als Araber verkleidet zur Schau stellen und die First Lady des Landes Empfänge in seidenen Zelten gibt, in denen Ventilatoren künstliche Palmen in Bewegung setzen. Die einstmals heile Natur existiert nur noch in Form von Fotos, Filmen, Kassetten, Tonbandaufzeichnungen und Dokumenten, die in Archiven aufbewahrt werden, wie die filmische Dokumentation "Der letzte Hieb": "O Corte Final, uma ceremônia do corte da última árvore do Brasil na pequena vila de Santa Ursula". Auf der Leinwand erscheinen Sümpfe, Seen und Flüsse. Bewaldete Ebenen, riesige Baumstämme, ausgestorbene Exemplare, die durch einen Kommentator benannt und erklärt werden.

Wasser ist in Brasilien im 21. Jahrhundert zu einer musealen Rarität geworden. Im Museum der "Brasilianischen Flüsse", im Volksmund bekannt als das "Haus der Wassergläser", "A Casa dos Vidros de Agua", ist nach der Versteppung des Landes in Tausenden von Gläsern das Wasser der Ströme, Flüsse, Bächer, Quellen, Seen, Lagunen, Brunnen und Wasserlöcher, die es einstmals in Brasilien gab, aufbewahrt und akribisch registriert. Das hydrographische Museum Brasiliens zählt zu den bedeutendsten seiner Art in der Welt. Internationale Teams von Spitzenforschern betreiben dort ihre Wasserforschungen. Jeder Region ist ein eigener Saal gewidmet, in dem Gläser mit verschiedenen Farbschattierungen zu sehen sind. Zahlreiches Informationsmaterial - Fotos, Landkarten, Graphiken - unterrichtet die Besucher über den ehemaligen Wasserreichtum Brasiliens. Das Ganze akkustisch untermalt durch das Geräusch von Wasserfällen, besonders des Wasserfalls von Iguaçú, durch das Brausen gewaltiger Wassermassen ebenso wie durch das Gemurmel von Bächen. Die Brasilianer des 21. Jahrhunderts, deren kostbarster Besitz in der täglichen Wasserration besteht, die ihnen durch die "Offiziellen Wasserlieferanten", die "Fornecedores Oficiais de Agua", zugeteilt wird und deren Leben durch Hitze und den Verwesungsgeruch der Müllberge rings um São Paulo bis zur Unerträglichkeit belastet ist, verlieren mit der Zeit die Ehrerbietung vor den zur Schau gestellten Wasserkulturen. Das Wasser in den Gläsern des Museums weckt allein ihre Begierde. Eines Tages stürmen die durstigen Massen das Gebäude. Sie trinken den Inhalt der Gläser und schütten sich das kostbare Naß über die von der Hitze ausgedörrten und verschwitzten Leiber.

Der Verlust des natürlichen Umfeldes wird durch ein künstliches Angebot ersetzt. Das Grün der Bäume, der Geruch nach Erde, nach Pflanzen und Blumen sind käufliche Produkte einer plastikorientierten Industrie geworden, mit denen Illusionen geweckt und Wohlbefinden erzeugt werden sollen. Etwa durch den Erwerb der "Dargestellten Gärten", "Os Jardins Representados". Bäume und Pflanzen, aufgemalt auf großen mit buntem Plastik überzogenen Platten, die pro Quadratmeter angeboten werden:

Qualquer um pode comprar. Paga por metro quadrado. Costumam colocar diante das janelas, para se ter a impressao que olhamos o verde. Outros, vaidosos, mantêm os painéis de frente para a rua. Sinais de status, sao caríssimos, principalmente os tridimensionais. Ou os naturalmente aromáticos (ebd.: 83).

In einer Welt, in der Flora und Fauna vernichtet wurden, sorgt nun ein reichhaltiges Angebot an "Gerüchen", "cheiros", für illusionären Ersatz: Gerüche nach trockenen oder verfaulten Blättern, Blumen, Gemüsen, nach Kaffee, Mate-Tee, Kuhfladen, nach angebrannter Milch, Huhn-am-Grill oder Brot-im-Backofen etc. In den Labors des "Sozialen Wohlergehens", "de Bem-Estar Social", ist man unermüdlich tätig, Pflanzen und Früchte wie Erdnüsse, Oliven, Tomaten, Auberginen u.a. naturgetreu zu imitieren. Nur in der älteren Generation, wie bei Souza, einem fünfzigjährigen, zwangspensioniertem Geschichtsprofessor, ist ein Stück Erinnerung an die Zeit vor dem großen Kahlschlag geblieben. An die Zeit, da frische Früchte noch im Garten geerntet und heiße Kürbiskernsuppen nicht aus künstlichen Keimlingen hergestellt wurden:

Sopa de cambuquira, preparada com fubá. Nas tardes frias, ou de chuva, agasalhados em casa, todos reunidos, a sopeira vinha fumegante. Nao, a cambuquira factícia nao tinha o cheiro daquela que colhíamos fresca. Sempre ao cair da tarde, no quintal repleto de pés de abóbora rastejantes (ebd.: 45).

Jugenderinnerungen an ein heiles, natürliches Umfeld, daran, daß sein Großvater ihnen früher jede Woche einen Korb mit frischen Früchten aus dem Garten gebracht hatte. Gewissensbisse plagen Souza, daß er und andere Vertreter der brasilianischen Intelligentsia sich nicht mit Entschiedenheit gegen diese zerstörerische Entwicklung gestellt haben, die ein profitgieriges und verantwortungsloses Regime bereits in den 80er Jahren des 20. Jahrhunderts, in der Epoche der "Großen Völlerei", der Epoca da Grande Locupletaçao, eingeleitet hat. Es gab zwar Wissenschaftler, die in jener Zeit auf die Warnsignale aufmerksam gemacht hatten, die die geschändete Natur aussandte. Aber ihre Warnungen wurden im Volk nicht zur Kenntnis genommen. Wissenschaftler waren Außenseiter, und das System war emsig bemüht, sie mittels Presse und Medien zu Unpersonen zu machen und ihre Erkenntnisse abzuwerten. Sie wurden verfolgt, und die meisten von ihnen verloren die bürgerlichen Ehrenrechte. Nur wenige sind im 21. Jahrhundert noch bereit, sich dem "System" entgegenzustellen. Ein System, das in Brasilien, gestützt auf zwei Institutionen, die der "Civiltares", der "Ziviltäre", und der "Militecnos", der "Militechner", seine Macht durch Unterdrückung und Entmündigung seiner Bürger ausübt. Einer der wenigen Wissenschaftler, die sich nicht mit der Zerstörung der Natur abfinden können, ist Tadeu Pereira, ein Kollege Souzas, in dessen Erinnerung das Bild einer ehemals reichhaltigen Flora und Fauna Brasiliens lebendig geblieben ist und bei ihm und einer Gruppe Gleichgesinnter den Wunsch nach Erhalt der Arten und deren erneuter Verbreitung auslöst. In mühevoller, heimlicher und gefährlicher Forschungsarbeit, gelingt es ihnen, in den Müllbergen der "Nichterlaubten Offiziellen Kreise" erfolgreiche Versuche für die Neuaufzucht von Pflanzen und Tieren zu machen, die eines Tages, ähnlich wie das Wasser im Museum der Wassergläser das Opfer einer hungrigen Meute Ausgestoßener aus den Ärmstenlagern São Paulos werden. Souza selber hat sich wie die meisten Brasilianer an eine neue entpersönlichte Gesellschaftsform angepaßt, die über Medien und eine gezielte Propaganda seitens der regierenden Militechner ihre Bürger zu willenlosen Robotern umfunktionieren will.

Die Gesellschaft Brasiliens im ersten Viertel des 21. Jahrhunderts ist eine rein urbane Gesellschaft. Die Stadt São Paulo sowie Mexiko, Manila u.a. Großstädte der Dritten Welt sind schon zum ausgehenden 20. Jahrhundert, mehr noch als damals, hoffnungslos übervölkert. Die Luft ist erfüllt von Gestank nach Leichen, Insektiziden und Formalin:

Tentaroam tudo para eliminar esse cheiro de morte e decomposiçao que nos agonia continuamente. Será que tentaram? Nada conseguiram. [...] Nao há tempo para cremar todos os corpos. Empilham e esperam. Os esgotos se abrem ao ar livre, descarregam em vagonetes, na vala seca do rio. [...] Forma-se uma atmosfera pestilencial que uma bateria de ventiladores possantes procura inutilmente expulsar. Para longe dos limites do oikoumenê, palavra que os sociólogos, ociosos, recuperaram da antiguidade, a fim de designar o espaço exíguo em que vivemos. Vivemos? (ebd.: 11)

Die Menschen in der Stadt São Paulo leiden unter Nasenbluten, tränenden Augen und rissiger Haut trotz der durch die Regierung verordneten Atemmasken. Die große Hitze erzeugt eine Dunstglocke, einen Nebel, der alles einhüllt, sich von Tag zu Tag verdichtet und das Atmen immer mehr erschwert. Essen und Trinken ist rationiert. Einkäufe von Lebensmitteln und Getränken können nur durch entsprechende Marken getätigt werden. Der Wassermangel ist so groß, daß Trinkwasser aus Urin aufbereitet werden muß. Dafür schuf das System die sogenannten "Postos Apropriados". In ehemaligen öffentlichen Bedürfnisanstalten wurden äußerst komfortable Toiletten eingerichtet, die mit allem denkbaren Komfort in der Art eines exklusiven englischen Privatclubs ausgestattet waren: "Sanitários limpos, sabao, ar seco para enxugar o rosto e as maos, ventinhos frescos, banquinhos para repousar, máquina de fazer vinco em calça" (ebd.: 27). Nur ein Bürger, der sich einer gründlichen medizinischen Untersuchung unterzieht und für gesund befunden wird, erhält einen entsprechenden Benutzerausweis. Sein Urin ist kommerzialisiert. Er wird in einem zentralen Becken gesammelt und dann recycelt, d.h. gefiltert, gereinigt, verfeinert und verwandelt kehrt er geruchlos und steriliert als Trinkwasser zurück. Der Wassermangel in der total überbevölkerten Metropole São Paulo führt zu katastrophalen sanitären Zuständen. Die Straßen sind erfüllt von stechenden Gerüchen nach Leichen, die von Lastwagen, "alegremente pintados em amarelo e verde", Tag und Nacht ausgekippt werden und sich mit dem Gestank aus Müll und Exkrementen aus der Gegend der Ärmstenlager, der "Acapamentos Paupérrimos", vermischen und sich bis in die Distrikte der "Círculos Oficiais Permitidos" auswirken.

Brandãos Horrorvisionen von Mensch und Umwelt zu Beginn des 21. Jahrhunderts sind schon aus heutiger Sicht in ihrer Endgültigkeit von einer erschreckenden Logik und durchaus nicht mehr nur als fiktionale Spielereien zu verstehen. Der Massenexodus aus dem Nordosten in die Großstadt São Paulo erzeugt ein Elendsprotelariat, das jenseits der "Erlaubten Offiziellen Kreise auf den siebenundsiebzig Hügeln Müll" dahinsiecht. Den Bewohnern der Armen- und Ärmstenlager, die durch die ständig zunehmende Migration aus den umweltzerstörten Gebieten im Nordosten Brasiliens eine wachsende Existenzbedrohung für den urbanen Kern darstellen, wurde der Zutritt in die Erlaubten Offiziellen Kreise verboten. Ohne jegliche organisierte Überlebenschance - Passierscheine für die einzelnen Distrikte, die Zuteilung von Essen- und Wassermarken, der Nachweis eines festen Wohnsitzes - waren sie der Vernichtung preisgegeben und das ganz offiziell, nachdem der Präfekt der Stadt eines Tages erklärte, daß São Paulo aufhören muß zu wachsen. Die Bewohner der Müllhalden führen einen auswegslosen Kampf ums Überleben. In Bergen von Plastik, Hügeln aus Blechbüchsen, in Schrott und Schutt, Dreck und Gerümpel streichen zerlumpte Horden herum auf der Suche nach verwertbaren Gegenständen für den Eigen- und Fremdbedarf. Ausgegliedert aus den "Erlaubten Offiziellen Kreisen" sind sie sich selbst überlassen. Rivalitätskämpfe unter ihnen sind ganz im Sinne des Systems, das daran interessiert ist, daß möglichst viele von ihnen sterben und somit bei wenig offiziellem Aufwand der Überbevölkerung Einhalt geboten wird. Viel schlimmer noch als auf den Müllhalden geht es in den "Ärmstenlagern" zu:

Lá, ficam estendidos uns sobre os outros, sem forças para se levantar. Nao se revoltam por quê? Porque só sabem abrir a boca e fechar, pedindo comida e água. Já viu filhote de passarinho? Igual, só falta piar (ebd.: 232).

Die Hitzeballons aus dem Nordosten bedrohen São Paulo. Nur wer eine Wohnung hat, kann sich vor den Sonnenstrahlen und dem bläulichen Nebel, der mit Leichengestank, dem ätzenden Geruch nach Abfällen und Pestiziden aufgeladen ist, etwas schützen. Die Bewohner São Paulos geraten immer mehr in Panik. Gerüchte von Regenschirmen aus schwarzer Seide als Schutz gegen die lebensbedrohenden Hitzeballons machen die Runde. O Esquema kündet mit großem Propagandaaufwand über Fernsehen und Funk den Bau der "Ausgedehnten Marquisen" zum Schutz der Bevölkerung an:

"O esquema esta entregando as marquises, a grande solucao para os dias de calor - ninguém mais ao desabrigo - espléndida realizacao do ministério social" (ebd.: 311).

Es kursieren phantastische Gerüchte über die Konstruktion dieser Marquisen, unter der die gesamte Bevölkerung am Tage Platz und Schutz vor den tödlichen Sonnenstrahlen finden soll. Die Bewohner São Paulos werden über Lautsprecher aufgefordert, sich des Nachts, den Hinweisschildern folgend, auf den Weg zu den Unterständen zu machen: "Andando, caro cidadao. Andando. Esgotado seu tempo". Die "ausgedehnten Marquisen", "a construçao do século" entpuppen sich vor den Augen der erstaunten Bürger nach Sonnenaufgang als nichts anderes als eine Betondecke riesigen Ausmaßes, gestützt auf Tausende von Betonpfeilern. Die notwendigen sanitären Anlagen, Bäder und Trinkwasserstellen fehlen oder sind in der dichtgedrängten Masse der Schutzsuchenden nicht auszumachen. Ein Lüftungssystem gibt es nicht. Das neue brasilianische Wunder, als zwanzigstes Weltwunder von seinen Architekten gepriesen und von der Bevölkerung durch eine "Kalamitätensteuer", "Taxa Calamidade", finanziert, wird zur Falle. Für diejenigen, die in der Masse eingekeilt sind ebenso wie für diejenigen, die am Rande stehen und Gefahr laufen, in das Sonnenlicht hinausgestoßen zu werden und zu verbrennen. Durch die Lautsprecher kommen entsprechende Warnungen:

Informam os setores de segurança das Marquises que as pessoas devem se conservar distantes das bordas. Nao ultrapassem as faixas amarelas do chao. Os bolsoes de calor atingiram toda a regiao. Sair debaixo das Marquises representa a morte imediata" (ebd.: 326).

Unter den Marquisen beginnt ein rücksichtsloser Kampf ums Überleben. An den gefährlichen Rand werden die Schwächsten und Ältesten gedrückt. Sie klammern sich an den Umstehenden fest, die ihrerseits verzweifelt bemüht sind, sich aus dieser Umklammerung zu lösen, um nicht mit in den Tod gerissen zu werden. Jeder trachtet, in die Mitte der Betonüberdachung zu kommen. In der Nacht, wenn keine Gefahr besteht, entfernen sich die Menschen nur kurz, um sich etwas Bewegung zu verschaffen. Die Angst, den aufgegebenen Platz unter der Marquise nicht zurück zu bekommen, treibt sie jedoch schnell wieder in die dichtgedrängte Menschenmenge.

Souza, der Protagonist in Brandãos Roman, entdeckt eines Abends außerhalb der Betondecke einen kleinen grünen Zweig, ein Hoffnungsträger für neues, regeneriertes Leben in einer lebensfeindlichen Umwelt. Aus der Zerstörung heraus, entwickelt sich vor seinen Augen ein Prozeß der Erneuerung, der für ihn im Hinblick auf die Überlebenschancen der Menschheit Symbolbedeutung erhält. Die Zerstörung - der Tod - ist nicht unüberwindbar:

Atinge individualmente, jamais o conjunto. A permanência do homem é a prova da derrota da morte. Reaparecer restaurada é a vitória desta planta. Sobreviver, a sua vingança. Porque estamos num jogo, em que há batalhas ganhas e perdidas. Jamais a guerra total, o fim, extermínio. [...] Chegamos ao ponto de nos alegrarmos com uma liberdade que nasce do estéril, vem do destruído. Ao menos que esteja aí a nossa vitória, a permanente possibilidade de reconstruçao. Nosso conceito de viver tem que ser modificado, para nos adaptarmos (ebd.: 330).

Holz, der begehrte Rohstoff in den riesigen Wäldern des Nordostens, wird rücksichtslos ausgebeutet - bis zum Fällen des letzten Baumes. Souzas Großvater war Holzfäller. Der Professor erinnert sich an den Geruch von Holz. Holz, das in den Tischlereien aufgestapelt war und zu Brettern und Balken verarbeitet wurde. Die Säge des Großvaters, die er als kleiner Junge bewundert hatte, wenn er ihn zusammen mit anderen Holfällern zu seiner Arbeit in den Wäldern begleiten durfte, ist ihm im Gedächtnis geblieben. Später, nachdem es keine Bäume mehr gab, "quando o Grande Deserto se instalou na Amazônia, quando a Grande Fenda dividiu o país, quando as chuvas passaram a castigar caatingas que por anos nao tinham visto agua (ebd.: 130), weicht die Bewunderung einem Schuldgefühl. Souza, der sich selber anklagt, versagt, keinen Widerstand geleistet, sich wie die anderen durch die gängige Regierungspropaganda vor der Wahrheit verschlossen zu haben, durchlebt in dem Bild des Großvaters, als "Zerstörer der Wälder", eine starke Irritation. In seinen Augen konnte der Großvater nicht einfach ein Zerstörer sein, "um simples exterminador", auch nicht der Vater, der sie begleitete, wenn seine Ferien "coincidiam com as grandes derrubadas", mit der Zeit des "großen Kahlschlags". Jedes Jahr kamen die Fazenda-Besitzer, um Leute für den Holzschlag anzuwerben. Jedes Jahr lag der Kahlschlag weiter entfernt und mit ihm drangen die Eisenbahnstrecken in das Hinterland vor, um den Abtransport der Hölzer zu besorgen. Jeder Baum wurde gefällt, auch die ganz alten Baumriesen, wie der dreihundert Jahre alte Baum, der für seinen Großvater eine berufliche Herausforderung darstellte. Souza erinnert sich:

Devia ter sido uma árvore fantástica. E meu avô tinha derrubado. Com suas maos calosas, os braços duros. Sentado sobre os anéis, olhava para o velho. Contente. Satisfeito por ser neto de um homem que nao se inimidava. [...] Um gigante desprotegido, os pés cortados, solto de repente, desabando num ruído imenso. Choro, lamento, ódio, socorro, desespero, desamparo. Ao tombar, tive a impressao de que ela procurava se amparar nas outras. [...] Ao mesmo tempo que tentava se apoiar, aquela coisa imensa parecia ter vergonha de se mostrar tao fraca. De ter sido derrubada sem nenhuma resistência (ebd.: 131f.).

Erinnerungen an die Vergangenheit, seine Kindheit und der Vergleich mit dem aktuellen Istzustand in einer veränderten Umwelt, erzeugen in Souza ein ihn beunruhigendes Spannungsfeld. Bezeichnenderweise wird sein Bewußtsein für Verantwortlichkeit durch die Aktivitäten seines ehemaligen Kollegen Tadeu und dessen engagiertes, aber erfolgloses Bemühen um den Erhalt verlorener Lebensqualitäten, geweckt. Andere, keine Intellektuellen wie Tadeu, einfache Arbeitnehmer, vertrieben aus den nordöstlichen Regionen, haben die Wahrheit, die das Regime dem Volk vorenthält, aus eigenen schlimmen Erfahrungen lernen müssen und planen den Aufstand. Zu ihnen gehört einer aus der Gruppe von Souzas Neffen, die die Wohnung des Professors besetzt hält und von hier aus ihre Vorbereitung für ihre geplante Revolution trifft. Von ihm erfährt Souza, was sich in dieser Region durch Korruption und Geschäftemacherei bis zu deren totaler Zerstörung ereignet hat. Er gehörte zur Gruppe der "aufgeklärten Arbeiter", der "Operários Esclarecidos", die in der Periode der "chronischen Lügner", "dos Mentirosos Crônicos", vom Regime kaltgestellt wurden. Er hatte Arbeit im Personalbüro einer Weberei im Gebiet des oberen Rio São Francisco im Nordosten Brasiliens gefunden. Durch die Versteppung der Region, nach der Vernichtung jedweder Vegetation und durch die darauf folgenden Bodenerosionen, trocknete der São Francisco immer mehr aus. Seine Nebenflüsse, Stauseen und Kanäle lieferten kaum noch Wasser. Die Bevölkerung gerät endgültig in Panik, als ihre Brunnen versiegten, ihr Vieh verdurstete, die Sonne immer heißer brannte und ihre Kinder starben, die keine Widerstandskraft mehr besaßen. Regiert wurde die Region von den "E-Is" den "Entschieden Inkompetenten", den "DIs", den "Decididamente Incompetentes", den unzähligen unfähigen Regierungschefs, die einander in schneller Folge abwechselten, das Land ins Chaos stürzten und die immer nur dann, wenn es darum ging, sich die eigene Tasche zu füllen, sich als in jeder Beziehung kompetent erwiesen. Widerstand? - Wie?:

"Nao havia possibilidade de se deter nada, era um processo bola de neve, desencadeado muitos e muitos anos atrás. Modificar o clima? De que jeito? Empurrar o sol para cima? Era o que dava vontade, para se livrar da quentura que arrancava a pele, ardia a cabeça, torrava os pés. A terra era areia, ou pedras. Me batia o desespero, por nao poder mover uma palha. Colocar de novo as montanhas no lugar, plantar a mata, puxar água do fundo da terra e transformá-la em rio?" (ebd.: 190)

Die Bewohner im Nordosten resignierten. Ihre Bittschriften fanden kein Gehör und wer unbequem war, mußte damit rechnen, seinen Arbeitsplatz zu verlieren. Das aber würde den Tod für die Familie bedeuten, durch den Verlust der täglichen Ration Wasser, einer Hütte zum Wohnen und den Verzicht auf einen noch so geringen Lohn. Die verzweifelte Jagd nach einem Arbeitsplatz führte zu Mord und Totschlag. Sie erschlugen einander im Dunkeln mit Stöcken und Steinen, mit Hieben und Fußtritten, oder brachten einander mit Messern und Gewehren um. Die verbliebenen Arbeitnehmer wurden von Polizeitruppen wie Gefangene überwacht, in der Fabrik und in ihren Hütten. Sie hatten Ausgehverbot. Die Angst macht gefügig und anpassungsfähig, den Arbeiter ebenso wie den Professor. Der unterworfenen und zerstörten Natur folgt der unterworfene, willenlose und zerstörte Mensch. Ich wünsche mir, sagt der einstmals "aufgeklärte Arbeiter":

"que tudo isso seja mentira, delírio. A viagem pelas estradas, à noite, derreteu meu cérebro, foi deixando os miolos em fiapos pelo camino. Tudo que tenho dentro é uma nuvenzinha leve, sombra do que foi uma cabeça que raciocinava, me fazia agir. Acho que procuro desculpas, para nao carregar um grande peso. Eu olhava aquele Nordeste devastado, campo de batalha medieval" (ebd.: 192).

Der Nordosten Brasiliens, speziell die Amazonasregion, steht schon in unserer Zeit seit langem im Schnittpunkt kritischer Analysen und Prognosen im Hinblick auf das Abholzen des tropischen Regenwaldes und klimatische Umweltveränderungen weltweit. Den mutigen, aber häufig ergebnislosen Aktionen engagierter Gruppen von Umweltschützern gegen die sinnlose Vernichtung der Wälder, und damit einer Versteppung des brasilianischen Nordostens, stehen, im Roman ebenso wie in der Realität unserer Tage, *vor allem die wirtschaftlichen Interessen großer Industrie- und Handelskonzerne entgegen*. Brandão evoziert in seinem Roman, als Mahner und als Prophet, Endzeitbilder von großer Eindringlichkeit im ökologischen ebenso wie im soziologischen Bereich. Als Vorspann zum Roman ist bezeichnenderweise ein königliches Dekret aus dem Jahr 1760 abgedruckt, mit dem das Fällen von Mangue-Bäumen zum ausschließlichen Handel mit Holz untersagt wird, da auf diese Weise die Gewinnung des wichtigen und wertvollen Gerbstoffes zum Färben unterbunden würde. Damit wird schon im 18. Jahrhundert auf die Gefahren aus einer planlosen Vernichtung des Baumbestandes hingewiesen. Allerdings wird der Entschluß des Königs nicht durch die Einsicht geleitet, die Bäume um der Bäume willen zu erhalten, sondern mehr durch die Bemühungen, mit deren Produkt die stets leere königliche Schatulle füllen zu können. Immerhin hat diese Anordnung damals, durch die Vergabe von

Lizenzen, die mit einem hohen Aufgeld zu vergüten waren, zu einer kontrollierteren Form der Abholzung geführt.

Der Reichtum Brasiliens lag, das wurde schon in der frühen Phase seiner Entdeckung und Kolonisation deutlich, in den scheinbar unerschöpflichen Ressourcen seiner pflanzlichen und tierischen Vielfalt. Ein Loblied auf diese Vielfalt singt ein Namensvetter Ignácio Loyola Brandãos zu Beginn des 17. Jahrhunderts. Ambrosio Fernandes Brandao gilt heute mit großer Wahrscheinlichkeit als Autor der "Diálogos das Grandezas do Brazil", die 1618 aufgezeichnet wurden. Die Fruchtbarkeit des Landes, den Reichtum an Bäumen, Pflanzen und Tieren aufzuzeigen, war das engagierte Anliegen dieses Autors. Er übt dabei gleichzeitig Kritik an dem Unverständnis der europäischen Kolonisten im Umgang mit diesen Geschenken einer exotischen und verschwenderischen Natur, die durch Monokulturen verschiedenster Art, mehr unter dem Gesichtspunkt des schnellen Profits als dem der sinnvollen Nutzung für spätere Generationen, ausgebeutet wurde. Im ersten Dialog findet sich eine Schilderung der Amazonasregion, die uns heute einen Eindruck ihrer damals noch kaum erforschten und unberührten Ursprünglichkeit vermittelt:

"O Pará ou Rio das Amazonas, que é nos tempos presentes a primeira terra do nosso descobrimento a respeito das mais que temos povoadas pera a parte do Sul, está situada [...] na linha equinocal, aonde nao temos até o presente (por ser novamente povoada) mais que uma pequena fortaleza guardada de poucos e mal providos soldados. Tem de bocca mais de oitenta leguas, e no reconcavo deste seio de tanta largueza ha innumeraveis ilhas, umas grandes e outras pequenas, bastecidas de muitos arvoredos, com sitios excellentissimos pera se poderem fazer nessas grandes povoaçoes, e todas estao cercada de agua doce; porque toda o que occupa este grande reconcavo é desta calidade. A terra firme pelo rio a dentro é fertilissima, acompanhado de muito bons ares, e por esse respeito nada doentia; tem muitas excellentes madeiras, capazes pera grandes fabricas, muito mantimento de ordinario da terra, muita caça agreste, de que abundam todos os seus campos, muito peixe, que se pesca com pouco trabalho, sadio e saboroso, e de differentes castas, muito marisco e até o presente (pelo pouco tempo que ha que é povoada) nao se ha feito pelos nossos nenhum beneficio na terra" (A.F. BRANDÃO 1930: 36).

Ende des 19. Jahrhunderts äußert sich ein anderer berühmter Schriftsteller Brasiliens zu den Gefahren der Zerstörung des ökologischen Gleichgewichts in seinem Lande, indem er ähnlich wie der Autor der Diálogos die Gefahren einer auf Monokulturen ausgerichteten Landwirtschaft beschwört:

Mlignamo-la (a terra), desnudamo-la rudemente, sem a mínima lei repressiva refreando essas brutalidades - e a pouco e pouco, nesta abertura contínua de sucessivas áreas de insolaçao, vamos ampliando em Sao Paulo, em Minas, em todos os trechos, mais apropriados à vida, a faixa tropical que nos malsina.

Nao há exemplo mais típico de um progresso às recuadas. Vamos para o futuro sacrificando o futuro. Como se andássemos nas vésperas do dilúvio" (CUNHA 1985: 143).

Brandãos Roman "Nao verás país nenhum", 1974 in erster Version unter dem Titel "A Marquisa Extensa" entstanden, 1979 überarbeitet unter dem vorläufigen Titel "O corte final" und 1981 unter seinem endgültigen Titel erstmals veröffentlicht, ist visionär auf eine Art, die man zwanzig Jahre später geneigt sein könnte, als realistisch zu bezeichnen. Die beißende Satire, mit der die Zerstörung der Umwelt durch ein System machthungriger Technokraten, in Brasilien und weltweit, heraufbeschworen wird, bewirkt die beklemmende Atmospäre eines bevorstehenden Weltunterganges. Brandao selber erklärt, daß ihn der apokalyptische Tenor seines Projekts beim Schreiben zeitweise mehr blockiert als motiviert habe. In der fast lyrischen Wende, die der Roman zum Schluß nimmt, wenn er in die Vision des Weltuntergangs die Hoffnung auf Welterneuerung hinzufügt, die sich in den philosophischen Betrachtungen Souzas über die Überlebenskraft einer winzigen Pflanze offenbart, die er zwischen Betonplatten entdeckt, und später in seiner Vorahnung von Wind und Regen als Lebensspender bestätigt sieht, manifestiert sich die letztendlich lebensbejahende Einstellung Ignácio de Loyola Brandãos. Das Buch endet bezeichnenderweise mit dem Ausspruch Galileis: "E pur se muove!"

Dem Roman liegen reale Fakten zugrunde. Seit Ende der sechziger Jahre steht das riesige Areal des tropischen Regenwaldes im Amazonasbecken und in den angrenzenden Gebieten mit ihren Feuchtsavannen im Mittelpunkt einer großangelegten Erschließung zu wirtschaftlichen Zwecken. Schon der Estado Novo und die nationalistischen Strömungen unter Präsident Getúlio Vargas weisen ein gezieltes Interesse an der Region im Nordosten Brasiliens auf. In seinem Discurso do Rio Amazonas in Manaus, 1940, versteht Vargas den Marsch nach Westen, die faktische Inbesitznahme "unseres Amazoniens", als eine nationale Aufgabe. 1953 wird die SPVEA (Superintendência do Plano de Valorização) ins Leben gerufen, die eine gezielte Planung zur Auswertung der Ressourcen des tropischen Regenwaldes entwerfen soll. Mit der Verlagerung der Hauptstadt nach Brasília, auf den Planalto Central, und dem Beginn der großen Straßenbauprojekte, Belém-Brasília, Brasília-Acre, u.a. unter Präsident Juscelino Kubitschek, wird die unter Vargas begonnene Regionalpolitik unter nationalpolitischem, vor allem aber unter marktwirtschaftlichen Gesichtspunkten fortgesetzt. Als wichtiges Argument hierfür dient den Politikern der Bedarf an Rohstoffen, sowie "die politische Suche nach Lösungsventilen für soziale Spannungen infolge disparitärer Agrarsozialstrukturen, die der Erschließung des brasilianischen Interior auf Dauer eine besondere Stellung gegeben haben" (COY 1987: 276).

Ignácio de Loyola Brandãos Roman verweist 1981 auf die Konsequenzen aus einer Entwicklung im ökologischen Umfeld des tropischen Regenwaldes, die in nicht so ferner Zukunft, von heute aus gesehen in 20 bis 30 Jahren, verheerende Folgen für die Menschheit mit sich bringen werden. Folgen, über die sich damals zahlreiche Wissenschaftler bereits klar waren und die sich vorwiegend aus einer nicht angemessenen und sinnvollen, an Bodenbeschaffenheit und Bevölkerungsart angepaßten Planung der Amazonas-Region ergaben. Folgen, die daraus resultierten, daß bei den für Projektplanungen eingesetzten Funktionären und Investoren eine entsprechende Sachkenntnis der Problematik gefehlt hat und man in den meisten Fällen allein auf ein Maximum an Profit, national und international, setzte:

Wichtig ist bei der Regionalplanung auch die intensive Regionalkenntnis der Planer, die Kenntnis z.B. von sozialen Bewegungen der ländlichen Bevölkerung und der Reaktion der Betroffenen auf Planungsmaßnahmen, die Lernfähigkeit der Planer und die Entwicklung eines kritischen Bewußtseins gegenüber nicht angepaßten Konzepten, unrealistischen, idealtypischen, statischen, "importierten" und praxisfernen Vorstellungen von "Schreibtisch-Tätern" (KOHLHEPP 1987: 308).

Wenn Militechniker im Roman Brandãos, als Vertreter einer autoritären Staatsmacht über die Köpfe der Menschen und ihrer Bedürfnisse hinweg planen und agieren, stellen sie nur die extremste Form einer menschenverachtenden Nutzung und Be-Nutzung von Mensch und Umwelt zu eigenem Nutzen dar, die in den Wirtschafts- und Politmagnaten in Brasilien und ähnlichen Regimen weltweit schon in der letzten Hälfte unseres Jahrhunderts ihre Repräsentanten hatten. Die übergeordnete Bedeutung von Internationalität vor Nationalität, vor allem im wirtschaftlichen Bereich, ist 1995 auch für uns zum Schlagwort mit allen positiven und negativen Folgen geworden. Der "Begriff von der Nation hat sich gewandelt", erklärt der Neffe seinem Onkel im Roman Brandãos. Was jetzt weltweit gilt, ist ein von allen Seiten gepriesener "Internationalismus". Die "Multiplizität", "a multiplicidade", ist ein unerläßliches Instrumentarium der internationalen Kommunikation geworden, wie der Neffe den Onkel mit Enthusiasmus belehrt: "O mundo se globaliza". Wirtschaftliches Monopol besitzt weltweit die "Multinter". Auch Brasilien hat an die "Multinter" Territorien in Konzession abgegeben, in der Region des nördlichen Mato Grosso, des Maranhao und Pará. Andere Nationen und deren politische und wirtschaftliche Vertreter können in diesen Regionen ihre Geschäfte tätigen, allein nach ihren wirtschaftlichen Interessen und Zielen ausgerichtet. Auch die anfallenden Arbeitsplätze werden mit den mitgebrachten Landsleuten besetzt und damit die heimischen Bewohner Brasiliens vertrieben und um ihren Lohn gebracht. Auch Brasilien besitzt solche Reservate auf der ganzen Welt und agiert im Hinblick auf die dortige Bevölkerung identisch mit den fremden Konzessionären im eigen Land:

Reservas no Uruguai, Bolivia, pedaçao no Chile, na Venezuela. [...] Nao é colocizaçao, tio, é diferente. Sao reservas multiinternacionais. O mundo se globaliza" (BRANDÃO 1985: 73).

Eine Vision, die sich heute in Brasilien als real nachvollziehen läßt, wenn Teilen der Landbevölkerung und den letzten freilebenden Indianern des Amazonasraumes der angepaßte Lebensraum durch wirtschaftliche und industrielle Projekte, nationaler und internationaler Art, entzogen wird. Julio Barbosa, Kautschukzapfer und Nachfolger des ermordeten Chico Mendes im Amt des Präsidenten der Landarbeitergewerkschaft, erklärt in einem mit ihm am 17.3.89 in Bonn geführten Interview:

"Das Amazonasgebiet, Brasilien überhaupt, wird seit mehreren hundert Jahren internationalisiert, seit dem Beginn der Kolonialgeschichte. Die Regierung selbst lockt ausländische Konzerne ins Amazonasgebiet, diese Konzerne bekommen dann auch noch Steuervorteile und Strom zu enorm subventionierten Preisen. Wir wenden uns gegen diese Art von Internationalisierung. Wir wollen nicht, daß Amazonien zur Antarktis, wo jeder Staat sein abgegrenztes Stück Land hat und eine Fahne aufstellt." (GESELLSCHAFT FÜR ÖKOLOGISCHE FORSCHUNG 1989/90: 85).

Anhand dieser wenigen Belege engagierter Wissenschaftler aus den Bereichen der Geographie und der Ökologie erhält die Fiktion im Roman Brandãos, trotz ihrer extremen Form der Darstellung, eine fast beängstigende Realität. Die Vision des Kahlschlags der Wälder im Amazonasgebiet Brasiliens, die bei Brandao in ihrem Endzustand für den Beginn des 21. Jahrhunderts bereits eine Tatsache ist, wird heute von vielen Umweltschützern und Wissenschaftlern auf ihre möglichen Auswirkungen auf das Klima, regional und weltweit, mit wachsender Intensität untersucht und bewertet. Prognosen der modernen ökologischen Forschung im Hinblick auf die voraussichtliche Entwicklung für die nächsten Jahrzehnte, kommen den fiktiven Visionen Brandaos erstaunlich nah:

Die Schätzungen, wieviel amazonischer Wald pro Jahr vernichtet wird, gehen zwar weit auseinander, aber daß es sich dabei um riesige Flächen handelt, ist unstrittig. Zur Beurteilung der Zukunftsaussichten des tropischen Regenwaldes dürfte es auch ziemlich gleichgültig sein, ob die jährlich vernichtete Fläche die Größe Frankreichs, der Bundesrepublik oder etwas weniger (200.000 km^2/Jahr) hat. Da fast die Hälfte des amazonischen Regenwaldes bereits fehlt, läßt sich die Überlebenswahrscheinlichkeit des Restes kalkulieren. Gegen Ende unseres Jahrhunderts werden wahrscheinlich kaum mehr als 15%, vielleicht noch weniger, übrig sein. Ob noch nennenswerte Flächen amazonischen Waldes die nächsten 50 Jahre überdauern, erscheint höchst ungewiß. Beim gegenwärtigen Vernichtungstempo wird keine neue Baumgeneration mehr überleben. Schlimmer können Hochrechnungen kaum ausfallen" (REICHHOLF 1989/90: 27).

Günter MERTINS vollzieht in seinem Essay "Ausmaß und Verursacher der Regenwaldrodung in Amazonien - ein vorläufiges Fazit", von 1992, in seiner Analyse eine nicht ganz so düstere Prognose des Ist-Zustandes, wenn er im Hinblick auf die zu registrierende Rodungsfläche nach Großräumen weltweit für

Lateinamerika den "geringsten Anteil an vernichtetem Tropenwald" feststellt. Im Prinzip sieht aber auch Mertins in einer unzureichenden und uneffizienten Planung seitens der Verantwortlichen, die in der Lage sein müßten, im Hinblick auf die kommenden Generationen das notwendige Gleichgewicht zwischen Rodung, Nutzung und Erhalt des Baumbestandes im tropischen Regenwald aufrecht zu erhalten, die Ursache für die Gefährdung dieses wichtigen geographischen Großraumes. Sozusagen in der Vor-Phase zum Tatbestand der Landflucht bei Brandão aus dem inzwischen durch Erosion und Klimaveränderung unbevwohnbar gewordenen Nordosten Brasiliens, stellt sich die Situation in den 70er und 80er Jahren dar, die geprägt war durch ungeheure Migrationsbewegungen, Zuwandererströme, in den Amazonasraum in der Erwartung wirtschaftlicher Expansion. Migration, die ursächlich beteiligt war an der sich immer schneller und weiter ausdehnenden Vernichtung des Baumbestandes durch Rodung im Rahmen landwirtschaftlicher und industrieller, kleiner, mittlerer und großer Produktionsbetriebe im nationalen und internationalen Umfeld. Abgesehen von der Tatsache, daß Ansätze zu Reformen im Rahmen einer sinnvollen Erschließung der Ressourcen aus der Sicht der unterschiedlichen Interessengruppen bislang unterblieben:

... "ist allein aufgrund des Bevölkerungsdrucks abzusehen, wann vom 'Amazonas-Urwald' nur noch Reste in Form von Nationalparks etc. übrig bleiben. Werden die neuerdings oft diskutierten, mit internationaler Hilfe finanzierten Großprogramme zur Rettung der noch bestehenden tropischen Regenwälder in Amazonien zu spät kommen?" (MERTINS 1992: 24)

"Nationalparks" als eine akzeptablere Lösung als die "brasilianische Sahara" im Roman Brandão, bleiben beide wohl eine Frage der zukünftigen Entwicklung, der Einsicht der Zuständigen und der Aufklärung der Bevölkerung. Ignácio de Loyola Brandão, der sich neben seiner Tätigkeit als Romanschriftsteller, jahrelang und intensiv als Journalist und als Filmemacher beschäftigt hat, ist mit dieser Entwicklung durch entsprechende Informationen in den Medien sicher gleichfalls konfrontiert gewesen. Brandao gehört zu den Vertretern der Nova [Novíssima] Literatura Brasiliens. In Literaturgeschichten naturgemäß, weil noch "zu präsent", nur kurz angemerkt und ungenügend untersucht, ist die aktuelle Literaturkritik bemüht, die besonderen Stilelemente und die Themenschwerpunkte für den Leser sichtbar zu machen. Dazu gehört für den brasilianischen Literaturhistoriker und Kritiker, Malcolm Silverman, der "culto da destruição" Ignácio de Loyola Brandãos im Hinblick auf die Gültigkeit und Wertigkeit überlieferter Inhalte und Richtlinien im Leben des Einzelnen und der Gesellschaft.

Bleibt die Frage nach der Kompetenz, Art und Anzahl der Leserschaft einer zweifellos nicht leicht zu konsumierenden Lektüre, die in Form einer sehr radikalen und oft brutalen Literatursprache doch offensichtlich eine "message" übermitteln will, in diesem Roman ebenso wie in "Zero", der 1974 erstmals in

Mailand, später auch in Brasilien veröffentlicht wurde und 1982 in deutscher Übersetzung erschien. "Nao verás país nenhum" erschien 1986 unter dem Titel "Kein Land wie dieses - Aufzeichnungen aus der Zukunft" auf dem deutschen Buchmarkt. Über Auflagenhöhe und Absatz der deutschen Version liegen mir zur Zeit keine Angaben vor. Eine zweite Auflage scheint bisher nicht erschienen zu sein. Während der deutsche Buchmarkt, von der Kaufkraft und dem Ausbildungsstand des Leserpublikums her gesehen, alle Möglichkeiten für den Konsum einer derartig herausfordernden Lektüre hat, dürfte die Lage in Brasilien schon durch äußere Konditionen weniger günstig für die Verbreitung des Romans sein. Dennoch scheint es realistisch, daß zahlreiche brasilianische Leser, den Roman "Nao verás país nenhum" von Loyola Brandão mit Interesse und Aufmerksamkeit gelesen, seine "message" verstanden haben und ihrer eigenen kritischen Sicht in angepaßter Form zuordnen konnten. Daß auch die Ärmsten des Landes, in den Favelas der Großstädte São Paulo und Rio de Janeiro, die vertriebenen Siedler und die in ihrem Lebensraum im Amazonasgebiet bedrohten letzten Indianergemeinschaften, die Gefährdung ihrer Zukunft durch Umweltzerstörung erkannt haben und sich im Kampf um ihren Lebensraum organisieren und artikulieren, ist weltweit durch die Medien spätestens seit dem internationalen Umweltgipfel in Rio 1991 und der parallel zu ihm stattgefundenen Proteste aus den Reihen der brasilianischen Bevölkerung bekannt geworden. In diesem Sinne ist jedem interessierten Leser hier, ob Wissenschaftler oder interessierter Laie in Sachen Ökologie, die Lektüre von Brandãos Roman durchaus zu empfehlen. Wer die Bilder aus den Armenvierteln Mexicos, Manilas, São Paulo, Rios u.a. Großstädte, die sich in immer größeren Kreisen um diese Zentren der sogenannten modernen Zivilisation herum aufbauen, im Medium Fernsehen abgelichtet sieht, kann die apokalyptischen Visionen Brändaos in den "Acampamentos Paupérimos" als eines Tages möglicherweise realistisch nachvollziehen und sollte durch eine derartige Lektüre entsprechend motiviert zum Nachdenken und Handeln sein. So gesehen gibt der Roman "Nao verás país nenhum", wenn er entsprechend angenommen wird, ein hervorragendes Beispiel dafür, daß sich auch Roman-Literatur als Mittler, Mahner und Prophet in der zukünftigen Entwicklung der menschlichen Spezies verstehen kann. Ob vom Autor in seiner Tendenz so gewollt oder nicht, spielt dabei eine untergeordnete Rolle: das Werk einmal veröffentlich, durchläuft in der Rezeption durch Kritiker und Leserpublikum eine ihm eigene Entwicklung und Wirkung, die im vorliegenden Fall nicht nur einen literarisch-ästhetischen, sondern auch einen soziologisch-realen Aspekt aufweist.

Literatur

Brandão, A. F. (1930): Diálogos das Grandezas do Brasil. Rio de Janeiro.
Brandão, de Loyola I. (1985): Nao verás país nenhum. São Paulo.
Coy, M. (1987): Junge Pionierfrontentwicklung in Amazonien. Rondônia: Ursachen und Konsequenzen des neuen "Marcha para Oeste. In: Kohlhepp, G. (Hrsg.): Brasilien, Beiträge zur regionalen Struktur- und Entwicklungsforschung. Tübinger Geographische Studien, 93. Tübingen.
Cunha, da E. (1985): Obra Completa, Vol. I, p. 164. In: Sevcenko N.: Literatura como Missao. São Paulo.
Gesellschaft für ökologische Forschung (Hrsg.; 1989/1990): Amazonien, ein Lebensraum wird zerstört. München.
Kohlhepp, G. (1987): Herausforderung von Wissenschaft und regionaler Entwicklungspolitik. Überlegungen zur zukünftigen Entwicklung Amazoniens. In: Kohlhepp, G. (Hrsg.): Brasilien, Beiträge zur regionalen Struktur- und Entwicklungsforschung. Tübinger Geographische Studien, 93. Tübingen.
Mertins, G. (1992): Ausmaß und Verursacher der Regenwaldrodung in Amazonien - ein vorläufiges Fazit. In: Endlicher, W. (Hrsg.): Amazonien, Mensch-Natur-Entwicklung. Hamburg: 15-26 (= CEILA - Marburg, Bd. 3).
Neruda, P. (1982): Canto General. Barcelona.
Reichholf, J.H. (1989/1990): Amazonien als Ökosystem. In: Gesellschaft für ökologische Forschung (Hrsg.): Amazonien, ein Lebensraum wird zerstört. München.

Mehr als Überlebenspragmatismus -
Zur Handlungsrationalität von Frauen in der Ökologiebewegung.
Das Beispiel einer mexikanischen Frauengruppe in einem ökologischen Landnutzungsprojekt[1]

Birte Rodenberg

Resumen

Desde la Conferencia Mundial de Ecología en Río de Janeiro 1992, organizada por las Naciones Unidas, es más evidente que nunca que ante todo las mujeres del sur, como las afectades, luchan activamente - en organizaciones locales y sin remuneración alguna - en contra de la crisis ecológia global. Las medidas políticas de desarrollo, en cambio, pretenden asignar el "papel del ama de casa global" a las mujeres. Si se pretende evitar que las mujeres, una vez más, sean usadas e instrumentalizadas como portadoras de esperanza para nuevos paradigmas como el "desarrollo sustentable" su compromiso ecológico indispensable para su supervivencia debe ir acompañado de mayor fuerza, vale decir, de procesos de concentración paulatina de poder. Si estos procesos se realizan, cómo se verifican y qué perspectivas y límites existen para ampliar sus campos de acción, son aspectos analizados en un ejemplo de un grupo de mujeres, que trabaja en un proyecto ecológico no-estatal de aprovechamiento agrícola en Oaxaca, Méjico.

1. Was haben Frauen mit der ökologischen Krise zu tun?

Umweltzerstörung betrifft die Frauen des Südens insofern am härtesten, als daß eine Beschädigung oder Vernichtung der Naturressourcen die Subsistenzproduktion, für die in erster Linie sie verantwortlich sind, erschwert oder sogar unmöglich macht. Als Hauptversorgerinnen der Haushalte mit Wasser, Brennholz, Nahrungs- und Futtermitteln sind sie unmittelbar vom Verschwinden dieser Ressourcen betroffen, da sie noch mehr Zeit und Energie für die Befriedigung der Grundbedürfnisse aufbringen müssen.

In den letzten Jahren ist aber auch deutlich geworden, daß es vor allem die Frauen des Südens sind, die aktiv auf die verheerende ökologische Krise antworten, d.h., daß sie nicht nur als Opfer und Leidtragende der Krise, sondern als Handelnde auftreten:

In lokal organisierten Basisgruppen engagieren sie sich - oft von kleinen, nationalen Nichtregierungsorganisationen unterstützt - sowohl auf dem Land als auch in der Stadt eben da für den nachhaltigen Erhalt der natürlichen Ressourcen und wehren sich dort gegen die Zerstörung derselben, wo das Überleben durch die Umweltzerstörung eingeschränkt oder bedroht ist. Mit Hilfe einfacher angepaßter Techniken und überlieferter Kenntnisse versuchen sie, lokale oder regionale Lösungswege aus der ökologischen Krise zu finden. Die Installierung einer Anlage zur Entsalzung und Wiederaufbereitung von Trinkwasser in Indien zählt dabei, ebenso wie der Aufbau eines Müll-Recycling-Zentrums in Mexiko, eher zu den spektakulären, wenn auch nicht seltenen Projekten. Frauen, die sich in Gruppen zusammenschließen, um energiesparende Herde zu bauen, wiederaufzuforsten oder ökologischen Landbau zu betreiben, sind hingegen weitaus häufiger zu finden.

Dieses Engagement macht sie v.a. aus der Sicht nationaler und internationaler entwicklungspolitischer Institutionen zu den "Hoffnungsträgerinnen einer besseren Zukunft", was die Gefahr der Vereinnahmung und Funktionalisierung in sich birgt. Gerade im Zusammenhang mit der UNCED-Konferenz in Rio de Janeiro 1992 ist deutlich geworden, daß Frauen als "besondere Trägergruppe" eines neuen, tragfähigeren Entwicklungsweges gelten und im Zusammenhang mit der zunehmend propagierten Kurskorrektur für eine dauerhafte Entwicklung (Sustainable Development) leicht als "global-ökologische Haushälterin" (SCHULTZ 1993) funktionalisiert werden können. Diese von Wichterich als "Feminisierung der Verantwortung" (WICHTERICH 1992: 62) bezeichnete Vereinnahmung von ökologisch engagierten Frauen als Trümmerfrauen der zerstörten Umwelt findet jedoch nicht nur auf der Ebene staatlicher Entwicklungspolitik statt, sondern auch auf der Ebene der NROs und deren Vernetzungen.

Unter der Prämisse, sich dem Problem der ökologischen Krise aus entwicklungssoziologischer Sicht nähern zu wollen, d.h. diese als gesellschaftliche zu verstehen (LACHENMANN 1990), ist es von zentraler Bedeutung, das hier vorgestellte Phänomen des Engagements der Frauen des Südens nicht zu idealisieren, sondern ihr Handeln unter dem Aspekt der Handlungsrationalität und des Handlungsspielraumes zu betrachten.

Wie bereits oben skizziert, agieren die Frauen nicht aufgrund einer vermeintlichen, qua Geschlecht gegebenen "größeren (sozialen oder spirituellen) Nähe zur Natur", sondern aus ihrer Betroffenheit als Subsistenzproduzentinnen heraus. Als solche sind sie rational handelnde Überlebenspragmatikerinnen, die sich im Spannungsfeld zwischen Subsistenz- und Warenproduktion befinden. Beide Wirtschaftsweisen sind notwendige Bestandteile des tagtäglichen Krisenmanagements der Existenzsicherung. Handlungstheoretisch heißt das, daß ihre "Handlungen (...) aus der immanenten Rationalität der Produktions- und Sozialsysteme heraus zu verstehen und zu erklären sind" (LACHENMANN 1990: 22)[2].

Der Blick auf die sozio-ökonomischen Herrschaftsstrukturen, die das Handeln der Frauen determinieren, bringt auch die Frage nach deren Handlungsspielräumen auf, welche sie - das sei an dieser Stelle hervorgehoben - grundsätzlich durch die Teilnahme an Umweltprojekten resp. im Rahmen von NROs erweitern können. Doch reicht es nicht aus, allein "ein bißchen Erweiterung der Handlungsspielräume" zu konstatieren. Vielmehr ist es von zentraler Bedeutung zu analysieren, ob bzw. inwiefern denn das ökologische Engagement der Frauen auch gesellschaftliche Empowermentprozesse initiiert oder initiieren kann, und damit die die Handlungsmöglichkeiten von Frauen begrenzenden sozio-ökonomischen Strukturen verändert - zumindest lokal oder regional.

2. Dem Planeten die Windeln wechseln? Die Bedeutung von Empowerment für Frauen

'Empowerment' wird hier verstanden als Prozeß der Machtbildung in dem Sinne, wie es auf der Weltfrauenkonferenz 1985 in Nairobi vom Frauennetzwerk DAWN[3] konzipiert wurde: Nicht als Partizipationsstrategie einer nachholenden Entwicklung, die Frauen in die herrschenden Strukturen integieren will, sondern als "Strategie der Machtbildung (, die) auf gesellschaftliche Transformation von unten abzielen (soll)" (WICHERICH 1994: 33)[4]. Die Erweiterung weiblicher Handlungsspielräume, wie die Ausweitung räumlicher Mobilität, zeitlicher Flexibilität und die Reduzierung der über sie ausgeübten sozialen Kontrolle, sind dabei ebenso wichtige Elemente des Prozesses wie die Partizipation an kommunaler Infrastruktur. Dennoch sind diese Aspekte für die Machtbildung nicht ausreichend. Unerläßlich sind darüber hinaus die Veränderung der geschlechtshierarchischen Arbeitsteilung, das Erlangen von Verfügungsrechten über materielle Ressourcen und natürlich - last, not least - Bewußtseinsbildung. Bewußtseinsbildung im Sinne der Ausbildung eines Unrechtsbewußtseins, das dazu befähigen soll, die eigene Problemlage zu analysieren, ist keine neue Erfindung des Frauennetzwerkes DAWN. Mit dem Ansatz FREIRES (1973) ist 'Empowerment' längst integraler Bestandteil pädagogischer und methodischer Konzepte entwicklungspolitischer Basisarbeit, insofern, als daß ihm eine initiierende, katalysierende Funktion für die Mobilisierung zugeschrieben wird. Diese Veränderung des Bewußtseins ist im Rahmen des Empowerment-Prozesses bei ökologisch engagierten Frauen jedoch seltener die ursprüngliche Motivation, sich zu einer Gruppe zusammenzuschließen, sondern vielmehr der oben skizzierten überlebenspragmatischen Handlungsrationaliät nachgeordnet. Hingegen ist es erst die bereits gemachte Erfahrung von dynamisierenden und bestärkenden Gruppenprozessen und damit die Erfahrung von Machtbildung, die auf einer "identitäts- und sinnstiftenden Ebene" (LACHENMANN) zur Motivation wird, sich in der Gruppe (weiterhin) zu engagieren.

Mit anderen Worten: die Selbstversorgung mit Grundnahrungsmitteln erreicht, die Bodenerosion gestoppt oder durch das Betreiben eines Recycling-Zentrums den Müllberg in der Kommune reduziert zu haben, das ist es, was die Frauen allen Sanktionen ihres sozialen Umfeldes zum Trotz "bei der Stange" hält. Doch außer diesem materiellen Erfolg der Gruppenaktivitäten ist es die Erfahrung des Frauenraumes als einen "sozialen Raum für eigenständigen Wandel" (LACHENMANN 1992: 75), die sie motiviert und die neben die existenzsichernden Aspekte tritt.

Ob und wie diese Prozesse der Bewußtseinsveränderung, Interessensdurchsetzung und des Machtgewinns bei den in Gruppen organisierten Frauen stattfinden, welche Chancen und Grenzen der Erweiterung ihrer Handlungsspielräume durch die Teilnahme an ökologischen Projekten bestehen und wo die Gefahren der Vereinnahmung für die übergeordneten Projektziele liegen, soll im folgenden anhand einer Fallstudie aus Mexiko erörtert werden:

3. Mit altem Wissen neue Wege gehen: Das Landwirtschaftsprojekt in der Mixteca Alta

Aufgrund eines immer größer werdenden Problemdrucks - durch wachsende Umweltverschmutzung einerseits und eine wenig konsequente bis wirkungslose staatliche Umweltpolitik andererseits - kam es Anfang bis Mitte der 80er Jahre geradezu zu einem Boom in der Entstehung von "Öko-NROs". Eine dieser zahlreich gegründeten Organisationen ist CETAMEX (Centro de Estudios de Tecnologías Apropiadas para México), die das hier vorgestellte Agrar- und Wiederaufforstungsprojekt in der Mixteca Alta (Bundesstaat Oaxaca) trägt[5].

Die Mixteca Alta zählt gegenwärtig zu den ärmsten Regionen Mexikos, die an einer extrem fortgeschrittenen Erosion des Bodens und an Wasserknappheit leidet. Die ausreichende Selbstversorgung durch Mais, Bohnen und Weizen ist längst nicht mehr gewährleistet. Monetäre Einkünfte sind notwendig und werden durch den Verkauf von Kleinvieh und handwerklichen Produkten aus dem traditionellen Palmflechtwerk (Matten, Hüte, Körbe) erzielt. Darüber hinaus kommt der Migration in der Mixteca eine elementare ökonomische Bedeutung zu[6]. Hier versucht CETAMEX nun, an die Kenntnisse der traditionellen Landnutzung der indigenen Bevölkerung anzuknüpfen und diese in ein pädagogisch orientiertes Beratungskonzept zu integrieren. Primäre Ziele sind die Verbesserung der Lebensbedingungen auf dem Land, was in erster Linie durch eine Stärkung der Selbstversorgungsfähigkeit mit den Grundnahrungsmitteln Mais, Bohnen und Gemüse sowie der langfristigen Erhaltung der natürlichen Ressourcen, v.a. Boden und Wasser, erreicht werden soll. Diese Zielsetzung orientiert sich am Konzept der eigenständigen Agrarentwicklung (Agricultural Self-Development; vgl. BUNCH 1985).

Der Gebrauch angepaßter, lokal verfügbarer und erneuerbarer Technologien ist dabei jedoch nach Ansicht der ProjektmitarbeiterInnen ein notwendiges, aber nicht hinreichendes Moment. Denn neben dem technischen Aspekt ist der soziokulturelle elementar: Der Einbezug traditioneller Kulturelemente (wie der gegenseitigen Nachbarschaftshilfe, der ayuda mútua) drückt die Achtung und den Respekt vor der historisch gewachsenen mixtekischen Sozialstruktur, im Dorf wie in der Region, aus. Das beinhaltet allerdings auch, daß die bestehende Geschlechterhierarchie unangetastet bleibt.

Methodisch im Vordergrund steht dabei ein kontextgerechter und wechselseitiger Lernprozeß in kleinen Schritten, was heißt, daß einer gemeinsamen Analyse der Agrarprobleme (hier: Bodenerosion) möglichst eine gemeinsame Suche nach Lösungsmöglichkeiten (z.B. Bodenkonservierung durch Bau von Dämmen) folgt. Dabei werden alle Teilnehmenden bestärkt, ihr eigenes Wissen einzubringen ("Nadie sabe todo, pero todos sabemos algo!"). Da aber nicht nur an die gegenwärtigen ökologischen, sondern auch gesellschaftlichen Bedingungen angeknüpft werden soll, wird auch die Notwendigkeit miteinbezogen, daß nicht nur für den eigenen Verbrauch, sondern auch für den Verkauf produziert werden muß - allerdings ohne die Subsistenzlogik aufzubrechen (vgl. RODENBERG/AUTS 1990, 1992).

4. Die Frauengruppe in Tierra Colorada: "Die Erde ist dazu da, uns zu geben, aber auch, um bearbeitet und geschützt zu werden."

Nachdem ich die Organisation CETAMEX vor sieben Jahren als eine kennengelernt hatte, die in der Mixteca Alta kaum Anstrengungen unternommen hatte, Frauen in die Projektarbeit miteinzubeziehen, begann man vor ca. drei Jahren damit, Frauengruppen zu bilden. Diese sollen sich in erster Linie dem Gemüseanbau widmen.

Zu dieser - m.A.n. sehr zu begrüßenden - Veränderung hat zunächst einmal der Umzug des regionalen Projektbüros in die Kirche der Distrikt-Hauptstadt Nochixtlán beigetragen.

In intensiver Zusammenarbeit mit dem hier ansässigen katholischen Pfarrer und den unglaublich energiegeladenen und engagierten kirchlichen Gemeindehelferinnen, den hermanas, wurden neue Gruppen ins Leben gerufen. Die hermanas, die jeweils zu zweit in einem Umkreis von ca. 50 km verschiedene, kleine Dörfer "kirchlich betreuen", animierten viele Frauen, sich zu Gruppen zusammenzuschließen und gemeinsam Gemüse anzubauen. Sie vertreten vehement den Ansatz des Programmes, d.h. plädieren für eine Stärkung der Selbstversorgungskapazitäten:

"Wir arbeiten dafür, daß sich die Ernährung verbessert. Das Geld ist nicht viel wert. Aber natürlich ist es gut, wenn etwas übrigbleibt von der Ernte, um damit zu handeln oder es zu verkaufen" (María-Luisa).

Nach den Aussagen der Berater (promotores) - oft selbst ehemalige Teilnehmer, die aber weiterhin als Bauern arbeiten - ist die Bildung von Frauengruppen auch der hohen Migrationsrate der Männer zuzuschreiben, die es kaum noch möglich machte zu ignorieren, daß es v.a. die Frauen sind, die in der Landwirtschaft aktiv sind. Hinzu kommt, daß Frauen als zuverlässiger und aktiver als Männer wahrgenommen werden. Sie stützen und verbreiten somit das Programm:

"Wenn ich mit den Frauen etwas abmache, dann halten sie immer den Termin ein. Aber bei den Männern komme ich oft umsonst. Sie sagen dann das nächste Mal, daß sie es vergessen hatten. Ich glaube, das liegt daran, daß sie trinken. Sie sind betrunken und vergessen die Abmachung" (Aaron).

Eine der engagiertesten und aktivsten Frauengruppe, die sich von den hermanas hat animieren lassen, gibt es in Tierra Colorada. Die vier jungen, unverheirateten Frauen, die alle mit ihren (unehelichen) Kindern auf dem Hof der Eltern leben, bauen nicht nur neue Nutzpflanzen an. De facto arbeiten sie sich seit zwei Jahren durch die "ganze Palette" der Projektaktivitäten durch: Verbesserungen im Anbau von Mais und Bohnen (Umsteigen auf einheimische Sorten), Arbeiten gegen die Erosion, Anlegen eines Komposthaufens zum Zwecke der organischen Düngung und natürlich Anbau von Gemüse wie grünen Tomaten, Kartoffeln, aber auch Amaranth, der - zu Süßigkeiten verarbeitet - auf lokalen Märkten verkauft werden soll.

Ihre Motivation, in der Gruppe zu arbeiten, entspringt offensichtlich der weiter oben skizzierten Überlebenspragmatik. So sagt Josefina, die "Wortführerin" der Gruppe:

"Wir kannten die Samen für das Gemüse nicht und wußten auch nicht, wie sie zu säen waren, auch wenn es uns interessiert hat. Der Mais wuchs nur schlecht, Bohnen noch viel schlechter. Wir mußten immer zukaufen. Und der Mais mußte auch immer in La Estancia oder Monte Lobos gekauft werden. Nie kam er bis zu uns nach

Weitere Gespräche ergaben, daß alle Frauen aus der Gruppe und ihre jeweiligen Familien inzwischen, nach mehr als zweijähriger Projektmitarbeit, den Eigenbedarf an Mais und Bohnen abdecken können. Sie sind - trotz der sehr ungünstigen klimatischen Bedingungen (Kälte, Wasserknappheit) - wieder zu Selbstversorgerinnen geworden.

Es sind diese und andere sichtbare Veränderungen, die Erfolge ihres Gruppenengagements, die sie am Ende des Arbeitsjahres bekräftigen lassen, im Programm, mit den compañeras, weitermachen zu wollen. Auch in den Gesprächen mit ihnen und bei gemeinsamen "Aktionen" fasziniert immer wieder die Begeisterung und Freude, die die landwirtschaftliche Arbeit und der diesbezügliche Erfahrungsaustausch bei ihnen hervorrufen:

Ein gemeinsamer Ausflug zu einer benachbarten Frauengruppe wird zur Exkursion: Jeder Strauch, jedes Feld wird gezeigt und bestimmt. Ein anderes Mal erzählen sie von den zahllosen Nächten, in denen sie um halb zwei aufbrechen, um zu einem der angebotenen Wochenendkurse des Programms in die Distrikthauptstadt zu gehen. Der Beispiele für ihr scheinbar selbstloses Engagement gäbe es noch mehr.

Vor dem Hintergrund solcher Erfahrungen und Erzählungen verblaßt zunächst die These von den Frauen als "Überlebenspragmatikerinnen", die doch eigentlich auch mit einem Bein in der Marktwirtschaft (WICHTERICH 1988) stehen sollten und an der Moderne partizipieren wollen. Viel eher stützen sie das Bild von enthusiastischen Subsistenzproduzentinnen, die mit ihrem Leben auf dem Land "verwurzelt" sind und deshalb ein Interesse an der nachhaltigen Veränderung ihrer natürlichen Umwelt haben. Doch sowohl die Aussagen der Frauen als auch ihre Verhaltensweisen wirken "ernüchternd" und verdeutlichen ihre pragmatische Haltung:

So hat sie z.B. das Anlegen des Komposthaufens über ein Jahr lang nicht interessiert, da sie ihn - zu Recht - für sehr arbeitsaufwendig hielten. Aufschlußreich war für mich weiterhin ein "Picknick im Grünen" während unseres gemeinsamen Ausflugs: Als ich begann, das liegengebliebene Bonbonpapier und die leeren Chilikonserven einzusammeln, wollten sie mich regelrecht daran hindern: "Laß es liegen, es ist doch Abfall...", sagten sie. Anders als in der Stadt, stellt Müll auf dem Land eben noch keine spürbare Bedrohung dar, erzeugt keinen Handlungsbedarf.

Die Grenzen der sinn- und identitätsstiftenden Dimension für das ökologische Engagement, aber auch für die Gruppenprozesse, werden besonders deutlich an der Tatsache, daß drei der vier Frauen bereits für einige Jahre nach Mexiko-Stadt migriert waren, und alle vier einhellig den Wunsch äußerten, dort (wieder) hinzugehen, sowie sie die Möglichkeiten dazu hätten.

Migration in die Stadt - das steht nicht für Reichtum, aber für den notwendigen Erwerb von Geld; Migration steht nicht für Freiheit, aber für Befreiung von starker sozialer Kontrolle, sie steht für ein leichteres Leben, für etwas mehr Abwechslung, für den Wunsch nach mehr Handlungsspielraum. Und dafür würden sie auch die für sie existentielle, aber auch identitätsstiftende Arbeit auf dem Feld und die Zusammenarbeit in der Frauengruppe aufgeben.

5. Kleine Schritte, große Veränderungen. Die Welt der Mixtekinnen zum Maßstab machen

Vor dem sozio-kulturellen Hintergrund einer rigiden geschlechtshierarchischen Arbeitsteilung, in der Frauen und Mädchen wohl Männerarbeit übernehmen, das jedoch umgekehrt nicht geschieht, so daß sie durch die wenig flexible, notwendige Subsistenzhausarbeit fast den ganzen Tag eingespannt sind; vor dem Hintergrund auch der permanenten und strengen sozialen Kontrolle durch Väter und Ehemänner, die ihnen nur den Gang zur Kirche und zum Brunnen zugestehen; vor dem Hintergrund nicht zuletzt einer sog. "Schweige-Kultur" der Frauen, in der jede öffentlich redende Frau ein milagro, ein Wunder ist; vor diesem Hintergrund ist das, was mit den Gruppenaktivitäten der Frauen bis jetzt einhergegangen ist, als Empowerment zu bezeichnen.

Zu diesem Empowerment-Prozeß zähle ich nicht nur - aber auch - den uns banal erscheinenden Tatbestand, daß sie regelmäßig an den verschiedensten Gruppen- und Projektaktivitäten auch außerhalb des Dorfes teilnehmen, obwohl es sich z.B. oft um gemischtgeschlechtliche Veranstaltungen handelt, was an sich sehr heikel ist. Ich zähle dazu auch den komplementären Aspekt, daß sie mit der Frauengruppe einen Freiraum gewonnen haben, in dem sie ungezwungen und unkontrolliert handeln und reden können und das auch tun! ("space for change", LONG 1984). Zu den zentralen Aspekten zählen für mich jedoch Bewußtseinsprozesse auf die eigene Situation bezogen, wie z.B. die Arbeitsbelastung.

So war Emilia, die mit 23 Jahren jüngste Teilnehmerin der Frauengruppe, anderthalb Tage auf der Versammlung des Dorfes und konnte sich nicht um das Feuer kümmern. Sie weist auf den Haufen kalter Asche auf dem Boden:

"Sieh' Dir das mal an. Ich bin seit gestern aus dem Haus, und mein Vater macht gar nichts. Die Männer kümmern sich um so etwas nicht. Wenn die Frau nicht da ist, machen sie gar nichts. Glaub' mir, so ist das."

Mit der konsequenten Teilnahme am Projekt auch gegen den Widerstand ihrer schimpfenden Väter[7] erweitern sie ihren Handlungsspielraum, wenn die Strategie auch oft eine passive ist. Die Frauen ertragen die Beschimpfungen und Vorhaltungen, gehen weiter zur Gruppe und "überzeugen" die Väter dann mit den Erfolgen der Projektarbeit - nämlich materiell:

"Aber wenn sie die Ernte sehen, sind sie zufrieden. Meine Mutter sagt dann manchmal zu meinem Vater: 'Na, aber schmecken tut's doch, oder? Schmeckt es nicht gut? Siehst du, und du bist immer dagegen, daß sie geht.'" (Josefina).

Zur Erweiterung von Handlungsspielräumen und zur Sicherung von Entscheidungspositionen gehört auch das Sich-Einmischen in der Öffentlichkeit, auf der kommunalen Ebene.

Diesbezüglich hat Josefina in dem Jahr der Erhebung eine für alle Beteiligten ungewöhnliche Pionierin-Arbeit geleistet: Erstmalig wurden die abendlichen Andachten auf den vorweihnachtlichen "Marienumzügen", den posadas, von einer Katechistin, einer Frau, gehalten. Dieser Schritt in die Öffentlichkeit, sei es das Sprechen vor der ganzen Gemeinde in ein Mikrofon, sei es der laute Widerspruch gegen die Anweisungen der Autoritäten auf den Dorfversammlungen, hat sie nicht nur große Überwindung gekostet ("Ich habe geschwiegen, bis es nicht mehr auszuhalten war"), sondern muß nun auch mit dem Preis sozialer Sanktionen bezahlt werden: Vor allem die Männer, die Gemeindeämter innehaben, nutzen jede Gelegenheit, über Josefina zu spotten oder sie verächtlich zu machen.

6. Die Frauengruppe im ökologischen Projekt: Empowerment oder Vereinnahmung?

Welche Rolle spielen das Projekt und auch die Kirche (hier nicht als Institution, sondern als Teil der Organisation) bei den Empowerment-Prozessen der Frauen?

Positiv festzuhalten ist, daß beide - Projekt und Kirche - den Frauen zunächst einmal den zur Initiierung des Emanzipationsprozesses notwendigen Freiraum zur Verfügung stellen. Wenn vor - auch ausländischen - BesucherInnen die Projektaktivitäten vorgestellt werden, sind es die Berater und die hermanas, die die Frauen auffordern und ermuntern, in der Öffentlichkeit zu reden. Auch auf den Seminaren und Kursen in der Distrikthauptstadt sind die Frauen zunehmend präsent, beziehen Position und diskutieren ihre Meinung, worin sie immer wieder animiert und unterstützt werden. Es wäre vorschnell und falsch, die aktiven Männer auf der höheren Projektebene der "Zurichtung der Frauen als Hausfrauen für die Basisarbeit des Projekts", d.h. der Feminisierung der Verantwortung, zu bezichtigen.

Die Funktionalisierung der aktiven, zuverlässigen Frauen für eine bessere Verbreitung des Programms ist sicherlich nicht deren Absicht, könnte aber dennoch die Folge sein, wenn Fragen der Geschlechterhierarchie weiterhin tabuisiert bleiben, weil der Respekt vor der traditionellen mixtekischen Agrarkultur es erfordert.

Die Teilnahmemöglichkeit von Frauen am Projekt (und dafür plädiere ich nach wie vor!) ist ebenfalls dadurch eingeschränkt, daß im Programm zwar Elemente der Grundbedürfnisstrategie auftauchen, es sich aber - anders als die Grundbedürfnisstrategie es vorsieht - nicht an den Bedürfnissen der Ärmsten orientiert. Dementsprechend müssen alle diejenigen, die teilnehmen wollen, über ein Minimum an Produktionsmitteln verfügen. Zu diesen Produktionsmitteln gehören in erster Linie Land und Einsatzmaterial wie Werkzeuge und Pflanzensaat, aber auch Zeit und Entscheidungsbefugnisse. Und eine solche Konzeption grenzt v.a. Frauen aus. Es ist nun einmal so, daß die Verantwortung für die gesellschaftlich notwendige Hausarbeit den Frauen zugewiesen wurde, so daß sie weniger Zeit für das Projekt übrig haben. Es ist weiterhin so, daß Frauen oft nicht über eine Parzelle verfügen, um am Projekt teilnehmen zu können. Und es ist so, daß Frauen, wenn sie die ihnen zugewiesenen Grenzen verlassen, mit Sanktionen rechnen müssen.

Und deshalb brauchen sie Unterstützung. Eine Organisation, die sich für die Verbesserung von Lebensbedingungen stark macht, kann nicht dann in die kulturrelativistische Ecke des "Respekts vor der indigenen Sozialstruktur" flüchten, wenn es um die Lebens- und Arbeitsbedingungen der Teilnehmerinnen des Projektes geht. Es ist zwar festzuhalten, daß die Organisation Empowerment im Sinne eines Mobilisierungsansatzes (BATLIWALA, zitiert in: WICHTERICH 1994: 35) nicht explizit als Projektziel formuliert - weder für die teilnehmenden Kleinbauern noch für die Kleinbäuerinnen.

Doch arbeitet sie mit zentralen Elementen eines Machtbildungsprozesses "von unten", wie der Herausbildung von Problem- und Unrechtsbewußtsein, Eigenständigkeit und Selbstwertgefühl. Mit der Bildung von Frauengruppen im Rahmen dieses wichtigen small-scale-Projektes, muß sich die Organisation m.A.n. auch der Tatsache stellen, daß sie - sollen eben diese zentralen Projektziele auch den Frauen nützen - nicht daran vorbeikommt, z.B. die traditionelle, hierarchische Arbeitsteilung zwischen den Geschlechtern zu hinterfragen. Den Prozeß der Machtbildung, den die hermanas in Gang gesetzt haben, z.B. mit Hilfe einer Beraterin in der Projektregion der Mixteca Alta, fortzuführen, ist in diesem Zusammenhang sicherlich ein machbarer Schritt, die Handlungsspielräume der compañeras aus Tierra Colorada zu erweitern.

Anmerkungen

1. Dieser Beitrag ist ebenfalls abgedruckt in der Zeitschrift der Arbeitsgemeinschaft Entwicklungsethnologie e.V. (1994/2): 56-65.
2. Wird die "immanente Rationalität des Produktionssystems" (LACHENMANN 1990: 22) von der zunehmenden Monetarisierung und Verallgemeinerung marktwirtschaftlicher Mechanismen bestimmt, ist auch der Umgang der Frauen mit den natürlichen Ressourcen nicht nur ein schonender und nachhaltiger. Vielmehr kann die Notwendigkeit, ein Geldeinkommen zu erwirtschaften, auch die Beteiligung der Frauen an der Ausbeutung der ohnehin nur noch reduziert vorhandenen Ressourcen zur Folge haben.
3. Im Frauennetzwerk DAWN ("Development Alternatives with Women for a New Era") haben sich 1984 Aktivistinnen und Wissenschaftlerinnen des Südens zusammengeschlossen, um aus der Perspektive der von der ökologischen und ökonomischen Krise Hauptbetoffenen, den Frauen des Südens, an einem Paradigmenwechsel zu arbeiten.
4. Ohne an dieser Stelle ausführlich auf den entwicklungspolitischen Diskurs um "empowerment" eingehen zu können, sei hervorgehoben, daß ich mich hier auf seine ursprüngliche Bedeutung beziehe. Mit der Vereinnahmung des Begriffes durch internationale, nationale und nichtstaatliche Entwicklungsorganisationen ist aber aus einem strukturkritischen Konzept ein entpolitisiertes Aushängeschild geworden (vgl. hierzu WICHERICH 1994: 33ff.).
5 CETAMEX ist ein praxisorientiertes Forschungszentrum, das mit dem Ziel der Entwicklung und der Verbreitung angepaßter Technologien zur Verringerung externer Abhängigkeiten in mehreren Bundesstaaten Mexikos unterschiedliche Projekte unterhält.
6. Von zehn MixtekInnen migrieren drei für immer, vier temporär und nur drei nicht (HAMMACHER 1990). Wenn auch in den vergangenen Jahren deutlich wurde, daß die Zahl der meist

jungen, unverheirateten Frauen, die in die Stadt abwandern, zugenommen hat, so sind es immer noch vorrangig Männer, die die Dörfer verlassen. Frauen selbst migrieren nur, wenn sie - z.B. als eine von mehreren Schwestern - im Haushalt zu entbehren sind. Die "Umverteilung" der Aufgaben im Haushalt geschieht generell zu Lasten der zurückbleibenden Frauen.

7. Daß die Frauen dieser Gruppe so kontinuierlich und engagiert an den Projektaktivitäten teilnehmen können, ist sicherlich auch dem Tatbestand zu verdanken, daß sie unverheiratet sind. Wenn sie daher auch über mehr Zeit als andere Frauen verfügen, so relativiert die strenge väterliche Kontrolle dieses "Privileg" ihres Status.

7. Literatur

Bunch, R. (1985): Two Ears of Corn. A Guide to People-Centered Agricultural Improvement. Oklahoma (World Neighbors).

Freire, P. (1973): Pädagogik der Unterdrückten. Bildung als Praxis der Freiheit. Reinbek.

Hammacher, S. (1990): Pendler zwischen zwei Kulturen. Mixtekische Migranten in Mexiko. Baer/Hammacher (Hg.): Menschen in Bewegung. Basel. Boston. Berlin: 13-20.

Lachenmann, G. (1990): Ökologische Krise und sozialer Wandel in afrikanischen Ländern. Saarbrücken.

– (1992): Frauen als gesellschaftliche Kraft im sozialen Wandel in Afrika. Peripherie 47/48: 74-93.

Long, N. (1984): Creating space for change. A perspective on the sociology of development. Sociologia Ruralis 24: 168-183.

Rodenberg, B. und Auts, H. (1990): Von den Mixteken lernen? Ein Landwirtschaftsprojekt in Mexiko beschreitet mit altem Wissen neue Wege. IKA. Zeitschrift für Kulturaustausch und Kulturkalender "Dritte Welt" 40/90: 14-18.

– (1992): Mit altem Wissen neue Wege gehen: Zur Bedeutung indianischer Kenntnisse in einem mexikanischen Landwirtschaftsprojekt. Unterrichtsmaterialien Bd. 25. Oberstufen-Kolleg (Hg.). Bielefeld.

Schultz, I. (Hrsg.; 1993): GlobalHaushalt. Globalisierung von Stoffströmen - Feminisierung von Verantwortung. Frankfurt/M.

Wichterich, C. (1988): Überlebenspragmatikerinnen - ein Bein in der Subsistenz-, das andere in der Warenproduktion. Erfahrungen mit Stammesfrauen in Indien. - Beiträge zur Feministischen Theorie und Praxis 23/88: 9-20.

– (1992): Die Erde bemuttern. Frauen und Ökologie nach dem Erdgipfel in Rio. Heinrich-Böll-Stiftung e.V. (Hg.). Köln.

– (1994): Empowerment. Vom Widerspruch zum Widerstand der Frauen. epd-Entwicklungspolitik 14/94: 33-36.

Umweltwahrnehmung und Entwicklungsinteressen - Rahmenbedingungen des Ressourcenmanagements am Beispiel der Turks & Caicos Islands

Beate M.W. Ratter

Resumo

La percepción de los recursos ambientales y los intereses del desarrollo económico - el marco de la gestión integral de los recursos en las Islas de Turcos y Caicos

La tésis del presente artículo es que la definición de qué es un recurso y la evaluación de su valor como un bien aprovechable está determinado por factores subjetivos: por la manera de percibir este recurso por parte de los diferentes miembros de una sociedad. La percepción de los recursos ambientales depende a su vez del contexto espacial y del contexto histórico en el que se desenvuelve. Si el desarrollo económico está dirigido por el interés de los grupos o personas influyentes en un estado y si la base de este desarrollo, es decir, los recursos del país, están sujetos a diferentes evaluaciones, entonces la percepción de las riquezas naturales determina al mismo tiempo la estratégia del desarrollo económico. Por lo tanto, si se quiere elaborar un plan para un desarrollo compatible tanto desde el punto de vista económico como desde el ecológico, hay que coordinar la percepción de los recursos ambientales con los diferentes intereses del desarrollo económico.

Las ideas expuestas en este artículo son fruto de un proyecto apoyado por el Servicio Alemán de Intercambio Académico sobre "La Gestión Integral de los Recursos en las Islas del Caribe". El tema central de dicha investigación gira entorno a los potenciales y los obstáculos para el desarrollo de pequeñas islas caribeñas. El objetivo de sus autores es de contribuir a la elaboración de conceptos flexibles para el complejo problema de la gestíon integral de recursos. Según la tésis desarrollada en este artículo un aspecto determinante de aquella gestión es la percepción del medio ambiente por parte de los agentes económicos. La historia económica de las Islas de Turcos y Caicos, un grupo de varios cayos situadas al norte de Haiti, demuestra, pues, la influencia del contexto espacial e histórico en dicha percepción.

Durante la segunda mitad del siglo XVII el recurso más importante de las Islas de Turcos y Caicos era la sal. Los explotadores, originarios de la isla Bermuda, formaban el físico de las islas Turcos correspondiendo a las necesidades de una producción salina óptima: Talaron el arbolado caoba para prevenir lluvias indeseadas que pudiesen interrumpir el proceso de la desecación. Al mismo tiempo las mejores condiciones climáticas y geomorfológicas de las islas Caicos, que consisten en una reserva de agua dulce y una mayor frecuencia de precipitaciones, hacen que sean relativamente más propicias para la agricultura. El aprovechamiento agrario tuvo su auge con los colonos del algodón durante un corto período en el siglo XVIII hasta que parásitos y huracanes arruinan las plantaciones. Tanto la producción salina como la agraria se benefició importantemente de un recurso externo: La mano de obra de los esclavos africanos, abandonados por sus amos cuando se hunde la base de su existencia económica y quienes constituyen hoy en día la población afrocaribeña de las Islas de Turcos y Caicos. El declive de la producción salina comenzó con el aumento de la competencia que conllevó el comercio internacional de los tiempos modernos. En los años setenta del siglo actual, finalmente, tienen que cerrar las últimas salinas en la islas South Caicos y Salt Cay.

Paralelamente con la decadencia de la producción salina el interés económico se centra en un nuevo recurso: el mar con sus riquezas aparentemente inagotables. En el curso del aprecio que experimentan los recursos pesqueros la antigua isla salina South Caicos se convierte en el centro de la industria pesquera. Con la pesca se relaciona el deseo de la población autóctona de crear una nueva base económica de subsistencia. La exportación de los mariscos Conch y Langosta a los Estados Unidos determina además las relaciones de las islas con el exterior. De este modo es al mismo tiempo la fuente de los interéses más centrales en el desarrollo económico de las islas de Turcos y Caicos en la actualidad, el turismo y - desde la segunda mitad de los años ochenta - los centros financieros. El turismo, cuyo centro se encuentra en Providenciales, proporcionó a las islas una infraestructura moderna en lo que se refiere al tráfico y a la telecomunicación. Esta infraestructura, la cercanía de los Estados Unidos, el ambiente turístico-tropical y el marco legal apropiado son precisamente los recursos que valora el sector financiero que está estableciendo sus centros en las islas actualmente.

Los recursos valorados en el contexto turístico son el mar, las playas y el sol. El interés en la explotación de estos recursos une un grupo de personas muy heterogéneas en sus objetivos. La razón es que la percepción de estos recursos por parte de los isleños y de los extranjeros residentes en las islas que viven del turismo es ambigua. El problema surge porque las islas tienen importantes límites para satisfacer la creciente demanda turística: las faltas de agua dulce, de un suministro autóctono de alimentos y de una infraestructura sanitaria suficiente para evacuar los aguas residuales y los residuos sólidos. La ambigüedad de la percepción de los recursos ambientales se refleja en dos posiciones más bien contrarias respecto a la manera de su explotación. Por un lado están aquellos que perciben los cayos como un "paraíso tropical permanente" y que buscan el beneficio a corto plazo sin prestar atención a los límites de un desarrollo sostenible. El otro grupo se constituye de aquellas personas que ven la necesidad de preservar activamente los recursos naturales de las islas. Ambas partes están formados tanto por isleños como por extranjeros residentes en las islas.

El ejemplo de las Islas de Turcos y Caicos demuestra así que la percepción y la valoración de los recursos naturales varian a lo largo de la historia y con los diferentes intereses económicos. Ambos aspectos constituyen el marco para el desarrollo económico y por lo tanto deben considerarse en un concepto para la gestión integral de los recursos.

1. Einführung

Entwicklung, besonders die wirtschaftliche Entwicklung eines Staates, ist interessengelenkt. Dies ist eine Banalität, der man ohne größere Umstände zustimmen kann. Aber auch die Ausgangsvoraussetzungen, also die Entwicklungspotentiale, sind keine rein objektiv bestimmten Größen. Die Wahrnehmung vorhandener Ressourcen als Entwicklungspotentiale ist einer spezifischen und variierenden Bewertung unterworfen. Dies läßt sich an einem Beispiel leicht verdeutlichen: Für den einen ist tropischer Regenwald ein Lebensraum, für den anderen eine unerschöpfliche Holzreserve und für den nächsten eine exotische unzugängliche grüne Hölle. Oder: Für die westkaribische Bevölkerung ist ein Hai eine Bedrohung, von der man sich fernhalten muß, und schon die Vorstellung ist undenkbar, daß der Mensch dieses Tier essen kann. In der Ostkaribik hingegen gibt es Fischer, die sich auf den Fang von Haifischen spezialisiert haben, weil hier der Hai eine beliebte Delikatesse ist, die mit Gewinn verkauft werden kann.

Die Einschätzung einer Ressource als nutzbares Gut wird von der Wahrnehmung bestimmt und beeinflußt ihrerseits auch die Strategie der wirtschaftlichen Entwicklung. Dieser Umstand ist, wie das karibische Beispiel zeigt, ortsabhängig. Er ist aber auch zeitabhängig, also einem Wandlungsprozeß unterlegen. Unsere These lautet: Entwicklungsinteressen und Umweltwahrnehmung sind Bedingungen, die bei einem Entwurf von erfolgreichen Managementplänen und Strategien für die wirtschaftliche Entwicklung eines Staates zu berücksichtigen sind.

Unsere Untersuchungen basieren auf Arbeiten innerhalb eines DFG-Forschungsprojektes über "Komplexes Ressourcenmanagement auf karibischen Inseln" (das DFG-Forschungsprojekt besteht seit Mai 1993 am Institut für Geographie der Universität Hamburg und findet unter gemeinsamer Leitung der Autorin und Prof. Dr. G. Sander und unter Mitarbeit von Dipl. Geogr. A. Possekel statt).Hierbei handelt es sich um eine Untersuchung von Potentialen und Hemmnissen der wirtschaftlichen Entwicklung auf karibischen Kleininseln. Unsere beiden zentralen Fallstudien sind die Turks & Caicos Islands und Montserrat. Ein Bestandteil unserer Arbeit war die Analyse bisheriger Entwicklungsideen und vergangener Entwicklungspläne. Dabei trat unter anderem die Frage auf, warum so viele von ihnen als gescheitert betrachtet werden müssen, was sich etwa darin äußert, daß auf den Turks & Caicos Islands seit den sechziger Jahren acht umfassende Strategiereports zu diesem Thema erarbeitet wurden, ohne daß sie sichtbar etwas verändert hätten.

Wir wollen einen Beitrag zur Entwicklung eines flexiblen und komplexen Konzepts für das Ressourcenmanagement leisten, das nicht nur ökonomische und politische Restriktionen berücksichtigt, sondern auch spezifische soziokulturelle und subjektive Faktoren einschließlich gerade jener, die der Umsetzung von Entwicklungsprogrammen entgegenwirken (vgl. POSSEKEL ET AL. 1994).

In diesem Beitrag stehen die subjektiven Begrenzungsfaktoren der Umweltwahrnehmung sowie die zeit- und ortsabhängigen Entwicklungsinteressen im Mittelpunkt. Sind es doch gerade sie, die allzuoft als nicht klar definierbare Größe weggeneralisiert werden, obwohl sie entscheidend sein können. Die Zusammenhänge sollen am Beispiel der Turks & Caicos Islands gezeigt werden. Dazu werde ich die unterschiedlichen Umweltwahrnehmungen und die damit in Verbindung stehenden verschiedenen Entwicklunginteressen entlang der historischen Entwicklunglinie beschreiben.

2. Die Turks & Caicos Islands

Die Turks & Caicos Islands sind zwei Inselgruppen in der Nordkaribik, südöstlich der Bahamas und nördlich von Haiti gelegen (vgl. Abb. 1). Sie gehören geomorphologisch zum südlichen Ausläufer der Bahamas Bank und sind flache Koralleninseln aus tertiären Kalken, die von flachem Schelfmeer umgeben sind. Die höchste Erhebung liegt auf East Caicos mit rund 50 m über NN. Die Turks Islands Gruppe besteht aus Grand Turk, dem Regierungssitz dieser britischen Kronkolonie, Salt Cay und einer Anzahl kleiner unbewohnter Cays und Felsen im Meer. Die Caicos Gruppe ist hiervon durch einen bis zu 2.000 m tiefen und etwa 40 km breiten Kanal getrennt. Diese Inseln liegen aufgereiht wie ein Collier rund um die Kante einer rund 200 m tiefen submarinen Kalkbank. Von den über 30 Cay und zahlreichen Felsen sind heutzutage nur sechs bewohnt: South Caicos, Middle Caicos, North Caicos, Parrot Cay, Pine Cay und Providenciales.

Es fällt wenig Niederschlag; der Jahresdurchschnitt beträgt 530 mm im östlichen Bereich und bis zu 1.000 mm im westlichen Bereich der Riffkante von North und Middle Caicos. Die Trockenheit des Klimas, die Porösität des Kalkgesteins, die niedrige Bodendecke und der permanente Einfluß des Meeres limitert die bestehende Vegetation. Vorherrschend sind Dornstrauch- und Buschgewächse, Kakteen und salzresistente Pflanzen, die hier überleben können. Der verbreitete Turks Head Kaktus (*Melocactus intortus*) gab wahrscheinlich den Inseln ihren Namen. Nur einige wenige Baumarten sind vertreten, darunter *Casuarina equisetifolia*, die man hier "cedar" nennt, einige Tamarinden (*Tamarindus indica*),

Abb.1: Turks & Caicos Islands

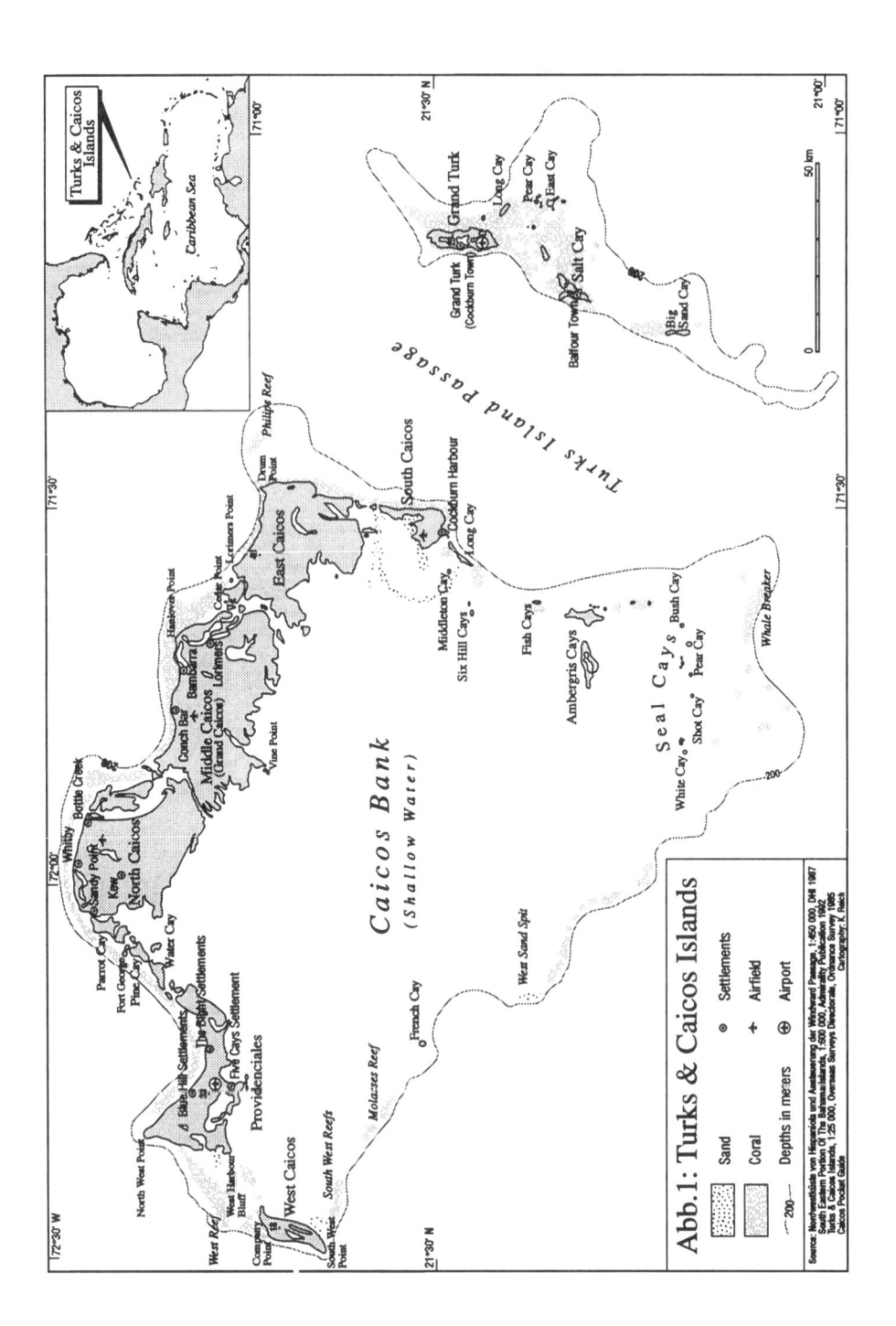

Seemahoe (*Thespesia populnea*), der Guinep (*Melicoccus bijugatus*), die Scarlet cordia oder Geraniumbaum (*Cordia sebestena*) und zwei Arten von Lignum vitae (*Guaiacum officinale* und g. sanctum) (vgl. PROCTOR 1954; 1989). Wichtig für diese Pflanzen ist, daß sie salzresistent sind. An den tropischen Küsten findet man schwarze und rote Mangrove und Seegrasfelder in den Flachwassergebieten. Beides sind wichtige Aufzuchtgebiete für die Meerestiere.

Das marine Leben wird durch ein ausgedehntes Korallenriffsystem rund um die Inseln bestimmt. Hier leben Riffische wie Grouper (*Ephinephelus* und *Mycteropera*), Jack (*Caranx*), Grunt (*Haemulon*) und andere, die wichtig für die Nahrungsmittelversorgung der Bevölkerung sind. Die Meeresschnecke, Queen Conch (*Strombus gigas*), und der tropische Lobster (*Palunirus argus*) sind ebenfalls bedeutende Meeresressourcen (vgl. Abb. 2).

Es gibt kein Grundwasser auf Grand Turk und Salt Cay. Die anderen Inseln haben nur sehr begrenzte Süßwasserreserven in Form von Süßwasserlinsen, die in den unterirdischen Kalkhöhlen dem Salzwasser aufliegen. Trinkwasser muß während der Regenzeiten im Februar/März und September bis November gesammelt werden. Der trockene, steinige Kalkboden kann kaum landwirtschaftlich genutzt werden.

3. Die historische Entwicklung der Ressourcenbewertung

Von 1687 an kamen die Bermuder auf die Turks Islands, um Salz zu gewinnen, zuerst nur periodisch, später dann besiedelten sie die Inseln. Die Inselgestaltung wurde vom Interesse der Bermuder am Salzabbau dominiert. Sie legten auf Grand Turk, Salt Cay und South Caicos Salinen an und bauten in den natürlichen Lagunenbecken ein windmühlengetriebenes Kanalsystem mit Schleusen. Salz war die einzige definierte Ressource, ihm galt das Interesse, die Umweltwahrnehmung war dementsprechend eindimensional. Der damals existierende MahagoniBestand wurde abgeholzt, ohne daß die Bermuder darin einen Verlust sahen. Es war wichtiger, den Trockenprozeß des Salzes nicht durch unnötigen Regenfall, der durch die Bäume hätte induziert werden können, unterbrechen zu lassen.

Um Salz zu produzieren, brauchten die Bermuder Arbeitskräfte. Auf den bis dahin nicht bewohnten Inseln konnte die Salzgewinnung nur durch das Hereinbringen von externen Ressourcen, dem Arbeitsvermögen von schwarzafrikanischen Sklaven und von Lasteseln, garantiert und vorangebracht werden. Die Sklaven von damals bildeten den Grundstein für die heutige schwarz-karibische Bevölkerung. Die Kontakte zur Außenwelt beschränkten sich ansonsten auf den Salzhandel mit Bermuda sowie den Austausch von getrockneter Conch gegen Lebensmittel mit dem nahegelegenen Haiti (vgl. DORAN 1958).

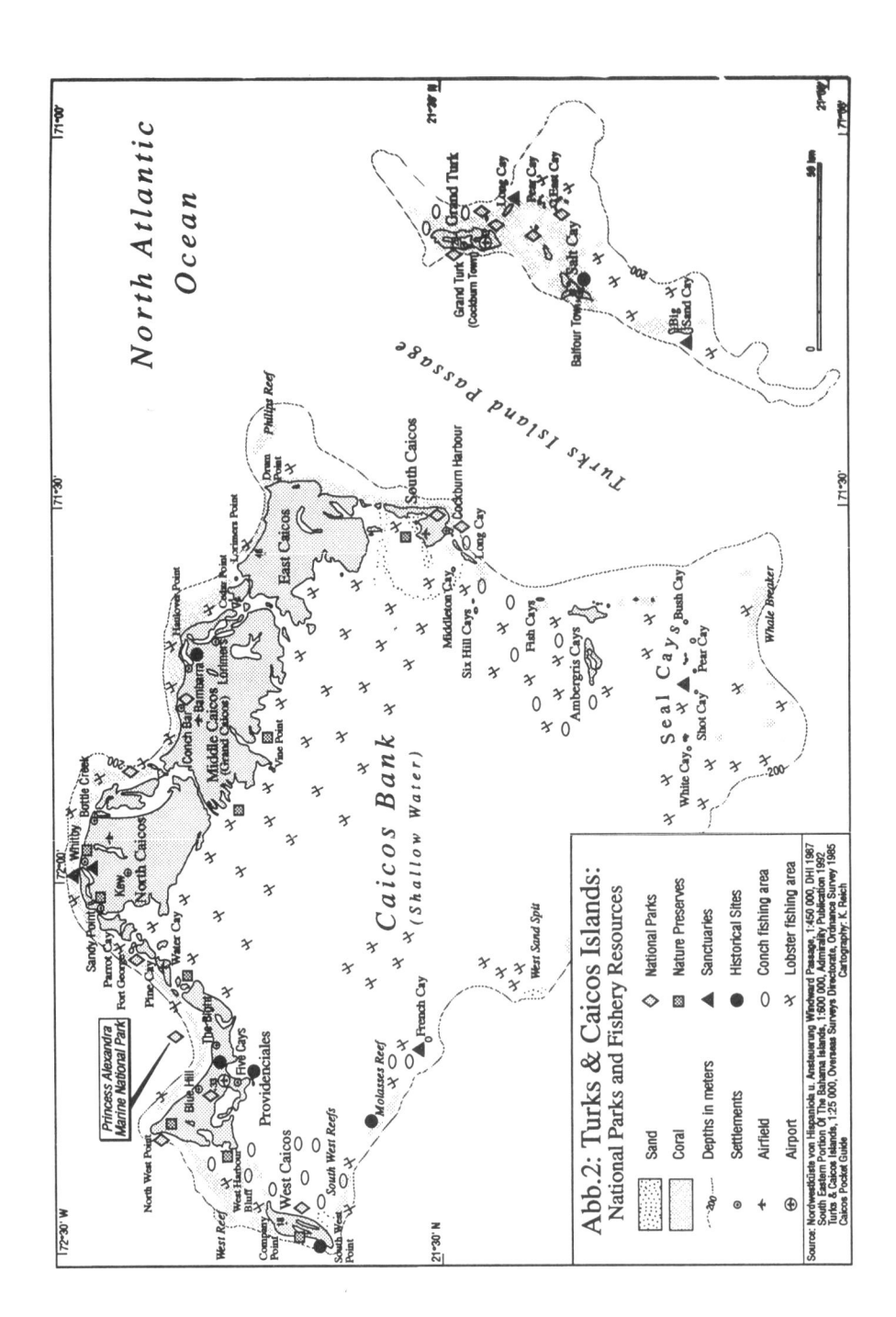

Abb.2: Turks & Caicos Islands: National Parks and Fishery Resources

Die Caicos Inseln machten bis dahin eine völlig eigenständige und unabhängige Entwicklung durch. Die relativ betrachtet besseren landwirtschaftlichen Ausgangsbedingungen, mehr Niederschlag, bestehende Süßwasservorkommen sowie bessere Bodenausstattung, verhalfen diesen Inseln zu einer kurzen Blütezeit der Plantagennutzung. Britische Loyalisten kamen im Zuge des amerikanischen Unabhängigkeitskampfes 1780 als Baumwollpflanzer mit ihren Sklaven auf die Caicos Islands (vgl. KOZY 1990). Jedoch bereits nach drei Jahrzehnten trieben Insektenplagen, Hurrikanschäden und nicht zuletzt auch der bereits ausgelaugte Boden die Pflanzer wieder von den Inseln. Während sie nach England oder in andere Teile des Empires zurückkehrten, verblieben ihre Sklaven auf den kargen, abgelegenen Inseln. Sie betrieben reine Subsistenzlandwirtschaft, hatten zum Verwaltungssitz auf Grand Turk und zur Außenwelt kaum Kontakt. Sie gerieten alsbald in Vergessenheit, während in Grand Turk noch der Salzhandel florierte.

Nachdem die Konkurrenz auf dem Weltmarkt und die Massenproduktion in anderen Ländern immer stärker wurde, ging besonders nach dem Zweiten Weltkrieg der Absatz des Salzes stark zurück (vgl. SADLER 1988). 1964 mußte die Salzproduktion auf Grand Turk zur Gänze aufgegeben werden. Mitte der siebziger Jahre wurde auch auf South Caicos und Salt Cay die Salzproduktion eingestellt. Eine andere Ressource rückte in den Vordergrund, und mit ihr auch ein anderer Außenkontakt: Nun wurden Conch und Lobster nach Nordamerika exportiert. Damit wandelte sich die Inselgestaltung; vor allem die ehemalige Salzinsel South Caicos mutierte zum Fischereizentrum. Während die Nachbarinseln wirtschaftlich darniederlagen, wanderten ihre Bewohner wegen fehlender Arbeitsplätze auf die Bahamas ab, um in der dortigen Tourismusindustrie ihr Glück zu machen.

An die Stelle der alten Ressource, der nunmehr vernachlässigten Salinen, trat die neue, scheinbar unbegrenzte: das Meer. Dessen Unerschöpflichkeit strukturierte die damalige Umweltwahrnehmung, und was die Entwicklungsinteressen anbetrifft, so wurden sie zu jener Zeit kaum von außen auf die Inseln getragen. Sie nahmen im Bewußtsein der Bevölkerung die Form eines Überlebenswillens der dort verbliebenen Menschen an.

1966 entdeckten nordamerikanische Tourismusunternehmen Providenciales. Die bislang völlig vernachlässigte Insel wurde als ideal für die Entwicklung eines Bade- und Hoteltourismus erkannt. 1984 wurde hier der Club Med eröffnet. Die natürlichen Ressourcen hießen jetzt Meer, Strand, Sonne. Ein starkes Entwicklungsinteresse setzte sich um von außen herangebracht, aber von inneren Kräften unterstützt und genutzt. Die Entwicklung der touristischen Infrastruktur auf Providenciales umschloß den Bau einer Flughafenanlage und eines Straßennetzes sowie vieler Gebäude.

Heute gibt es auf Providenciales 16 Hotels, über 40 Restaurants, zahlreiche Autovermietungen, Souveniergeschäfte und andere Einrichtungen für den Tourismus sowie einen Golfplatz etc. (vgl. Abb. 3). Jährlich kommen mehr Touristen auf die Turks & Caicos Islands, die jedoch zum größten Teil auf Providenciales verweilen (vgl. Tab. 1).

Tabelle 1: Besucher auf Turks & Caicos Islands 1987-1993

Jahr: Herkunft: (1000 Pers.)	1987	1988	1989	1990	1991	1992	1993
USA	24,6	30,8	32,9	35,5	35,8	34,9	45,8
CANADA	5,1	9,8	5,2	4,2	7,9	7,5	7,6
GB	0,8	1,2	1,2	1,6	2,0	2,4	1,6
Rest Europa	2,0	1,4	2,0	3,5	5,1	4,2	6,5
Rest Welt	4,1	3,9	7,2	4,0	4,4	3,4	5,7
GESAMT	36,6	47,0	48,5	48,8	55,2	52,3	67,3

Anmerkungen:
a) Die o.a. Daten enhalten sowohl Touristen als auch Dienstreisende.
b) Die Angaben für das Jahr 1988 sind geschätzt.

Quelle: Daten von 1987-1992: The Government Statistical Unit (1993); Daten von 1993: Turks & Caicos Islands Tourist

Die Umweltwahrnehmung ähnelte zu Beginn dieser Phase noch der hergebrachten Bewußtseinsform: Unbegrenzt war die Natur, die ein tropisches Paradies bot. Im Zuge der Errichtung des Club Med indes wurden neue Erkenntnisse gewonnen. Die Natur war etwas, das nur begrenzte Ressourcen aufweist; dem Club Med wurde auferlegt, eine Kläranlage zu installieren. Er veranlaßte den Bau einer eigenen Meerwasserentsalzungsanlage, um das Problem der Trinkwasserknappheit zu lösen.

Abb.3: Providenciales: Tourist Infrastructure

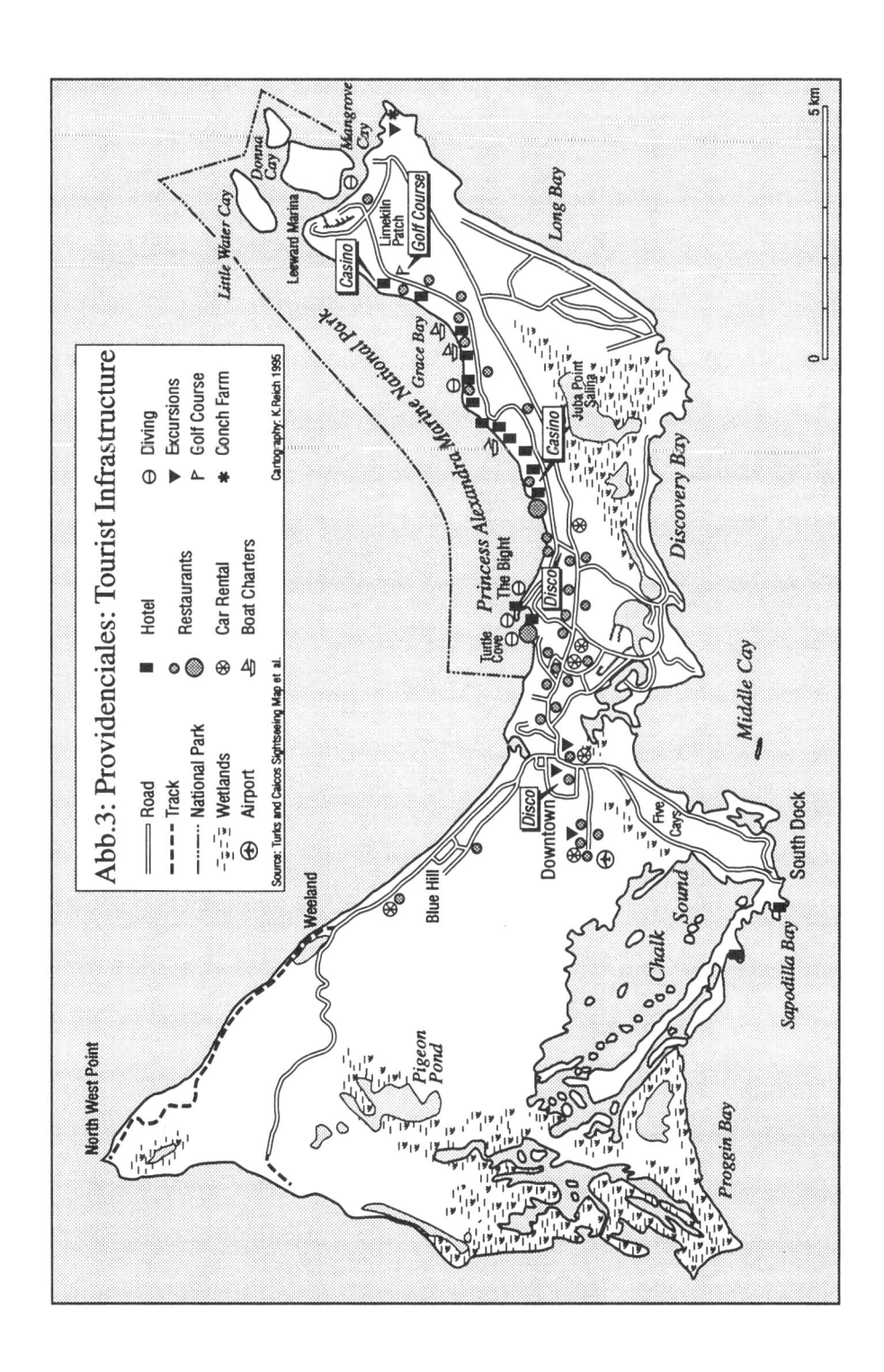

Doch damit ist die wechselvolle Geschichte der Ressourcen und Umweltwahrnehmung sowie der dominanten Entwicklungsinteressen noch nicht zu Ende. Seit Mitte der achtziger Jahre wird für die Turks & Caicos ein neues Entwicklungsziel definiert, sie sollen nämlich ein Zentrum für Offshore Financial Services werden. Die geeigneten Ressourcen: Offshore Facilities, gute Telekommunikation und Verkehrsanbindung, Nähe zu den USA, tropisches Ferienambiente, angepaßte rechtliche Rahmenbedingungen.

Träger dieses Entwicklungsinteresses sind weitgehend die "Expatriates", auf den Inseln lebende Ausländer, kurz "Expats" genannt. Sowohl in dieser Gruppe als auch bei den Insulanern lassen sich unterschiedliche Umweltwahrnehmungen feststellen. Es gibt bei den Expats eine Reihe von Personen, die ähnlich der überwiegenden Zahl der Insulaner in den Inseln ein immerwährendes Paradies sehen und deren Entwicklungsinteresse von der Suche nach dem "schnellen Geld" bestimmt wird. Allerdings gibt es auch eine Anzahl von Expats und einige Insulaner, die wissen, daß sie die paradiesischen Umstände aktiv schützen müssen, denn sie sind eine Ingredienz jener Mischung, die die Inseln als Finanzplatz und Taucherparadies attraktiv machen. Daß South Caicos in den achtziger Jahren zu einem Umschlagplatz für Drogen wurde, müssen sie als Bedrohung auffassen.

Jahrhundertelang galt, daß natürliche Ressourcen einfach nur ausgenutzt zu werden brauchten, ohne daß jemand daran denken mußte, sie dauerhaft zu erhalten. Nun indes, mit Tourismus und ökonomischer Internationalisierung, ist die Notwendigkeit des Ressourcenmanagaments offenkundig geworden. Im Jahre 1993 besuchten ca. 67.000 Menschen die Inseln, auf denen etwa 13.000 Menschen leben (vgl. Tab. 2), und das in einer Region ohne eigene Lebensmittelproduktion, ohne eigene Trinkwasservorkommen, ohne Abwassermanagement oder ausreichende Müllentsorgung.

Die Zuwanderung und die Außenkontakte brachten freilich auch das Bewußtsein auf die Inseln, daß die Umwelt geschützt werden muß. Der National Trust wurde, initiiert von der Frau des ehemaligen britischen Gouverneurs, 1993 ins Leben gerufen (vgl. TURKS & CAICOS NATIONAL TRUST 1993). Daneben gibt es weitere Nichtregierungsorganisationen, die sich unterschiedlichen, meist naturschützenden Zielen verschrieben haben und fast ausschließlich von Expats geleitet werden. Tauchlehrer (Expats und Einheimische) erkennen die Notwendigkeit, die Korallen zu schützen, weil sonst ihre Einkommensbasis zerstört wird. Und die Inselregierung wird mit Begriffen und Forderungen konfrontiert, auf die sie Antwort geben muß: Nachhaltigkeit, ökologische Verträglichkeit.

Erst durch die heutige Nutzungsart kommt es zu einem Zwang zum Umweltschutz und damit zu einem neuen Umweltverständnis. Dieses kann aber nicht als einheitlich bezeichnet werden, sondern differiert in den verschiedenen Interessengruppen auf den verschiedenen Inseln.

Tabelle 2: Turks & Caicos Islands - Bevölkerungsentwicklung (1960-1990)

Jahr Insel	1960	1970	1980	1990
Salt Cay	448	334	284	211
Grand Turk	2180	2287	3098	3761
South Caicos	840	1018	1380	1217
Middle Caicos	532	362	396	272
North Caicos	1150	999	1278	1303
Providenciales	518	558	977	5586
INSGESAMT	5668	5558	7413	12350

Quelle: The Government Statistical Unit (1993)

4. Interessengruppen und Ortsabhängigkeit

Ressourcen, Umwelt, Entwicklung - was darunter zu verstehen ist, das variiert zugleich von Ort zu Ort, von Insel zu Insel. Die Inselbevölkerung heute verteilt sich ungleichmäßig über die acht bewohnten Inseln (vgl. Tab. 2). Während die Zahlen in Providenciales stark zunehmen, sind sie in Grand Turk und South Caicos rückläufig. Middle Caicos steht kurz vor der völligen Entvölkerung.

Providenciales ist heute das Zentrum fast aller wirtschaftlicher Aktivitäten vor allem des Tourismus und der Bauindustrie. Lokale Bauunternehmer und Grundstücksspekulanten formieren sich hier zu einer starken Interessengruppe, genauso wie Hotelbesitzer und andere am Tourismus verdienende Geschäftsleute. Weitere Interessengruppen bilden jene Expats, die so schnell und mit so wenig Auflagen wie möglich Geld verdienen wollen, und auf der anderen Seite diejenigen Expats, die auf der Insel wegen ihrer paradiesischen Aspekte leben und deshalb die Umwelt konservieren wollen.

Für die einen ist Providenciales ein immerwährendes Touristenparadies, das wegen seiner Kleinheit keine Probleme mit Verschmutzung aufweist und wegen seiner schönen Strände und dem einzigartigen Korallenriff im internationalen Reisegeschäft sehr gut vermarktet werden kann. Für die anderen ist dieses Paradies bereits bedroht, durch die ungelenkte explosionsartige Entwicklung und den sorglosen Umgang mit der Natur, die anfallenden Müllberge, die Wasserknappheit und den Bevölkerungsdruck der Touristen und Zuwanderer von Nachbarinseln, die als billige Arbeitskräfte Jobs suchen.

Dabei kommt es zu Koalitionen: Teile der Regierung und kleine Teile der Inselbevölkerung sind sich ihres Interesses am Naturschutz bewußt geworden. Teile der Expat-community erweisen sich als führend in den Aktivitäten zum Umweltschutz. Ihre Interessenartikulation und ihr Druck führte 1989 zur Verabschiedung eines Gesetzes, in dem 32 National Parks, Naturreserven und Wildtierschutzgebieten festgelegt werden (vgl. Abb. 2). Diese Schutzzonen entbehrten jedoch lange Zeit einer Umsetzung vom Papier in die Wirklichkeit. Erst mit einer neuen Welle von Aktivitäten wurden in den vergangenen zwei Jahren neue Schritte unternommen. Der vor dem Hauptbadestrand von Providenciales eingerichtete "Princess Alexandra Marine National Park" sollte 1994 einen Action Plan erhalten, in dem Benutzerordnung und Regelungen zur Umsetzung des National Park Konzeptes festgelegt werden (vgl. VAN'T HOF 1994). Im März 1994 wurde der National Trust als führende Organisation zur Erhaltung von Umwelt und Kultur der Öffentlichkeit präsentiert.

Grand Turk ist inzwischen zu einer eher verschlafenen Regierungsinsel geworden, der in gewissem Sinn die Ressourcen abhanden gekommen sind und der inzwischen sogar der Regierungssitz von den prosperierenden Geschäftsleuten in Providenciales streitig gemacht wird. Ihr Salz ist bedeutungslos, ihr Tourismus letztlich auch (abgesehen von ein wenig Tauchtourismus), und die Büros der OffshoreGeschäftsleute wandern inzwischen immer mehr nach Providenciales ab, wenngleich sie, aus naheliegenden Gründen, den engen Regierungskontakt beibehalten wollen.

Zu Interessengruppen formieren sich die Tauchlehrer, die die Korallen schützen wollen; der private Sektor, der an ökonomischer Entwicklung interessiert ist; das Verwaltungspersonal der Regierung, das sich von einer umfassenden Verwaltungsreform in seiner Existenz bedroht sieht; zur Einsparung und Effizienzsteigerung soll rund ein Drittel der Beschäftigten entlassen werden. Als weitere Gruppe agieren die Politiker von Regierung und Opposition, die entsprechend ihrer eigenen Herkunft lokale Inselinteressen vertreten.

Die eigentlichen Umweltprobleme auf dieser kleinen tropischen Kalkinsel ohne Industrie und mit wenig Straßenverkehr sind nach Ansicht der Einwohner das bedenkenlose Wegschmeißen von Müll aller Art am Straßenrand - sowie die streunenden Esel, die langohrigen Waisen der Salzindustrie.

In South Caicos ist die Fischerei vom Aussterben bedroht. Die Fangquoten sind seit Jahren rückläufig. Während es in der Fangsaison 1975/76 noch 318,9 t Lobster waren, wurden 1989/90 nur noch 221,7 t gefischt. Die Zahl der Conchfänge sank von einem Höchstand 1985 bei 2.258,4 t auf (1990) 1.403,9 t (vgl.

FISHERIES DEPARTMENT 1994), und das Tauchen nach Conch und Lobster wird immer mühevoller und gefährlicher. Der Drogenhandel, virulent in den 80er Jahren, wurde nach internationalen Skandalen in gemeinsamer Arbeit der US-amerikanischen Drug Enforcement Agency (DEA) und des britischen Mutterlandes eingedämmt; der Ruf als Drogenhändler hängt dennoch vielen Inselbewohnern an.

Die noch vorhandenen Interessengruppen bestehen aus den wenigen Besitzern der Fischfabriken, den Fischern und dem Rest der Bevölkerung. Sie wollen wegen wachsender Einbußen im Fischereisektor ihre eigene Tourismusentwicklung. Darin sehen sie ihre einzige Chance, nicht so zu enden wie die kleine Salzinsel Salt Cay, auf der nach dem Zensus von 1990 nur noch 211 Menschen leben, meist Alte und Kinder. Die anderen haben ihre Zukunft woanders gesucht. Salt Cay soll als letztes Refugium und Museumsinsel für interessierte Touristen in seinem jetzigen Zustand konserviert werden. Eine Alternative sieht man nicht.

Umweltprobleme auf South Caicos? "Unsere Insel", heißt es, "ist dafür zu klein". Und das einzige Problem sei die immer stärker um sich greifende Abwanderung der jungen Arbeitskräfte auf die prosperierende Nachbarinsel Providenciales.

5. Rahmenbedingungen für ein Entwicklungskonzept

Trotz dieser unterschiedlichen Entwicklungsinteressen und Ressourcenwahrnehmungen sind die Turks & Caicos Islands eine administrative Einheit, die als British Dependent Territory innere Selbstverwaltung genießt. Trotz der Unterschiede ist ein gemeinsames Entwicklungskonzept nötig - und es wäre auch denkbar. Aber der Vorschlag einer britischen Consultingfirma, daß sich die Inseln arbeitsteilig und einander ergänzend entwickeln sollten, was enorme Kosten für parallele Infrastrukturen sparen würde, wurde allgemein von den Inselbewohnern und der Inselregierung abgelehnt. Das Interesse der einzelnen an einer prosperierenden Entwicklung à la Providenciales ist größer als die Bereitschaft, zugunsten der Allgemeinheit und vielleicht auch des Naturschutzes darauf zu verzichten.

Die beschriebenen Interessengruppen bestimmen den zukünftigen Entwicklungsprozeß. Das angestrebte Ziel variiert entsprechend der Entwicklungsinteressen dieser Gruppen. Die Bevölkerung, vor allem auf den strukturschwachen Inseln, drängt nach ökonomischem Wachstum; Äußerungen vieler Regierungsvertreter zu Sustainability und ökologischer Verträglichkeit sind als Lippenbekenntnisse zu werten.

Dennoch, aufgrund des Einflusses einiger aktiver Expats gibt es das Netz der 32 Nationalparks und Naturreserve-Gebiete. Langsam zeigt sich wachsendes

Interesse an der Natur, das jedoch überwiegend an den ökonomischen Nutzen gekoppelt ist. Weil die Diskussion über Ökotourismus in der Karibik gerade sehr heftig geführt wird und die Konkurrenz um die Touristen unter den Inseln immer stärker wird, finden neue Werbeeffekte, die man mit Begriffen wie "Nationalpark" verbinden kann, immer größeren Anklang. Die Lösung läge wohl in der sinnvollen Verbindung von ökonomischen und ökologischen Interessen.

Nachhaltigkeit und ökologische Verträglichkeit in einem Ressourcenmanagement- und einem Entwicklungskonzept zu berücksichtigen, verlangt auch, die umweltzerstörenden Faktoren in ihrer Wechselwirkung und in ihrer Komplexität zu betrachten. Wenn zum Beispiel von einigen Anwohnern nur streunende Esel als Umwelt-Problem betrachtet werden, nicht aber die sich aufhäufenden Müllberge, die Abwasserverschmutzung oder die Riffzerstörung durch Übernutzung, werden sie hier auch keinen Handlungszwang sehen.

Fast noch schwieriger scheint es, die völlig unterschiedlichen Vorstellungen von natürlichen Ressourcen und Entwicklungszielen zu vereinen, um für alle Betroffenen ein vertretbares Entwicklungsziel zu finden. Dies ist Aufgabe eines von der Regierung zu entwickelnden Ressourcenmanagementkonzepts. Umweltwahrnehmung und Entwicklungsinteresse sind zwei Faktoren, die bei der Entwicklung dieses Managementkonzeptes und bei der Umsetzung entscheidend mitwirken können. Sie als Hemmfaktoren einer positiven Entwicklung zu bezeichnen, wäre nicht genug. Sie sind Begleitumstände, denen die Planung gerecht werden muß.

Die Frage bleibt, ob sich am gegenwärtigen, teils stark widersprüchlichen Ensemble von Entwicklungsinteresse und Umweltwahrnehmung etwas ändern läßt. Da beide sichtlich einer zeitlichen Veränderung unterliegen, die nachgewiesenermaßen nicht selten von äußeren Einflußfaktoren oder Ideen bestimmt wurden, kann man annehmen, daß sich auch Umweltbewußtsein und Ressourcenwahrnehmung beeinflussen lassen. Für die Verantwortlichen wird es wichtig sein, einen Weg zu finden, Umweltschutz und ökonomisches Interesse sinnvoll in Einklang zu bringen. Dies ist in Zusammenhang mit der Tourismusindustrie im Bereich Ökotourismus denkbar. Begleitet werden muß dieser neue Weg des Tourismus und Naturmanagements aber auch von einer Bewußtseinsänderung bei der lokalen Bevölkerung. Schulungsprogramme und Kampagnen haben in diesem Zusammenhang bereits in anderen Fällen, wie beim "Oriole-Programm" in Montserrat, Erfolge gezeigt (vgl. BUTLER 1991).

Das Beispiel der Turks & Caicos Islands ist vereinfacht dargestellt. Viele nebenläufige Entwicklungen wurden nur angedeutet. Dennoch darf man nicht den Fehler begehen, die gezeigten Zusammenhänge auf kleine überschaubare Inseln zu beschränken. Entwicklungsinteresse ist vom Zeitgeist beeinflußt und wirkt zusammen mit der Umweltwahrnehmung unterschiedlicher Interessengruppen. Beides zusammen ergibt die Rahmenbedingungen, unter denen Entwicklung stattfindet und die bei der Konzeption von Entwicklungsstrategien und Managementkonzepten berücksichtigt werden müssen.

6. Literatur

Butler, P. (1991): Making a move in Montserrat. Rare Centre for tropical bird conservation, Philadelphia.
Doran, E. jr. (1958): The Caicos Conch Trade. Geographical Review 48:388-401.
Fisheries Department, Turks & Caicos Islands Government (1994): Seasonal catch, effort and average catch of conch and lobster 1970-1989. Grand Turk (unveröffentlicht).
Government Statistical Unit (1993): Statistical Yearbook 1993 of the Turks & Caicos Islands. Grand Turk.
Kozy, C. (1990): Loyalist Legacy. Times of the Islands Spring: 38-39.
Possekel, A.; Ratter, B.; Sandner, G. (1994): Zwischenbericht über das DFG-Forschungsprojekt "Komplexes Ressourcenmanagement auf karibischen Inseln" (= Bericht an die DFG). Hamburg.
Proctor, G. R. (1954): Notes on the vegetation of the Turks & Caicos Islands. Natural History - Notes of the Natural History Society in Jamaica 6:149-152, 170-174, 199-203.
– (1989): Botanical bounty. Times of the Islands Fall:47-53.
Pusey, H.J. (1897): The Handbook of the Turks & Caicos Islands - Being a compendium of history, statistics and general information concerning the islands from their discovery to the present time. Kingston, Jamaica.
Sadler, H.E. (1988): Turks and Caicos Landfall. Vol.1-4. Grand Turk.
TURKS & CAICOS NATIONAL TRUST (1993): Strategic Plan. Grand Turk.
Van't Hof, T. (1994): Management Plan for the Princess Alexandra Land and Sea National Park and the Northwest Point Marine National Park, Providenciales, Turks & Caicos Islands: Draft. Saba, Netherlands Antilles 2.4.94.

Perzeptionen des Umweltstresses durch Campesinos in der Sierra von Ecuador

Christoph Stadel

Resumen

El objetivo de este artículo es analizar y señalar los factores críticos ambientales y socio-económicos tal como estos son percibidos por los campesinos. La región escogida para el estudio es una sección de la Sierra ecuatoriana central y consiste en un perfil que se extiende desde el límite más alto del asentamiento humano al pie del Chimborazo (4200 m) hasta la puerta del Oriente en los alrededores del Puyo (900 m). Este perfil ofrece una variedad muy amplia de condiciones ambientales e incluye un número de regiones socio-económicas distintas.

Es estudio indica que algunos problemas del ambiente natural y limitaciones en el desarrollo regional, por ejemplo pendientes fuertes y erosión, a menudo no son percibidos por la población local como factores principales del estrés; mientras que otros problemas, tal como la falta de peones en ciertas regiones, no estaban incluidos en la lista de dificultades catalogadas al principio de la investigación. El estudio además enfatiza que ciertos problemas percibidos son predominantes en todo el area, tales como la del estrés percibido, están relacionados a un ambiente natural o cultural específico, por ejemplo el frio y las heladas en las alturas elevadas, el clima seco y la falta de riego en la Cuenca de Ambato, o el problema de acesibilidad al mercado en las regiones aisladas.

Se espera que este estudio pueda contribuir a un mejor entendimiento de los problemas y necesidades auténticas de los campesinos y de esta manera proceder al diseño de estrategias de desarrollo que sean acordes con la realidad, es decir que sean una respuesta real a los problemas y aspiraciones de las poblaciones rurales andinas.

1. Vorbemerkung

Trotz eines wachsenden Verstädterungsprozesses im tropischen Andenraum und einer relativen Einbuße der Bedeutung der Landwirtschaft gegenüber den Sekundär- und Tertiärsektoren der Wirtschaft sind die tropischen Anden von Ecuador ein Raum geblieben, der in weiten Bereichen noch immer von ländlichen Bevölkerungen und einer ländlichen Kulturlandschaft geprägt ist. Von den etwa 12 Millionen Einwohnern von Ecuador leben etwa die Hälfte in ländlichen Regionen. Obwohl sich der Bevölkerungsschwerpunkt des Landes in den letzten

Jahrzehnten zunehmend von der Andenregion (Sierra) in die Küstenebene (Costa) mit ihren Plantagen und aufstrebenden Städten verlagert, und sich der Wanderungsstrom in die Kolonisationsgebiete und Erdölfelder des Amazonas-Tieflands (Oriente) verstärkt hat, ist die Sierra der traditionelle, dichtbevölkerte Wirtschaftsraum des Landes geblieben. Der ländliche Andenraum ist heute auch, in zunehmend gravierender Form, durch wirtschaftliche und soziale Unterentwicklung und durch marginale Existenzbedingungen weiter Teile der ländlichen Bevölkerung gekennzeichnet. Dieser Zustand hat sich ergeben durch eine Verknüpfung und Wechselwirkung von bedrohten Umweltbedingungen, einem starken Bevölkerungsdruck, ausgeprägten sozialen und wirtschaftlichen Gegensätzen und Ungerechtigkeiten, vielfachen Symptomen von Armut und einer Vernachlässigung des ländlichen Raumes.

In den ländlichen Andengebieten sind es oft die weniger privilegierten Bevölkerungsgruppen der Minifundiobauern, die landwirtschaftlichen Hilfskräfte (peones) oder unterbeschäftigten und unterbezahlten Personen, deren Probleme, Bedürfnisse und Wünsche weitgehend unbekannt sind, und die auch häufig bei infrastrukturellen Verbesserungen und Entwicklungsprogrammen übergangen werden. CHAMBERS (1986) hat in diesem Zusammenhang von einem "Bias", einer einseitigen Orientierung, der Akademiker und Entwicklungsfachleute, gesprochen, der sich in sechsfacher Form äußert:

1. Ein "räumlicher Bias", bei dem fast ausschließlich leicht zugängliche Bevölkerungsgruppen, vor allem in der Nähe von größeren Siedlungen und Straßen berücksichtigt werden.
2. Ein "Projekt-orientierter Bias", bei dem vor allem Gebiete besucht werden, in denen bereits als erfolgreich angesehene Projekte durchgeführt werden.
3. Ein "Personen bezogener Bias", der ausgewählte Personen berücksichtigt, dagegen andere soziale Gruppen (z.B. Frauen, ältere Menschen, Personen mit geringer Schulbildung) ausschließt.
4. Ein "jahreszeitlicher Bias", der sich dadurch äußert, daß Untersuchungen und Besuche von Außenstehenden überwiegend in der klimatisch günstigeren Jahreszeit durchgeführt werden, zu einem Zeitpunkt, bei dem das Ausmaß der Armut oft nicht erkannt wird.
5. Ein "diplomatischer Bias", bei dem man sich aus Scham oder zu großer Rücksicht auf die mögliche Sensibilität der Menschen bewußt nicht mit den ärmsten Bevölkerungsschichten befaßt.
6. Ein "professioneller Bias", bei dem sich Akademiker und Entwicklungsfachleute ausschließlich mit den Teilbelangen oder Problemen befassen, für die sie sich als fachlich kompetent erachten.

Die in der ecuadorianischen Sierra durchgeführten Untersuchungen waren von dem Bemühen getragen, soweit wie möglich derartige Voreingenommenheiten zu vermeiden.

Der Begriff des Umweltstresses

Vor allem seit den Beiträgen des kanadischen Mediziners SEYLE (1956, 1973) hat der Begriff des "Streß" Eingang in die wissenschaftliche Literatur gefunden. Er bezeichnet Streß als einen Zustand wachsender Beanspruchung und Abnutzung ("wear and tear") des menschlichen Körpers als Folge einer Auseinandersetzung mit aversiven Umweltfaktoren. Nach SEYLE führen die Streßfaktoren oder "Stressoren" zu negativen physischen und psychologischen Auswirkungen auf den einzelnen und auf Gemeinschaften und zu wirtschaftlicher und sozialer Unsicherheit. In ihrem Buch "Stress on Land" definieren SIMPSON-LEWIS ET AL. (1983: 4) Streß als "pressure or force that causes a change or readjustment of the object or person".

In diesem Beitrag soll der Begriff "Umweltstreß" im Sinn der nordamerikanischen vorherrschenden Auffassungen weitläufig als eine Kumulierung negativer Faktoren der natürlichen und anthropogenen Umwelt und der sozialen, wirtschaftlichen und politischen Verhältnisse auf das körperliche und mentale Wohlbefinden von Personen und Gemeinschaften definiert werden. Personen oder Gemeinschaften mögen in der Lage sein, sich an Streßfaktoren, beispielsweise steile Hanglagen, anzupassen oder diese durch entsprechende Strategien oder Maßnahmen abzuschwächen oder zu beseitigen, etwa die Auswirkungen der Trockenheit durch Bewässerung und verbesserte Trinkwasserversorgung. Umgekehrt jedoch können ausbleibende oder fehlgerichtete Maßnahmen, zum Beispiel beim Problem der Landdegradierung zu einer Verstärkung der Streßsituation führen (Abb. 1).

Da Streß und Streßfaktoren in subjektiver Weise von Personen und Gemeinschaften wahrgenommen werden und sich in verschiedener Form auf diese auswirken können, erscheint es vorrangig, die unterschiedlichen Perzeptionen von Streßfaktoren zu berücksichtigen. Dabei hat sich in den letzten Dekaden die Erkenntnis durchgesetzt, daß in der Perzeption und in der Priorisierung von Streßfaktoren oft eine Dichotomie besteht zwischen sog. Entwicklungsfachleuten und Entwicklungspartnern. Darüber hinaus ist aber auch eine breite Palette unterschiedlicher Wahrnehmungen sowohl unter Entwicklungshelfern als auch innerhalb lokaler Gemeinschaften zu beobachten.

2. Untersuchungsregion und Forschungsmethode

Unter den tropischen Gebirgsländern Lateinamerikas bietet Ecuador auf relativ kleiner Fläche eine besonders reichhaltige Vielfalt "horizontaler" und "vertikaler" Natur- und Kulturlandschaften. Neben dem landschaftlichen Dreiklang von Küstenebene (Costa), Andenraum (Sierra) und Amazonas-Tiefland (Oriente) des festländischen Ekuador, läßt sich in der Sierra die gesamte Palette der

Abbildung 1: Umweltstreß in den tropischen Anden - ein Konzeptmodell

UMWELTSTRESS UND MENSCHLICHE ANPASSUNG AN BZW. MODIFIZIERUNG VON STRESSFAKTOREN

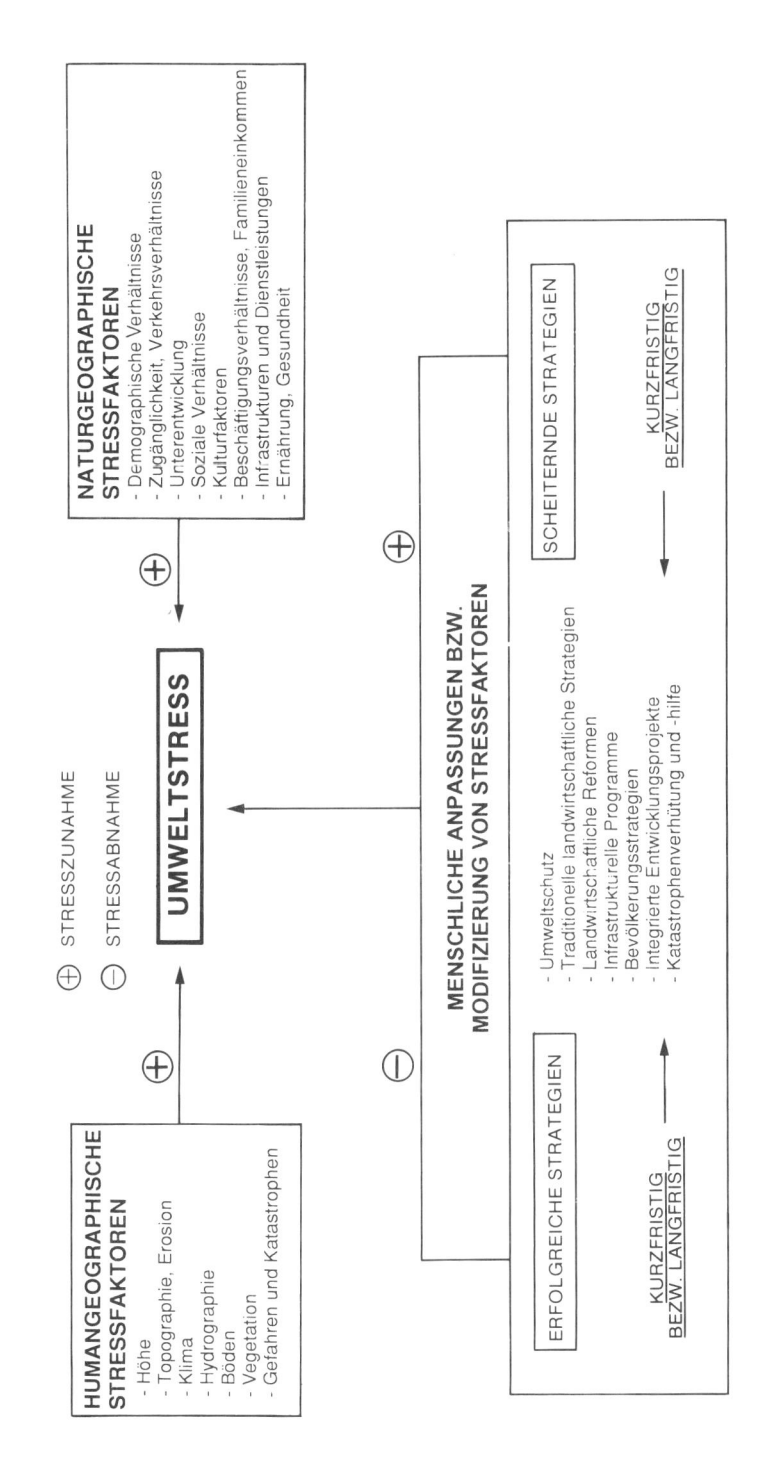

NATURGEOGRAPHISCHE STRESSFAKTOREN
- Demographische Verhältnisse
- Zugänglichkeit, Verkehrsverhältnisse
- Unterentwicklung
- Soziale Verhältnisse
- Kulturfaktoren
- Beschäftigungsverhältnisse, Familieneinkommen
- Infrastrukturen und Dienstleistungen
- Ernährung, Gesundheit

⊕ STRESSZUNAHME
⊖ STRESSABNAHME

UMWELTSTRESS

HUMANGEOGRAPHISCHE STRESSFAKTOREN
- Höhe
- Topographie, Erosion
- Klima
- Hydrographie
- Böden
- Vegetation
- Gefahren und Katastrophen

MENSCHLICHE ANPASSUNGEN BZW. MODIFIZIERUNG VON STRESSFAKTOREN
- Umweltschutz
- Traditionelle landwirtschaftliche Strategien
- Landwirtschaftliche Reformen
- Infrastrukturelle Programme
- Bevölkerungsstrategien
- Integrierte Entwicklungsprojekte
- Katastrophenverhütung und -hilfe

ERFOLGREICHE STRATEGIEN
KURZFRISTIG BEZW. LANGFRISTIG

SCHEITERNDE STRATEGIEN
KURZFRISTIG BEZW. LANGFRISTIG

Quelle: STADEL 1991 (übersetzt)

andinen ökologischen und anthropogenen Höhenstufen von der tierra caliente bis zur tierra helada beobachten (INSTITUTO GEOGRÁFICO MILITAR 1978).

Innerhalb der Sierra, deren Betrachtung im Mittelpunkt dieses Beitrages steht, kann man die folgenden vier landschaftlichen Haupttypen unterscheiden:

1. die innerandinen Hochbecken (cuencas),
2. die den cuencas zugewandten Hangbereiche der Kordilleren,
3. die der Costa bzw. dem Oriente zugewandten Außenflanken der Kordilleren,
4. die großen andinen Durchbruchstäler (valles de penetración) (GONDARD 1976).

Seit 1981 hat sich der Autor schwerpunktmäßig mit den landwirtschaftlichen Strukturen und den ländlichen Aspekten und Problemen der zentralen Sierra im Raum von Ambato befaßt. (STADEL 1984, 1989, 1991). Im Rahmen des "Highland-Lowland Interactive Systems"-Forschungsprogrammes der "United Nations University", das sich in Ecuador räumlich auf die cuenca alta des Pastaza-Flusses konzentrierte, wurden die naturgeographischen Bedingungen, die landwirtschaftlichen Verhältnisse und die ländlichen Lebensbedingungen in einem Landschaftsprofil untersucht, das sich von der Obergrenze der Ökumene am Fluß des Chimborazo in etwa 4.200 m Seehöhe bis in den Oriente im Bereich der Stadt Puyo (etwa 900 m) erstreckte (Abb. 2).

Trotz der geringen horizontalen Distanz dieses Landschaftsprofils von nur etwa 100 km bietet diese Region entlang des wichtigsten Straßen- und Entwicklungskorridors Sierra-Oriente eine große natur- und kulturgeographische Vielfalt, die sich in vielschichtigen Agrarstrukturen und ländlichen Verhältnissen ausdrückt. Die folgenden hauptsächlichen Faktoren tragen zu dieser Vielfalt bei:

1. Insgesamt herrschen steile Hanglagen vor; lediglich das Hochbecken (cuenca) von Ambato und der Oriente sind durch flaches Relief gekennzeichnet.
2. Innerhalb des Untersuchungsgebiets findet sich - oft auf engstem Raum - die gesamte Palette ökologischer und landwirtschaftlicher Höhenstufen:
die warm-feuchte tierra caliente, in der ein Anbau tropischer Kulturpflanzen und Weidewirtschaft vorherrscht;
die tierra templada, eine warm-gemäßigte Zone eines intensiven Anbaus subtropischer Kulturpflanzen;
die tierra fria, die kühl-gemäßigte, intensiv genutzte Zone von Getreide, Gemüse und Obst eines gemäßigten Klimabereichs;
die tierra helada, eine kalt-feuchte Klimazone, die die Obergrenze eines extensiven Ackerbaus und der Weidewirtschaft einschließt.

Die Differenzierung des Untersuchungsgebietes nach Höhengürteln der Temperatur wird zudem überlagert von markanten - oft kleinräumig ausgeprägten - Unterschieden in der Menge und jahreszeitlichen Verteilung der Niederschläge,

Abbildung 2: Ecuador - regionale Gliederung und Untersuchungsgebiet

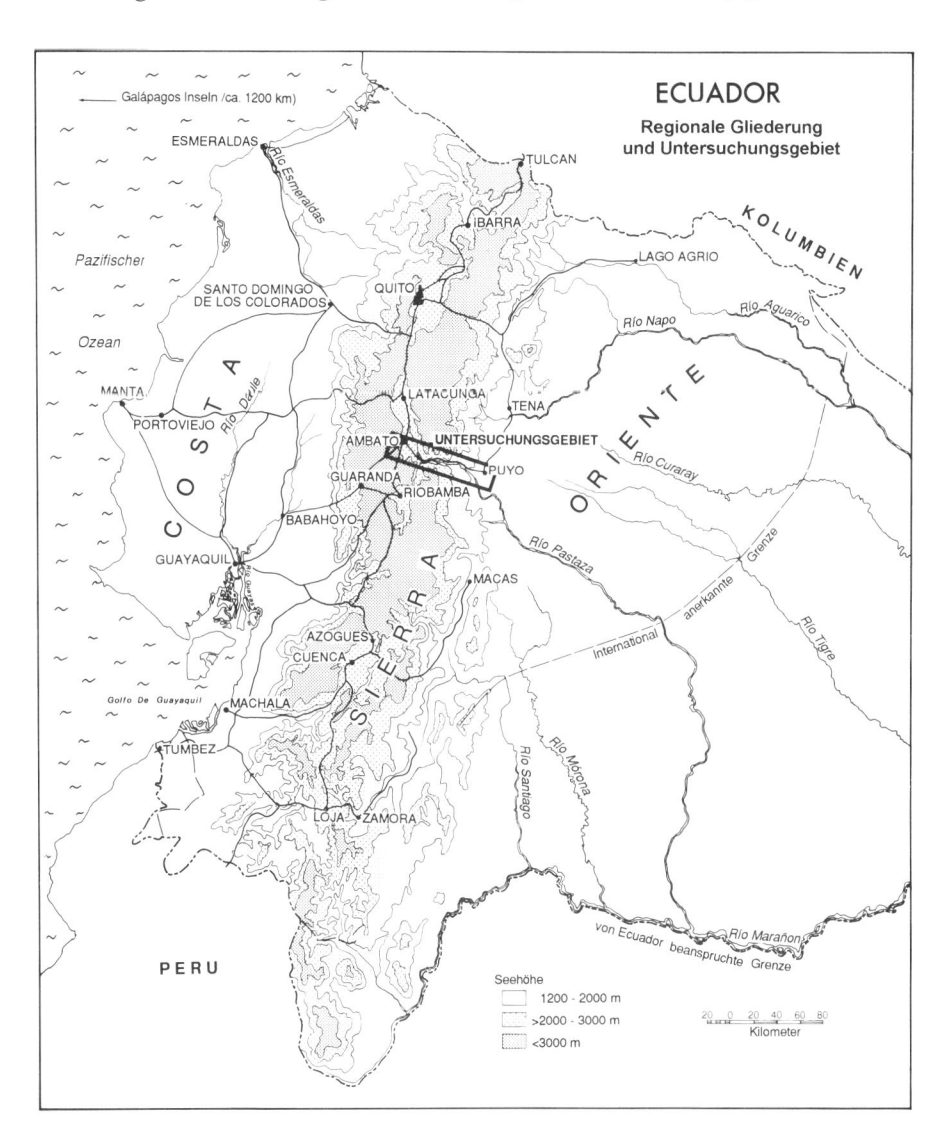

Quelle: STADEL 1989 (übersetzt)

von dem semiariden Bereich der Cuenca von Ambato bis zu den extrem feuchten Gebieten der obersten Höhenstufen und den Regionen an der Ostabdachung der Anden (Abb. 3 und 4).

Abbildung 3: Das Untersuchungsgebiet der Cuenca Alta des Pastaza-Flusses - ökologische Regionen

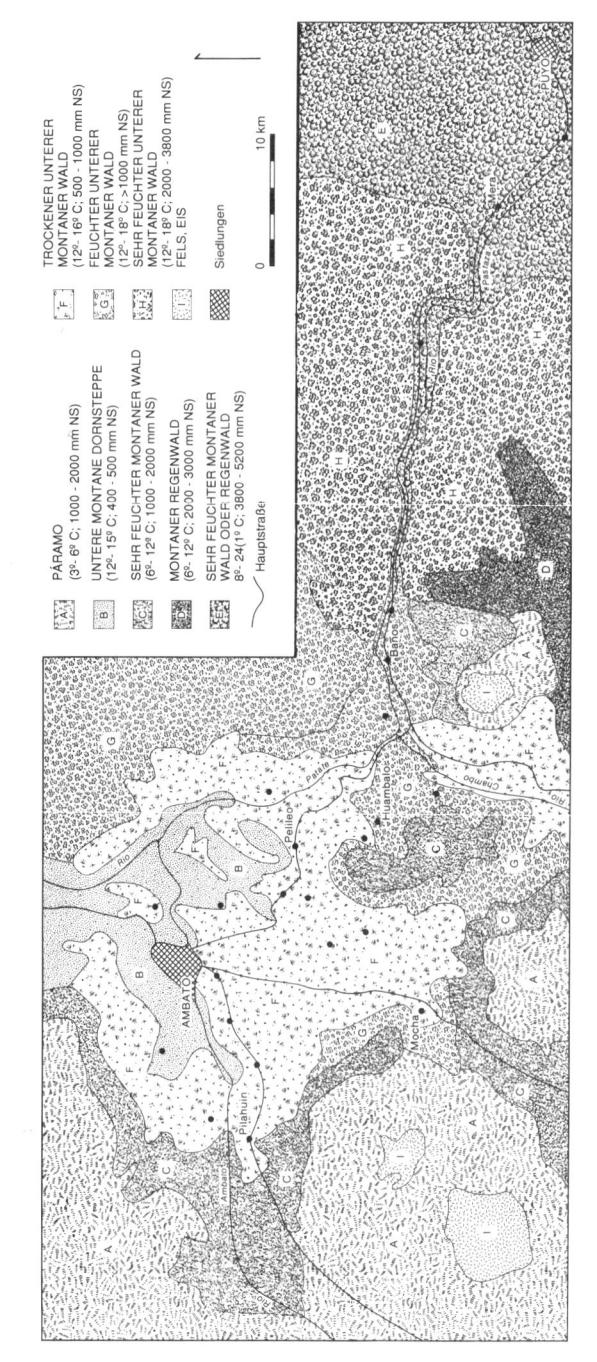

A	PÁRAMO (3°- 6° C; 1000 - 2000 mm NS)	
B	UNTERE MONTANE DORNSTEPPE (12°- 15° C; 400 - 500 mm NS)	
C	SEHR FEUCHTER MONTANER WALD (6°- 12° C; 1000 - 2000 mm NS)	
D	MONTANER REGENWALD (6°- 12° C; 2000 - 3000 mm NS)	
E	SEHR FEUCHTER MONTANER WALD ODER REGENWALD 8°- 24° (1° C; 3800 - 5200 mm NS)	
F	TROCKENER UNTERER MONTANER WALD (12°- 16° C; 500 - 1000 mm NS)	
G	FEUCHTER UNTERER MONTANER WALD (12°- 18° C; >1000 mm NS)	
H	SEHR FEUCHTER UNTERER MONTANER WALD (12°- 18° C; 2000 - 3800 mm NS)	
I	FELS, EIS	

Hauptstraße
Siedlungen

Quelle: MAG, PRONAREG/ORSTOM 1983a, 1983c (adaptiert und übersetzt)

Abbildung 4: Das Untersuchungsgebiet der Cuenca Alta des Pastaza-Flusses - landwirtschaftliche Nutzung

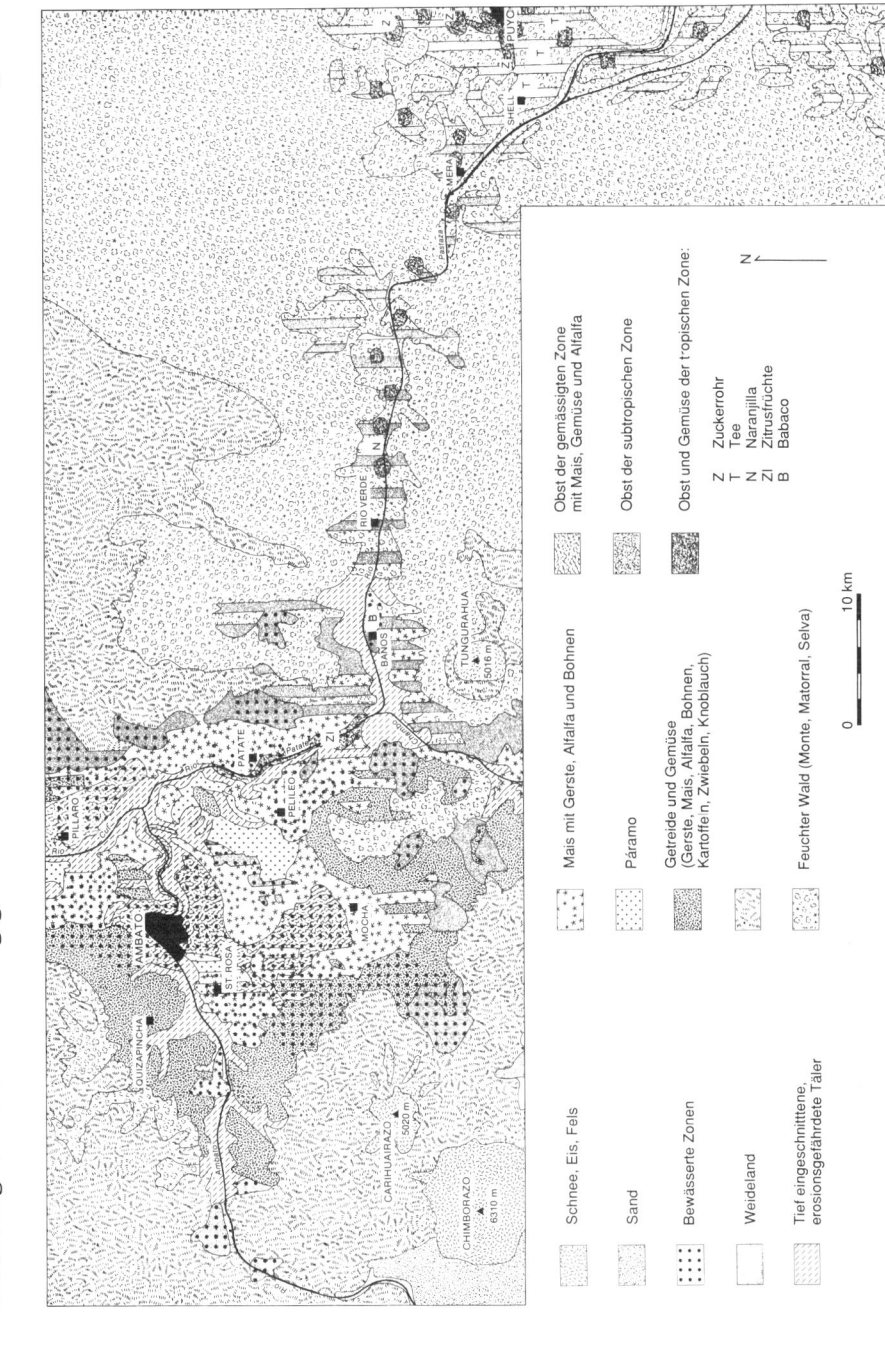

Quelle: MAG, PRONAREG/ORSTOM 1983b, (adaptiert und übersetzt)

3. Unterschiede im Alter und der Intensität der Besiedlung; vor allem der Gegensatz zwischen den Altsiedlungsgebieten und Agrarlandschaften der Sierra und den jüngeren Kolonisationszonen der Oriente.
4. Eine ethnisch-kulturelle Dichotomie: Siedlungsinseln indianischer Gruppen neben Wohn- und Wirtschaftsgebieten einer weißen oder Mestizo-Bevölkerung.
5. Gegensätzliche landwirtschaftliche Besitzstrukturen und landwirtschaftliche Nutzungsformen (VIVERO SILVA 1988); einerseits der vorherrschende, oft fragmentierte Kleinbesitz (Minifundismo) in der Sierra, andererseits die größeren Plantagen und Viehranchen (Haciendas) sowohl in der Sierra als auch im Oriente.
6. Unterschiede in der Distanz und Zugänglichkeit zu Wegen, Straßen, Marktzentren und infrastrukturellen Einrichtungen.
7. Verschiedenartige Beschäftigungsstrukturen und -möglichkeiten in der Region selbst oder in benachbarten Räumen.
8. Ein unterschiedlicher Zugang zu Innovationen, Entwicklungsprogrammen und anderen exogenen Einflüssen (CARILLO 1988; MEJIA VALLEJO 1988).

Aufgrund seiner Heterogenität erschien es deshalb sinnvoll, das Untersuchungsgebiet in die folgenden acht Zonen zu unterteilen (Abb. 5).

1. Páramo-Zone an der Obergrenze der menschlichen Ökumene, das Gebiet einer extensiven Weidewirtschaft (3.500-4.200 m); eine Region mit einem relativ feuchten Klima.
2. Die höchste Zone permanenter Siedlungen von Indianern und Mestizen an der Obergrenze des Feldbaus (3.200-3.500 m); charakterisiert durch ein kühles, feuchtes Klima.
3. Der städtische Einflußbereich von Ambato in der semi-ariden Zone der Cuenca von Ambato (2.800-3.200 m) gekennzeichnet durch eine Dualität zwischen einem ganzjährig betriebenen Bewässerungsfeldbau und einem marginalen, saisonalen Regenfeldbau.
4. Das Wohngebiet der Salasaca-Indianer, das ebenfalls in der Cuenca von Ambato liegt.
5. Das tiefeingeschnittene Patata-Tal mit seinen angrenzenden Steilhängen (2.000-2.800 m); die warmgemäßigte Zone einer intensiven Minifundio-Landwirtschaft.
6. Das tiefeingeschnittene obere Pastaza-Tal (1.700-2.000 m); ebenfalls gekennzeichnet durch einen intensiven Regenfeldbau von Obst, Gemüse und Getreide.
7. Der mittlere Abschnitt des Pastaza-Tales (1.400-1.700 m), eine niederschlagsreiche, warme Zone, charakterisiert durch feuchte Montanwälder und Rodungsinseln einer tropischen Landwirtschaft.

Abbildung 5: Das Untersuchungsgebiet der Cuenca Alta des Pastaza-Flusses - Subregionen (Zonen 1-8)

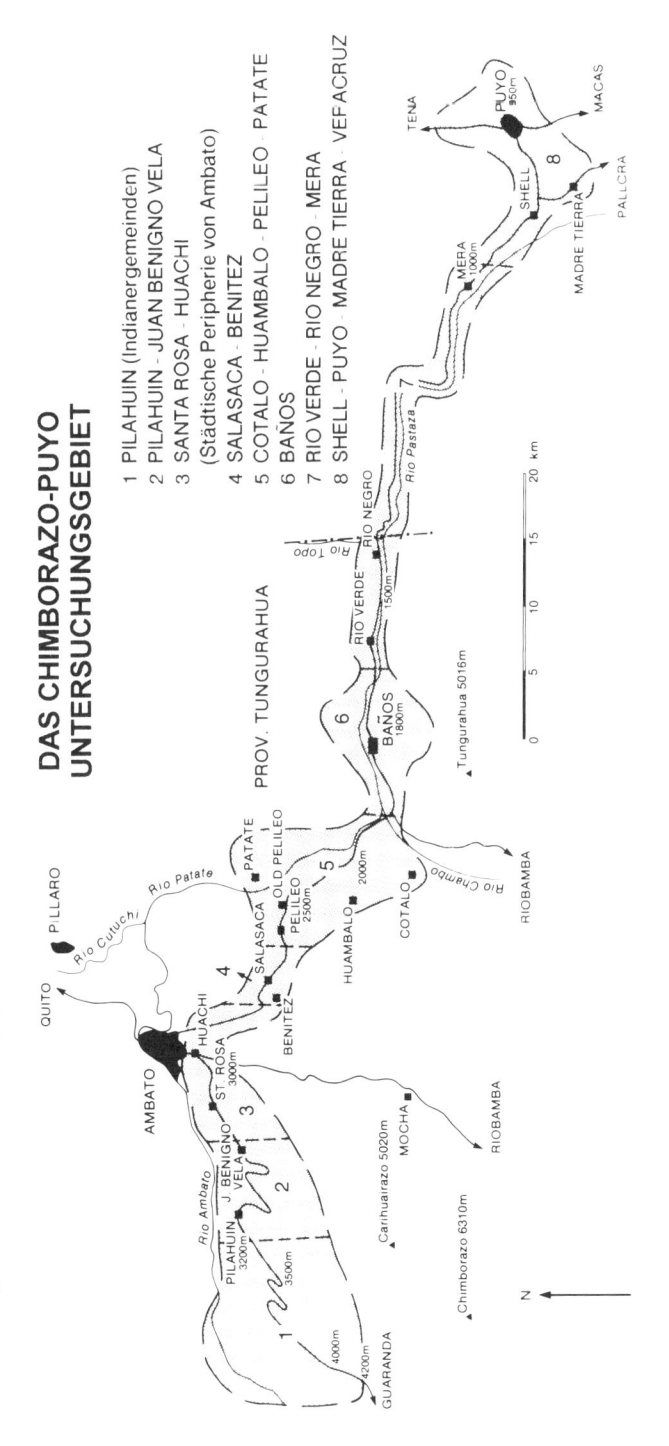

DAS CHIMBORAZO-PUYO UNTERSUCHUNGSGEBIET

1 PILAHUIN (Indianergemeinden)
2 PILAHUIN - JUAN BENIGNO VELA
3 SANTA ROSA - HUACHI
 (Städtische Peripherie von Ambato)
4 SALASACA - BENITEZ
5 COTALO - HUAMBALO - PELILEO - PATATE
6 BAÑOS
7 RIO VERDE - RIO NEGRO - MERA
8 SHELL - PUYO - MADRE TIERRA - VEFACRUZ

Quelle: STADEL 1989 (übersetzt)

8. Die Ostabdachung der Kordillere und das angrenzende Tiefland im Einflußbereich der Pionierstadt Puyo (900-1.400 m); der Bereich von Indianersiedlungen und neuen Kolonisationsgebieten.

Im Rahmen des UN-Forschungsprogramms erschien es vorrangig, neben einer wissenschaftlichen Erfassung der naturgeographischen Bedingungen, Bevölkerungsstrukturen und landwirtschaftlichen Verhältnisse auch die Probleme, Bedürfnisse und Entwicklungsprioritäten aus der Sicht der ländlichen Bevölkerung kennenzulernen. Aufgrund der in zahlreichen informellen Gesprächen mit campesinos in allen acht Subregionen gewonnenen Erkenntnisse wurde ein Katalog von Problemen bzw. Streßfaktoren kompiliert und nach den Erfahrungen weiterer Befragungen ergänzt (Tab. 1).

Insgesamt wurden 247 Befragungen in den acht Subregionen des Untersuchungsgebiets durchgeführt. Dabei wurde Wert darauf gelegt, die Felder bzw. Häuser der befragten Personen zu Fuß zu erreichen, um den Verdacht zu entkräftigen, daß es sich bei den Untersuchungen um Initiativen von seiten der Regierung handle. Die Interviews wurden in Form von Gesprächen durchgeführt, bei denen in den meisten Fällen Notizen, in Ausnahmefällen Tonbandaufnahmen aufgezeichnet wurden, die nachträglich auf die Fragebögen übertragen wurden. Die in diesem Beitrag behandelten Perzeptionen der "dificultades" der campesinos stellte jeweils den Abschluß der Gespräche dar, die sich u.a. auf die Lebensweise und Familiensituation, die wirtschaftlichen Aktivitäten, die landwirtschaftlichen Verhältnisse und die sozialen Bedingungen bezogen und jeweils etwa 30-50 Minuten dauerten.

In den Gesprächen wurden die campesinos gebeten, die hauptsächlichen Probleme, die ihr persönliches Leben, das ihrer Familie oder ihrer Dorfgemeinschaft negativ beeinflussen, zu nennen. Diese Antworten werden in dem Beitrag als "aktiv wahrgenommene Streßfaktoren" bezeichnet. In vielen Fällen waren die "Campesinos" jedoch zunächst nicht in der Lage oder bereit, ihre "dificultades" zu formulieren. In diesem Fall wurden sie gefragt, welche der in den Voruntersuchungen erfaßten Probleme auf sie zutreffen. Diese Antworten werden als "passiv wahrgenommene Streßfaktoren" definiert.

Bei der Analyse der gewonnenen Daten wurden die drei jeweils am häufigsten genannten "aktiv wahrgenommenen Streßfaktoren" und die "passiv wahrgenommenen Streßfaktoren" für jede der acht Subregionen tabellarisch dargestellt (Abb. 6A und 6B). In den folgenden Ausführungen sollen die wichtigsten Ergebnisse der Untersuchung behandelt werden.

Tabelle 1: Von den campesinos identifizierte Streßfaktoren ("problemas" oder "dificultades") in der Sierra von Ecuador.

- steiles Gelände
- tiefe Temperaturen, Nachtfröste
- feuchtes Klima, hohe Niederschläge
- Trockenheit, Wassermangel
- Bodenverlust durch Erosion
- unproduktive Böden
- unzulängliche Zugänglichkeit zu Straßen oder Märkten; unzureichende
- Verkehrsinfrastrukturen
- Pflanzen- und Tierschädlinge und -krankheiten
- Mangel an landwirtschaftlicher Besitzfläche
- Grundstückszersplitterung
- unzureichendes Familieneinkommen, hohe Verbraucherpreise
- unzulängliche Gemeinde-Infrastrukturen und Dienstleistungen
- Mangel an landwirtschaftlichen Arbeitskräften
- unzureichende Beschäftigungsmöglichkeiten
- unzulängliche ländliche Bankkredite, hohe Zinsen
- Gesundheitsprobleme
- mangelhafte Ernährung
- unzureichender Bildungsstand
- unzureichende landwirtschaftliche Kenntnisse
- unzulängliche Regierungshilfe
- unzulängliche technische Hilfe
- Trennung von Familienangehörigen
- unzureichende spanische Sprachkenntnisse (Indianerbevölkerung)
- unzulängliche Wohnverhältnisse
- unzulängliche Versorgung mit reinem Trinkwasser
- hohe Kosten von Kunstdünger und Schädlingsbekämpfungsmitteln
- unzureichende Brennholzversorgung, hohe Kosten von Brennstoffen
- hohe Anzahl von Kindern
- Tradition
- Familienprobleme, Probleme in der Gemeinde
- sonstige Probleme

Quelle: Eigene Feldforschung (1986, 1987)

Abbildung 6A: Das Untersuchungsgebiet der Cuenca Alta des Pastaza-Flusses - Subregionen (Zonen 1-4) - durch campesinos aktiv und passiv wahrgenommene Streßfaktoren

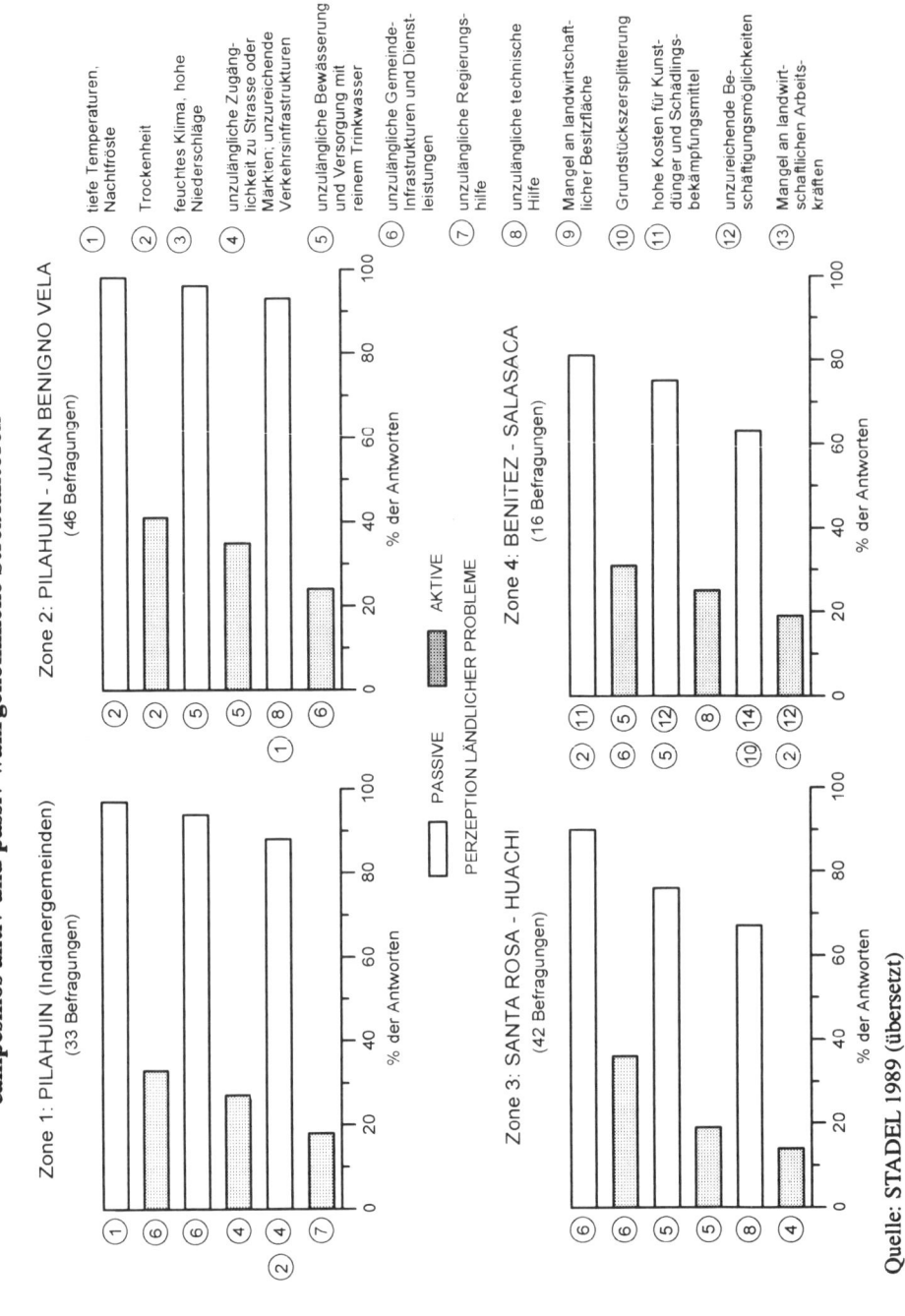

Zone 1: PILAHUIN (Indianergemeinden) (33 Befragungen)

Zone 2: PILAHUIN - JUAN BENIGNO VELA (46 Befragungen)

Zone 3: SANTA ROSA - HUACHI (42 Befragungen)

Zone 4: BENITEZ - SALASACA (16 Befragungen)

① tiefe Temperaturen, Nachtfröste
② Trockenheit
③ feuchtes Klima, hohe Niederschläge
④ unzulängliche Zugänglichkeit zu Strasse oder Märkten; unzureichende Verkehrsinfrastrukturen
⑤ unzulängliche Bewässerung und Versorgung mit reinem Trinkwasser
⑥ unzulängliche Gemeinde-Infrastrukturen und Dienstleistungen
⑦ unzulängliche Regierungshilfe
⑧ unzulängliche technische Hilfe
⑨ Mangel an landwirtschaftlicher Besitzfläche
⑩ Grundstückszersplitterung
⑪ hohe Kosten für Kunstdünger und Schädlingsbekämpfungsmittel
⑫ unzureichende Beschäftigungsmöglichkeiten
⑬ Mangel an landwirtschaftlichen Arbeitskräften

PASSIVE / AKTIVE PERZEPTION LÄNDLICHER PROBLEME

Quelle: STADEL 1989 (übersetzt)

Abbildung 6B: Das Untersuchungsgebiet der Cuenca Alta des Pastaza-Flusses - Subregionen (Zonen 5-8) - durch campesinos aktiv und passiv wahrgenommene Streßfaktoren

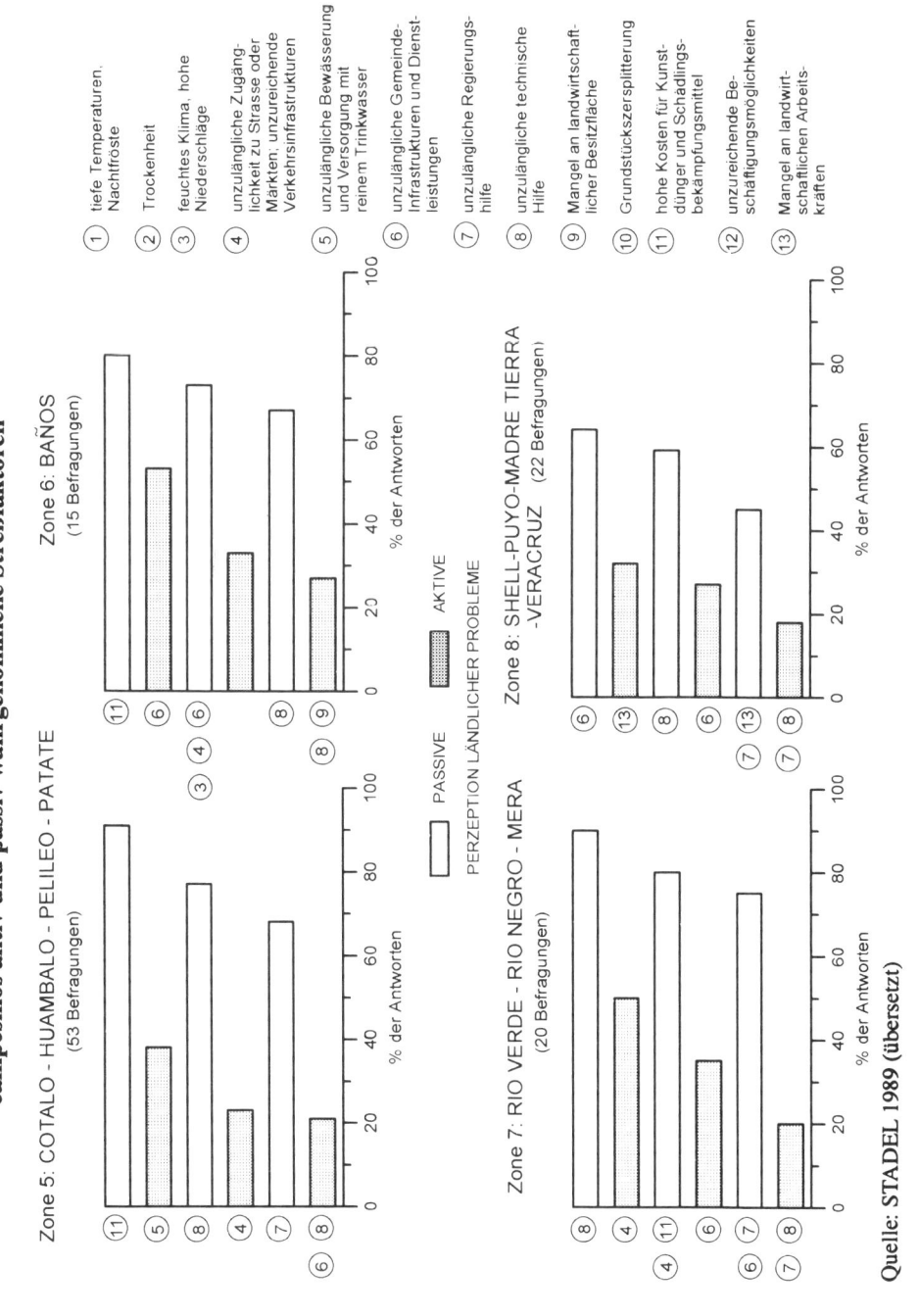

Zone 5: COTALO - HUAMBALO - PELILEO - PATATE
(53 Befragungen)

Zone 6: BAÑOS
(15 Befragungen)

Zone 7: RIO VERDE - RIO NEGRO - MERA
(20 Befragungen)

Zone 8: SHELL-PUYO-MADRE TIERRA -VERACRUZ (22 Befragungen)

PASSIVE
AKTIVE
PERZEPTION LÄNDLICHER PROBLEME

(1) tiefe Temperaturen, Nachtfröste
(2) Trockenheit
(3) feuchtes Klima, hohe Niederschläge
(4) unzulängliche Zugänglichkeit zu Strasse oder Märkten; unzureichende Verkehrsinfrastrukturen
(5) unzulängliche Bewässerung und Versorgung mit reinem Trinkwasser
(6) unzulängliche Gemeinde-Infrastrukturen und Dienstleistungen
(7) unzulängliche Regierungshilfe
(8) unzulängliche technische Hilfe
(9) Mangel an landwirtschaftlicher Besitzfläche
(10) Grundstückszersplitterung
(11) hohe Kosten für Kunstdünger und Schädlingsbekämpfungsmittel
(12) unzureichende Beschäftigungsmöglichkeiten
(13) Mangel an landwirtschaftlichen Arbeitskräften

Quelle: STADEL 1989 (übersetzt)

3. Perzeptionen des Umweltstresses: Forschungsergebnisse und -erfahrungen

3.1 Streßperzeption der natürlichen Umweltfaktoren

Bei der Streßperzeption der natürlichen Umweltfaktoren ist das Klima das vorrangige Anliegen der campesinos. Insbesondere die Menge und die jahreszeitliche Verteilung der Niederschläge spielten bei der Bewertung der Umweltbedingungen eine wesentliche Rolle. Trotz der Lage des Studiengebietes in unmittelbarer Äquatornähe sind Trockenheit und der Mangel an Trinkwasser und Bewässerung in einem breiten Höhengürtel von etwa 2.000 bis 3.300 m im Gebiet der Cuenca von Ambato und des tiefeingeschnittenen Patate-Tales hauptsächliche Streßfaktoren. Der Wassermangel verkürzt die landwirtschaftliche Saison, schränkt die Anbaumöglichkeiten ein und verringert die Erträge. Eine zu hohe Luftfeuchtigkeit und starke Niederschläge andererseits können sich ebenfalls als Streßfaktoren auswirken. Innerhalb des Untersuchungsgebietes herrschen diese feuchten Bedingungen in der Páramo-Zone um 4.000 m und an der Ostabdachung der Anden vor. Hohe Luftfeuchtigkeit und Niederschläge beeinträchtigen die landwirtschaftlichen Tätigkeiten und beschleunigen ein vorzeitiges Verfaulen der Ernteprodukte. Eine hohe Luftfeuchtigkeit, vor allem in Verbindung mit den tiefen Temperaturen in den oberen Höhenlagen, wirkt sich auch nachteilig auf die Gesundheit der Bevölkerung aus. Die jedoch am negativsten empfundenen Auswirkungen hoher Niederschläge, vor allem in den Bereichen steiler Hanglagen, ist die Beeinträchtigung der Mobilität und die Gefährdung menschlicher Aktivitäten durch die verbreitet auftretenden Erosionsschäden, Erdrutsche, Überschwemmungen und Steinschläge (HARDEN 1988). So erscheint es überraschend, daß die Steilheit des Geländes und die Erosionsgefahr von der Mehrzahl der Bevölkerung nicht als unmittelbare Streßfaktoren wahrgenommen wurden. Diese Bedingungen wurden meist als "natürliche" oder unabwendbare Faktoren betrachtet. Bei den übrigen klimatischen Verhältnissen sind es vor allem die tiefen Temperaturen und die Gefahr von Nachtfrösten, die von der Bevölkerung als störend angesehen wurden. Die in den oberen Zonen der Ökumene konstant tiefen Temperaturen verlängern die Reifezeit der Anbauprodukte bis auf etwa 10 Monate, und die Nachtfröste, die bis auf etwa 2500 m herab auftreten können, verursachen zeitweise erheblichen Schaden.

Die relative Isolierung und die Distanz zu Straßen und Märkten ist sowohl eine Auswirkung der natürlichen Umweltbedingungen als auch eine Folge einer unzureichenden Entwicklung der Verkehrs- und Kommunikationsinfrastruktur. In der Perzeption der ländlichen Bevölkerung waren es vor allem die unzulängliche Versorgung mit Autobussen und Lastwagen (vor allem an Markttagen) und die hohen Transportkosten, die als Streß empfunden wurden.

3.2 Streßperzeption der anthropogenen Faktoren

Im Vergleich zu den Streßfaktoren, die sich aus den Bedingungen der natürlichen Umwelt ergeben, nehmen die Streßfaktoren, die eine Folge negativer anthropogener Verhältnisse oder Einflüsse sind, in der Perzeption der campesinos einen verhältnismäßig breiten Raum ein. Die Mehrzahl dieser Streßfaktoren lassen sich aus dem vorherrschenden Zustand einer ländlichen Unterentwicklung ableiten. Dabei tritt die relative Vernachlässigung des ländlichen Raums von seiten der Regierung und der Privatwirtschaft, und die unzulängliche Unterstützung der Minifundio-Landwirtschaft deutlich in Erscheinung.

Trotz des Zustandes einer weitverbreiteten Unterentwicklung im ländlichen Andenraum gab die Mehrzahl der befragten Personen an, niemals einen Kontakt mit landwirtschaftlichen Experten oder Entwicklungsprogrammen gehabt zu haben. Es wurde auch deutlich, daß von seiten der ländlichen Bevölkerung gegenüber Regierungsstellen ein erhebliches Maß an Skepsis und Mißtrauen vorherrscht. Es wurde von den ärmeren Minifundio-Bauern auch öfters die Meinung geäußert, daß Entwicklungsprogramme vor allem den wohlhabenderen, besser gebildeten und politisch erfahreneren Bewohnern zugute kämen.

In weiten Bereichen des Studiengebietes war ein erheblicher Mangel oder eine unzulängliche Qualität sozialer und wirtschaftlicher Infrastrukturen und Dienstleistungen festzustellen - eine Tatsache, die fast überall von der ländlichen Bevölkerung als hauptsächlicher Streßfaktor bezeichnet wurde. Dabei bestand allerdings wenig Übereinstimmung über die Art der infrastrukturellen Bedürfnisse und Prioritäten.

Entwicklungsprojekte, die von privaten Organisationen durchgeführt werden, wurden unterschiedlich beurteilt. Eine positive Resonanz fanden Programme, die sich langzeitlich mit marginalen Gruppen und mit einer Verbesserung der landwirtschaftlichen Systeme befassen, jedoch auf dem kulturellen Erbe und den Traditionen der Bevölkerung aufbauen. Auf der anderen Seite waren die Entwicklungsprogramme religiöser Gemeinschaften umstritten, vor allem weil diese teilweise in Verbindung mit einer missionarischen Tätigkeit und mit einem Eindringen fremder Kulturwerte durchgeführt werden.

Die Zersplitterung des landwirtschaftlichen Besitzes in Kleinstparzellen - eine Folge traditioneller Erbschaftspraktiken und eines wachsenden Bevölkerungsdrucks - bewirkt, daß die Agrarflächen und das Einkommen aus der Landwirtschaft für die Mehrzahl der Familien unzureichend sind. Die Bevölkerungszunahme und die hohe Kinderzahl wurde jedoch nur selten als Streß wahrgenommen, und die Praxis einer Realteilung in schmale Parzellenstreifen ist nur schwer zu ändern.

Der Minifundio-Besitz bewirkt, daß die Unterbeschäftigung und Arbeitslosigkeit in den ländlichen Bereichen ein weitverbreitetes Problem ist. So sehen sich vor allem die jüngeren männlichen Arbeitskräfte gezwungen, alternativen Beschäftigungen, meist außerhalb ihres Heimatortes, nachzugehen. Der oft längere Aufenthalt von Familienmitgliedern in den Städten, auf den Plantagen der Costa-Region und den Ölfeldern des Oriente führt häufig zu einem erheblichen Streß in den Familien und zu sozialen Spannungen, vor allem zu Konflikten zwischen traditionellen Lebensweisen im ländlichen Raum und den durch die Migranten eindringenden moderneren Kultur- und Wirtschaftseinflüssen. Das Abwandern der jüngeren Bevölkerung in nicht-landwirtschaftliche Beschäftigungen hat außerdem in manchen Bereichen bereits zu einem Mangel an landwirtschaftlichen Hilfskräften (peones) geführt.

Die Analyse der Perzeption der Streßfaktoren im ländlichen Raum zeigt, daß eine Anzahl der wahrgenommenen Probleme im gesamten Untersuchungsgebiet als vorrangig erachtet werden. Dazu gehören unzulängliche Infrastrukturen und ein niedriges Familieneinkommen. Andere Streßfaktoren jedoch treten nur in gewissen ökologischen Zonen bzw. Wirtschaftsregionen auf. Hierzu zählen die niedrigen Temperaturen an der Obergrenze der Ökumene, das trockene Klima und die unzureichende Bewässerung in der Cuenca von Ambaro, die schlechte Zugänglichkeit zu Märkten in entlegenen Regionen oder in Gebieten unzulänglicher Verkehrsinfrastrukturen oder der Mangel an Beschäftigungsmöglichkeiten. Teilweise unterschiedliche Perzeptionen der hauptsächlichen Probleme lassen sich auch bei verschiedenen Bevölkerungsgruppen beobachten. So wurde beispielsweise in den Indianergemeinden in der Region um Pilahuin (Zone 1), aber auch in den landwirtschaftlichen Pionierzonen des unteren Pastazatales und des Oriente (Zonen 7 und 8), auf die unzulängliche Unterstützung von seiten der Regierung hingewiesen. Bemerkenswert ist auch die Tatsache, daß im Umkreis der Städte Ambato (Zonen 3 und 4) und Puyo (Zone 8) unzureichende Gemeinde-Infrastrukturen in der aktiven Wahrnehmung der Bevölkerung weit stärker als Streßfaktor empfunden wurde als in den entlegeneren Regionen, wo zum Teil noch gravierendere Mängel zu beobachten waren. Bei den Gesprächen hat sich ferner ergeben, daß zum Teil auch unterschiedliche Perzeptionen in der Setzung von Prioritäten bei Streßfaktoren und Entwicklungsbedürfnissen zwischen Männern und Frauen und zwischen verschiedenen Altersgruppen der Bevölkerung bestehen. So erachteten beispielsweise Frauen vielfach unzulängliche gesundheitsgefährdende Faktoren und soziale Probleme als größere "dificultades" als etwa Gemeinde-Infrastrukturen, wie Versammlungsräume oder Sport- bzw. Freizeiteinrichtungen, die von der männlichen und jüngeren Bevölkerung als vorrangig betrachtet wurden.

4. Schlußbemerkungen

Die durchgeführten Untersuchungen haben die Bedeutung von mikroräumlich orientierten Felderhebungen bestätigt. Dieser Forschungsansatz erscheint vor allem in den tropischen Anden wichtig, die sich durch ein Mosaik von natur- und kulturgeographischen Bedingungen und Strukturen auszeichnen. Es hat sich ferner gezeigt, daß die Probleme, Bedürfnisse und Prioritäten lokaler Bevölkerungsgruppen nur durch geduldiges Hinhören und durch Gespräche, die in einem Klima des gegenseitigen Vertrauens und der Ehrlichkeit stattfinden sollten, in Erfahrung zu bringen sind. Dies trifft vor allem auf indigene und wirtschaftlich marginale Bevölkerungsgruppen zu.

Die Untersuchungen waren von den heute in der Wissenschaft und Praxis geforderten "bottom up"-Ansätzen, einer Mobilisierung lokaler menschlicher Ressourcen und eines partnerschaftlichen Dialogs zwischen Familie bzw. Dorfgemeinschaften und Außenstehenden getragen. Obwohl derartige Forderungen heute in der Dokumentation vieler staatlicher und nichtstaatlicher Organisationen zu finden sind, hat die praktische Erfahrung im Untersuchungsgebiet viele "weiße Flecken" aufgezeigt, in denen gerade marginale Gruppen der lokalen Bevölkerung noch nie ihre Probleme zum Ausdruck bringen konnten, geschweige denn in eine partnerschaftliche Entwicklungsarbeit einbezogen wurden.

Schließlich haben die Untersuchungen gezeigt, daß die Perzeptionen der Probleme, die Bedürfnisse und Wünsche der campesinos von deren Wahrnehmung der natürlichen und anthropogenen Umweltfaktoren, von kulturellen Traditionen und vor allem kurz- und mittelfristigen Wirtschaftsbedingungen geprägt wird. Es hat sich erwiesen, daß Entwicklungsbemühungen längerfristig nur erfolgreich sind, wenn den Perzeptionen der campesinos und der Dorfgemeinschaft Rechnung getragen wird. Dies schließt jedoch nicht aus, daß die lokale Bevölkerung in Gesprächen und praxisorientierten Initiativen, einer sog. Capacitación mit zusätzlichen Problemen, Gefahren und Möglichkeiten ihrer Überwindung vertraut gemacht werden kann.

Das dargestellte Forschungsprojekt stellt den Versuch dar, in einem mikroräumlichen Ansatz und mit Hilfe von empirischen Erhebungen die Probleme, Bedürfnisse und Prioritäten der lokalen Bevölkerung im ländlichen Raum eines Teilgebietes der Sierra von Ecuador darzustellen. Der Autor ist sich bewußt, daß auch die angewandten Forschungsmethoden an die lokalen Kulturtraditionen und Umweltbedingungen angepaßt werden müssen und nicht unbedingt den in Europa oder Nordamerika geforderten Kriterien entsprechen konnten. Es hat sich jedoch gezeigt, daß ein genaues Beobachten, eine Bereitschaft zum Hinhören, und auf Dialog ausgerichtete Gespräche zu wesentlichen Erkenntnissen und zu einem besseren Verständnis der natürlichen und anthropogenen Umweltfaktoren und der Probleme und Bedürfnisse der lokalen Bevölkerung führen können.

5. Literatur

Carillo, P. (1988): Proyecto de desarrollo rural integral Tungurahua. In: DESFIL (Hsg.): Memoria de la Conferencia Usos Sostenidos de Tierras en Laderas; Bd. 1. Washington, 107-125.
Chambers, R. (1986): Sustainable Livelihoods. Sussex.
Gondard, P. (1976): Zonas agrícolas de la Sierra. Boletín de la Sección Nacional del Ecuador, Instituto Panamericano de Geografía e Historia (Quito) 9-10, 1-7.
Harden, C. (1988): Estimación de la erosión anual del suelo en la cuenca del rio Ambato. In: DESFIL (Hrsg.): Memoria de la Conferencia Usos Sostenidos de Tierras en Laderas, Bd. 1. Washington, 43-61.
Instituto Geográfico Militar (Hsg.; 1978): Atlas Geográfico del Ecuador. Quito.
Mejia Vallejo, L. (1988). El impacto de la acción institucional en tierras frágiles de ladera en algunas zonas del Ecuador. In: DESFIL (Hrsg.): Memoria de la Conferencia Usos Sostenidos de Tierras en Laderas, Bd. 1. Washington, 175-194.
Ministerio de Agricultura y Ganaderia, (MAG), PRONAREG (ORSTOM) (1983a): Mapa de aptitudes agrícolas (Latacunga - Ambato). Quito.
– (1983b): Mapa de uso actual de suelo y formaciones vegetales (Latacunga-Ambato, Riobamba). Quito.
– (1989c): Mapa ecológico (Latacunga - Ambato, Riobamba). Quito.
Selye, H. (1956): The stress of life. New York.
– (1973): The evolution of the stress concept. American Scientist 61.
Simpson-Lewis, W. et al. (1983): Stress on Land. Ottawa.
Stadel, C. (1984): Development and underdevelopment in the rural Andes. In: Singh, T.V. und Kaur, J. (Hrsg.): Integrated Mountain Development. New Delhi, 193-207.
– (1989): The perception of stress by Campesinos: A profile from the Ecuadorian Sierra. Mountain Research and Development 9 (1): 35-49.
– (1991): Environmental stress and sustainable development in the tropical Andes. Mountain Research and Development 11 (3): 213-223.
Vivero Silva, W. (1988): Conflictos de uso de suelo en la Cuenca Alta del rio Pastaza. In: DESFIL (Hrsg.): Memoria de la Conferencia Usos Sostenidos de Tierras en Laderas, Bd. 1. Washington.

Educação Ambiental na Bacia do Cubatão, Brasil

Cesar Augusto Pompêo, Daniel José da Silva

Zusammenfassung

Die Bucht von Cubatão dient der Wasserversorgung von Florianopolis, der Hauptstadt des Bundesstaates Santa Catarina/Brasilien. Die Wasserverschmutzung der Bucht resultiert aus der fehlenden Abwasserklärung von zwei angrenzenden Großgemeinden (mit ca. 35.000 Einwohnern) und der Einspülung von Kunstdünger- sowie Pestizidrückständen aus den dortigen Obst- und Gemüseanbauflächen.

In den letzten sieben Jahren haben Wissenschaftler und Techniker verschiedener Institutionen versucht, Programme zur Minimierung des Schadstoffeintrages und damit zur Verbesserung der Wasserqualität zu entwickeln und umzusetzen. Seit 1991 ist das Institut für Umwelt- und Sanitärwesen der Universität von Florianopolis daran beteiligt, das 1991/92 zwei Kurse in Umweltpädagogik/-erziehung durchführte, an denen Führungspersonen aus den lokalen Gesellschaftsschichten und Lehrer der Gemeindeschulen teilnahmen. Es folgte 1992 ein Seminar über Umwelterziehung mit speziellem Bezug auf die Bucht von Cubatão.

Als Leitbild unserer Arbeit kristallisiert sich heraus: Wie kann der Mensch in die natürlichen Verhältnisse eingreifen unter (weitestgehender) Beachtung der nachhaltigen Entwicklung der Biosphäre? Als strategische Frage stand im Mittelpunkt: Wie wird ein entsprechendes Umweltbewußtsein bei der gegenwärtigen und zukünftigen Bevölkerung geschaffen sowie - damit zusammenhängend - wie kann eine nachhaltige Entwicklung unter Berücksichtigung und/oder Koordinierung der ökonomischen, sozialen und ökologischen Interessen/Gesichtspunkte gefördert werden?

Im Kontext der Kurse über Strategien der Umweltpädagogik/-erziehung gehen wir dabei von zwei methodisch-strategischen Ansätzen aus: Der erste umfaßt Methoden zur Fortbildung von Lehrern, Technikern und Politikern in der Ausarbeitung und Implementierung von Plänen, Programmen und Projekten zur Umwelterziehung. Der zweite Ansatz beinhaltet Methoden zur Durchführung der Umwelterziehung.

1. Introdução

Este relato apresenta uma síntese das atividades desenvolvidas na Bacia do Cubatão nas quais houve participação da Universidade Federal de Santa Catarina.

Destacam-se com maiores detalhes os resultados metodológicos da experiência de educação ambiental.

A Bacia do Cubatão é o manancial de abastecimento de água para Florianópolis, capital do Estado de Santa Catarina. Nela localiza-se o sistema de captação de água da CASAN (Companhia de Água e Saneamento do Estado de Santa Catarina) e as instalações da Estação de Tratamento de Água Morro dos Quadros. Além disso, a atividade agrícola desenvolvida na Bacia é responsável pelo suprimento de grande parte da demanda local de hortaliças e frutas.

Nos últimos sete anos, técnicos de várias instituições vem promovendo iniciativas para a reversão do quadro de degradação ambiental na Bacia. Destacam-se o Projeto Cubatão - uma proposta de manejo ambiental integrado e participativo; a recente implantação do Comitê da Bacia Hidrográfica do Cubatão - primeira ação ao âmbito do Sistema Estadual de Recursos Hídricos de Santa Catarina; o desenvolvimento de uma experiência piloto de educação ambiental formal e o planejamento estratégico de municípios. Todas estas iniciativas contaram com a participação de professores do Departamento de Engenharia Sanitária e Ambiental da Universidade Federal de Santa Catarina.

2. Caracterização da Bacia

A Bacia do Cubatão possui uma área de 738 km², metade da qual pertence ao Parque Estadual da Serra do Tabuleiro. Com uma população de 35 mil habitantes, contém integralmente os Municípios de Santo Amaro e Águas Mornas e, parcialmente, São José e Palhoça.

A principal atividade econômica na Bacia é a agricultura praticada em pequenas propriedades com trabalho predominantemente familiar. A resultante produção de hortaliças e frutas destina-se à comercialização na Grande Florianópolis. A atividade turística é também significativa sobretudo pela presença de fontes terapêuticas termais de ótima qualidade e uma expressiva rede hoteleira.

A degradação ambiental na Bacia manifesta-se nos recursos hídricos, no solo e na cobertura vegetal.

A utilização dos mananciais superficiais para abastecimento está comprometida devido ao lançamento direto dos esgotos domésticos de Santo Amaro e Águas Mornas. A ausência de sistemas adequados para a disposição de resíduos sólidos urbanos e a inexistência de saneamento no meio rural favorecem a contaminação do solo e das águas colocando em risco a saúde da população.

O desmatamento destinado ao aumento das áreas agrícolas, a fabricação de carvão vegetal e a exploração comercial da madeira transformou a cobertura florestal de grandes áreas em vegetação herbácea.

A prática da queimada associada a uma agricultura baseada no uso excessivo de fertilizantes e agrotóxicos tem resultado no empobrecimento e abandono de áreas agrícolas, favorecendo a erosão e o assoreamento dos cursos d'água.

Ao lado deste quadro, observa-se a emergência de problemas sociais significativos como o êxodo rural, a marginalização e a favelização ao longo de rodovias.

3. O Projeto Cubatão

O Plano de Manejo Integrado da Bacia do Cubatão, conhecido como Projeto Cubatão, teve origem em 1988 por iniciativa pessoal de técnicos de várias instituições estaduais e da Universidade Federal de Santa Catarina. Estes técnicos motivaram-se por adaptar à realidade brasileira a metodologia de planificação e manejo de bacias hidrográficas desenvolvida pelo Prof. Pedro Hidalgo, do Centro Interamericano de Aguas y Tierras (Mérida, Venezuela).

Algumas ações em manejo de recursos naturais já vinham sendo conduzidas no Estado de Santa Catarina. Pode-se dizer que as primeiras foram iniciadas pelo serviço de Extensão Rural sob a forma de práticas conservacionistas para o controle da erosão. Após as grandes enchentes de 1983, vários setores governamentais iniciaram discussões relativas ao planejamento de recursos hídricos, bacias hidrográficas e controle de enchentes. Entretanto, a disputa por recursos financeiros e poder entre instituições manifestavam-se na rígida demarcação de competências, assegurando o caráter setorial destas ações.

Elaborada entre 1988 e 1990, a proposta do Projeto Cubatão possui três características consideradas essenciais para a superação das deficiências no trato com a problemática ambiental:

- interdisciplinaridade, como forma de produção do conhecimento e das ações, em exigência à concepção complexa de ambiente, como resultado das relações sociedade-natureza.
- interinstitucionalidade, como resposta operativa ao tratamento pluralista dos interesses e responsabilidades da sociedade civil e política.
- interatividade, na condução do processo e o estabelecimento de consenso entre a sociedade local e os pesquisadores envolvidos no processo de planejamento.

Operacionalizando estas características, duas vertentes de trabalho compõem a metodologia do plano ambiental: a institucional e a comunitária.

A vertente institucional se compõe de equipes multidisciplinares e interinstitucionais que desenvolvem um conhecimento de caráter técnico e científico. A vertente comunitária concretiza a participação da sociedade na elaboração, gestão e execução do plano, por intermédio de um processo de educação ambiental desenvolvido com "Cadernos de Planejamento Popular" que se respaldam na vivência, no conhecimento e experiência que as comunidades tem dos diferentes problemas.

Com o objetivo geral de "associar a busca de uma maior qualidade de vida para a população da bacia do Cubatão-Sul com o aproveitamento sustentado de seus recursos e ecossistemas naturais", a proposta do Projeto Cubatão foi desdobrada em três programas que estabelecem sua tônica central:

- Programa de Participação Comunitária e Educação Ambiental da Bacia do Rio Cubatão com o objetivo de produzir uma elevação da consciência ecológica da população local, através de um resgate da história das relações sociedade-natureza da bacia.
- Programa de Desenvolvimento Sustentado da Bacia do Rio Cubatão, com o objetivo de integrar os conhecimentos e produtos elaborados pelos inventários, diagnósticos e programas dos diversos recursos e ecossistemas naturais da bacia.
- Programa de de Gerenciamento Institucional da Bacia do Rio Cubatão com o objetivo de promover uma integração de esforços e recursos (humanos, materiais e financeiros), das diversas instituições públicas e privadas participantes do processo, visando o gerenciamento institucional dos projetos.

Estes três programas constituiriam-se no próprio Plano de Desenvolvimento Ambiental da Bacia do Rio Cubatão, cada um deles articulando e integrando projetos direcionados a objetivos específicos.

O Projeto Cubatão, descontinuado por ausência de investimento governamental, foi sucedido na Bacia pelo Projeto Microbacias, uma iniciativa setorial destinada à recuperação e conservação da capacidade produtiva dos solos e ao controle da poluição ambiental, que incorpora algumas das características metodológicas daquele primeiro.

4. A Experiência de Educação Ambiental

A atuação do Departamento de Engenharia Sanitária e Ambiental da UFSC em Educação Ambiental na Bacia do Rio Cubatão iniciou-se um 1991, em decorrência das dificuldades encontradas para a implementação do Projeto Cubatão.

O interesse pela Educação Ambiental partiu da própria Prefeitura do Município de Santo Amaro que, apoiada por lideranças da sociedade local, manifestou o interesse em fomentar um processo de reciclagem de conhecimentos e formação de monitores.

O primeiro Curso de Educação Ambiental, realizado em outubro de 1991 e ministrado pelo Prof. Daniel Silva, contou com a participação de 20 pessoas entre lideranças da sociedade local e professores da rede pública municipal.

O objetivo geral do Curso foi discutir os conceitos de ambiente, biosfera, ecologia, conservação da natureza e desenvolvimento sustentável, combinados com a apresentação de uma metodologia de resgate da história ambiental dos ecossistemas latino-americanos, de modo a alimentar um amplo processo de educação ambiental junto à população da Bacia. O objetivo específico foi constituir um grupo de trabalho e motivá-lo a realizar o resgate de sua própria história ambiental, disseminando este conteúdo em projetos específicos de educação ambiental.

Um segundo Curso de capacitação, contando agora com 40 professores do ensino fundamental, foi realizado em abril de 1992. Seu objetivo foi buscar a ampliação da participação social no processo de resgate da história ambiental, a partir da escola e das crianças que nela estudam, incluindo-se suas famílias.

Em continuação aos trabalhos da equipe, realizou-se no mesmo ano, um Seminário de educação ambiental da Bacia no qual foram apresentados os primeiros resultados do trabalho. Estes resultados incluíam a percepção do ambiente em fotografias feitas pelas próprias crianças das escolas, juntamente a documentos e fotos representativos da história de ocupação do ambiente. Este material foi reunido em dois painéis intitulados "nosso ambiente" e "nossa história", respectivamente. O Seminário ressaltou a importância do processo de educação ambiental junto aos próprios professores, sensibilizando-os para questões de saneamento básico nas escolas.

Como resultado do Seminário, um grupo de professores organizou um projeto específico de educação ambiental visando a construção de cartilhas pelas crianças das escolas, utilizando-se de fotografias, figuras, desenhos, visitas de campo e principalmente criatividade.

A metodologia resultante das experiências descritas recebeu uma grande disseminação junto a técnicos e professores no Brasil e na Argentina. Mais recentemente esta metodologia foi articulada a uma metodologia de planejamento estratégico e participativo, resultando em um curso de capacitação para elaboração de ações estratégicas de educação ambiental.

5. O Comitê de Bacia

O Comitê de Gerenciamento da Bacia Hidrográfica do Rio Cubatão foi criado por decreto governamental em setembro de 1993, com a incumbência primordial de gerenciar os recursos hídricos da bacia visando sua recuperação, preservação e uso racional.

O Comitê é composto por representantes das Prefeituras e Câmaras Municipais locais, de organizações não-governamentais, órgãos estaduais atuantes na Bacia e por representação da Universidade Federal de Santa Catarina.

Desde sua criação, o Comitê reune-se mensalmente e estabeleceu três programas de trabalho:

- Programa de Educação Ambiental e Participação Comunitária com o objetivo de "despertar e promover a conscientização dos moradores e usuários da bacia hidrográfica com relação à preservação dos recursos naturais e participação nos programas de proteção, recuperação e controle destes recursos".
- Programa de Controle da Poluição com o objetivo de "definir as obras prioritárias e implementar ações visando reduzir e controlar o processo de poluição das águas, do solo e do ar, de forma a atender aos requisitos da legislação ambiental em vigor e da saúde pública".
- Programa de Controle do Uso do Solo com o objetivo de "estudar e recomendar a regulamentação do uso do solo na bacia", estabelecer um zoneamento agrícola e industrial e "orientar, disciplinar e controlar o uso de fertilizantes e defensivos agrícolas".

Ao final de seu primeiro ano de existência, o Comitê busca uma identidade de trabalho. Os maiores problemas são a visão setorial de seus membros, a dificuldade de integração institucional e definição de responsabilidades na condução das ações propostas e a ausência de recursos financeiros próprios.

6. Avanços Metodológicos na Educação Ambiental

A experiência em Educação Ambiental na Bacia do Cubatão iniciou um processo reflexivo e de prática aplicativa que hoje se apresenta como uma síntese metodológica.

O processo de construção da cidadania política e da conseqüente habilitação ao exercício da soberania está baseado em um conjunto de valores civilizatórios, que é repassado às pessoas, formalmente do primário à universidade. Os elementos constituintes deste conjunto são: uma visão de mundo, uma visão de sociedade e um conceito de desenvolvimento.

A problemática ambiental contemporânea exige que se incorporem novos valores civilizatórios no processo de formação do cidadão e no redirecionamento do exercício da soberania, ou seja nas ações de intervenção na natureza.

As questões colocadas por estes novos valores são

1. A nova visão de mundo, a biosférica, é ecológica, reconhecendo as relações entre os constituintes físicos, biológicos e culturais que moldam a realidade e

resultando na história das relações entre a sociedade e a natureza. A visão biosférica de mundo permite colocar a seguinte questão estratégica:

Como intervir na natureza conservando a sustentabilidade da biosfera?

2. A nova visão de sociedade leva à soberania exercida sobre os ecossistemas e suas espécies, com uma dimensão dialógica (local e global); é a cidadania ambiental. A questão estratégica agora colocada é:

Como promover a cidadania ambiental nas gerações presentes e futuras?

3. Nos países pobres, o conceito de desenvolvimento sustentável está baseado no crescimento da qualidade e na distribuição da riqueza como fatores determinantes para o acesso das pessoas a uma economia de mercado, que se ecologiza, com a incorporação do conceito de ecossistema e dos princípios do balanço energético e do aproveitamento sustentável dos recursos. A questão estratégica colocada é:

Como promover o desenvolvimento sustentável, resgatando as dívidas econômica, social e ecológica?

As questões levantadas exigem o estabelecimento de um conjunto de estratégias, tal a magnitude dos problemas e relações a que elas remetem.

A estratégia da Educação Ambiental deve ser a primeira a ser encaminhada em qualquer situação, já que sem ela não se incorpora a nova visão biosférica de mundo, valor este determinador da nova visão de sociedade responsável exigida pelos atuais cidadãos.

A Educação Ambiental situa-se como uma educação PARA o desenvolvimento sustentável. Este, por sua vez ESTÁ baseado numa nova estratégia de intervenção na biosfera por parte das atuais gerações, BEM COMO, no estabelecimento de relações solidárias com as futuras gerações.

O processo de Capacitação em Educação Ambiental Estratégica utiliza-se de dois conjuntos de metodologias. O primeiro compreende as metodologias para capacitação, utilizadas para capacitar educadores, técnicos e políticos na elaboração e implementação de políticas, planos, programas e projetos de educação ambiental. Compõem este conjunto a metodologia estratégica, a metodologia histórica e a metodologia pedagógica. O outro conjunto engloba as metodologias para execução da educação ambiental propriamente dita, compreendendo os tipos de técnicas, recursos facilitadores e meios utilizados.

Vamos apresentar sucintamente estas metodologias.

A metodologia estratégica permite elaborar as ações estratégicas de educação ambiental. É resultante de uma adaptação da planificaç_o estratégica utilizada pelo setor privado para o setor público e organizações sem fins lucrativos (BRYSON 1988), incorporando o enfoque participativo (SOUTO-MAIOR 1994). O Plano Estratégico para Educação Ambiental é resultado de um trabalho em sete etapas:

1. Histórico
2. Mandato
3. Missão
4. Diagnóstico estratégico
5. Questões estratégicas
6. Ações estratégicas
7. Administração estratégica

Para o estabelecimento do histórico, mandato e missão da educação ambiental busca-se inicialmente resgatar o conhecimento histórico dos participantes sobre a educação ambiental e identificar os principais dispositivos constitucionais e responsáveis institucionais. A seguir são construidos os sete conceitos relacionados aos novos valores civilizatórios, definindo-se posteriormente a missão da educação ambiental e seus objetivos específicos.

nova visão de mundo	biosfera
	ecossistema
nova visão de sociedade	ambiente
	cidadania ambiental
nova visão de desenvolvimento	desenvolvimento sustentável
	conservação da natureza
	tecnologia ambiental

A metodologia histórica é utilizada para resgatar a história das relações entre a sociedade e a natureza por intermédio de uma adaptação da metodologia proposta por VITALE (1983).

I.   Era da formação dos ecossistemas
II. Era da formação do ambiente
III. Era do início da degradação
IV. Era da crise ambiental

A metodologia pedagógica é do tipo construtivista, baseada no princípio da legitimidade do outro e na visão pedagógica de que o conhecimento é resultado de uma relação social, mediado pela linguagem. É embasada nos trabalhos de MATURANA & VARELA (1992, 1993). A metodologia pedagógica possui cinco momentos de trabalho:

- diagnóstico intersubjetivo
- leitura dialógica
- escrita e verbalização
- síntese
- fixação e ampliação

Com relação às metodologias para execução da educação ambiental, citam-se as técnicas praticadas na fixação de conceitos (reciclagem, saneamento e conservação da natureza), os recursos facilitadores (informática, banco de dados ambientais, acompanhamento "ao vivo" da biosfera, mapas do ambiente local) e meios (cartilhas, cartazes, vídeos, campanhas)

7. Conclusão

Este breve relato buscou situar algumas das atividades do Departamento de Engenharia Sanitária e Ambiental, na Bacia do Cubatão.

Recentemente foi criado o Programa de Pós-Graduação em Engenharia Ambiental. Sua consolidação deverá ampliar significativamente as contribuições da Universidade Federal de Santa Catarina na discussão e tratamento da problemática ambiental em direção à construção de um desenvolvimento sustentável.

8. Bibliografia

Bryson, J.H. (1988): Strategic planning for public and nonprofit organizations. Jossey-Bass, San Francisco.
Projeto Cubatão (1990) : Plano de Manejo Ambiental da Bacia Hidrográfica do Rio Cubatão-Sul. Mimeo, 2 vols. Florianópolis.
Maturana, H. & Varela, F. (1993): El árbol del conocimiento. Editora, D.J Universitaria, Santiago.
Silva, D.J. (1994): A educação ambiental como estratégia para o desenvolvimento sustentável. Mimeo. Florianópolis.
– (1994): Estratégias para a formulação de políticas ambientais. Mimeo. Florianópolis.
Souto Maior, J. (1994): Planejamento Estratégico Participativo: uma abordagem para o setor público. Mimeo. Florianópolis.

Bibliografia para o núcleo de capacitação

Vitale, L. (1983) : Hacia una historia del ambiente en America Latina. Ed. Nueva Imagem. México.

Autorenliste

Bolsi, Alfredo C., Prof. Dr.
Instituto de Estudios Geográficos, Universidad Nacional de Tucumán
Avenida Benjamín Aráoz 800, 4000 San Miguel de Tucumán, Argentinien

Boris, Dieter, Prof. Dr.
Institut für Soziologie der Philipps-Universität Marburg
Wilhelm-Röpke-Str. 6, 35032 Marburg

Contreras, Luis C., Dr.
Jefe de Gabinete, Dirección Ejecutiva, Comisión Nacional de Medio Ambiente (CONAMA)
Casilla 520-V, Correo 21, Santiago de Chile, Chile

Correia Feuerschuette, Ruy, Adv.
Rua Buenos Aires, 466, 80250-070 Curitiba/Paraná, Brasilien

Graf, Marga, Dr.
Mariahilfstraße 7, 52062 Aachen

Hoppe, Pia, Diplom-Geographin
Fachbereich Geographie der Philipps-Universität Marburg
Deutschhausstr. 10, 35032 Marburg

Jaramillo, Luis Alberto, Dr.
Gerente de Planeamiento, Empresa de Acueducto y Alcantarillado de Bogotá
Calle 22C-40-99, Santafé de Bogotá, Kolumbien

Jáuregui, Ernesto O., Dr.
Centro de Ciencias de la Atmósfera, Depto. de Meteorología General
Universidad Nacional Autónoma de México, Circuito Exterior, Ciudad Universitaria
C.P. 045 10, México, D.F., México

Kaiser, Wilfried, Diplom-Geograph
Geographisches Institut der Universität Tübingen, Forschungsschwerpunkt Lateinamerika
Hölderlinstr. 12, 72074 Tübingen

Lembo, Cláudio, Dr.
Rua Itararé, 303, CEP 01308-030, Sao Paulo, SP Brasilien

Mertins, Günter, Prof. Dr.
Fachbereich Geographie der Philipps-Universität Marburg
Deutschhausstr. 10, 35032 Marburg

Pompêo, Cesar A., Prof. Dr.
Programa de Pos-Graduaçao em Engenharia Ambiental, Universidade Federal de Santa Catarina
Caixa Postal 476, CEP 88049, Florianopolis/Santa Catarina, Brasilien

Ratter, Beate M.W., Dr.
Institut für Geographie der Universität, Arbeitsbereich Wirtschaftsgeographie
Bundesstr. 55, 20146 Hamburg

Rodenberg, Birte, Dipl.-Soziologin
Fakultät für Soziologie der Universität, Forschungsschwerpunkt Entwicklungssoziologie
Postfach 100 131, 33501 Bielefeld

Schlüter, Heinz, Ass.
Lateinamerika-Zentrum, Westfälische Wilhelms-Universität
Scharnhorststr. 121, 48151 Münster

Stadel, Christoph, Prof. Dr.
Institut für Geographie, Universität Salzburg
Hellbrunnerstr. 34, A-5020 Salzburg, Österreich

Ullrich, Detlev, Dr.
Deutsche Gesellschaft für Technische Zusammenarbeit (GTZ)
Postfach 5180, 65726 Eschborn

Würschmidt, Carlos, Ing.
Goethestr. 59, 10625 Berlin